U0039193

中國歷代思想家【二十二】

主編者：中華文化復興運動總會
王壽南

章炳麟・歐陽竟無
梁啓超・馬一浮

臺灣商務印書館 發行

章炳麟

張玉法　著

目次

章炳麟

一、前言

近代以來，由於中西文化接觸，中國產生了不少學貫中西的思想家。這一類的思想家，約有三種類型：第一種是由國學看西學，這一類型的人通常國學修養較深，或先對國學有較深的認識；第二種是由西學看國學，這一類型的人通常西學修養較深，或先對西學有較深的認識；第三種是將國學與西學作對等的比較研究，這一類型的人不管是先接受國學抑先接受西學，也不管是對國學認識較深抑對西學認識較深，對於國學和西學都沒有入主出奴的成見。做學問能夠做到這一步，必然能夠取精用宏，卓然成家。章炳麟就是這一類型的學者。

章炳麟是國學家，但不是故紙堆中的國學家。至遲在三十六歲時，即以國學道統自任。光緒二十九年（西元一九〇三年），炳麟以「蘇報案」入獄，自謂「上天以國粹付余」，原擬「恢明而光大之」，不幸「懷未得遂」，即繫於獄，使「國故民紀，絕於余手」，良可興嘆，其抱負可以想見。炳麟不僅以國學自任，且以國事自任。清末從事排滿革命，民初一度作政黨活動，也一度居官，這使他的治學方向落實，不流於空疏。爲了求取真知，炳麟治學無分中西，研究的興趣由國學伸展到佛學，又伸展到西學，然後以佛學、西學印證國學。炳麟對佛學的造詣頗深，對西學的認識雖較國學爲少，但對西學沒有什麼偏見，因此對東西學術能運用自如。能夠運用自如的原因，一方面固然是「以樸學立根基，以玄學致廣大」，另一方面也可以說是以國學立根基，以佛學、西學致廣大。

炳麟處在一個新舊交替的時代，他既不是新時代的保守者，也不是舊時代的急進者。他把舊時代的思想化爲新時代的思想，同時也使新時代的思想適合於蛻變無多的舊社會。炳麟所以能得到學術及思想界的廣泛推重，不是因爲他在新時代裏擁有舊知識，也不是因爲他在舊時代裏傳播新思想，實在是因爲他有學問無中西、思想無新舊的胸懷。

研究炳麟的思想，應從了解其學術著手；研究炳麟的學術，又需從其一生交遊見聞著手；而思想、學術和生平事蹟，又與時代背景息息相關。此處即分爲時代背景、生平事蹟、學術成就、思想貢獻四方面，來探討炳麟的生平及其對學術思想的貢獻。

二、時代背景

章炳麟生在一個新舊交替的時代。所謂新舊交替，從學術來看，是傳統中國學術衰落和西方學術傳入；從政治來看，是專制政治沒落和民主政治萌芽；從統治階層來看，是滿人政權消失和漢人政權重建。炳麟生在這個時代，影響這個時代，同時也受這個時代的影響。

炳麟出生時，中國已在滿人統治下二百一十五年。滿人在民國成立後被視為中華民族的一分子，當時則被視為異族。在炳麟看來，滿人的統治，對漢人而言，暴苛而不合理，他曾經舉出十四點：

(1)滿兵駐防各地，使齊民歲供甲米。
(2)將天下財富屯積於遼東，又於皇室陵寢貯藏鉅金，使財幣不流。
(3)收取州縣耗羨，歲增釐金夫馬雜稅。
(4)滿清開國之初，於揚州、嘉定、江陰、嘉興、金華、廣州等地肆殺漢民。
(5)康熙時，鄭成功據臺灣圖謀復國，清廷懼濱海居民作嚮導，強迫民人內遷，更不許民人出海。乾隆時，海外僑民為荷蘭人屠戮三萬餘人，清廷不僅不加保護，反以僑民為「寇盜之徒」，任外人殄滅。

(6)元人入主中國，宋室尚有「瀛國之封」，滿人對明朝宗室剿滅殆盡。

(7)元人未以文字獄消除漢人民族思想，清自康熙以後，凡以文字諷刺國政者皆處以極刑，且誅及種嗣。

(8)爲遏絕人心思漢，焚毀舊籍八千餘種，包括明末及宋末諸臣奏議及文集。

(9)漢人有罪，發八旗爲奴，背逆人道。

(10)州縣對罪犯有就地正法之權，刑部及按察不加監督，常成冤獄。

(11)設置警察，徒具虛名，不治奸宄，專擾良民。

(12)多爾袞盜嫂，玄曄淫妹，滿人亂倫習氣，沾染中夏風俗。

(13)賣官鬻爵公行，增長官界邪惡。

(14)清初有薙髮令，漢人以蓄髮死者甚多，使中國衣冠禮樂，夷爲牛馬。

上述滿人的暴苛統治，部分爲民族文化的，部分爲政治的。政治的暴苛影響於一時，對民族文化的破壞則影響深遠。

清廷對民族文化的破壞，主要用三種手段：其一是興文字獄，其二是焚書，其三是刪改古書。興文字獄的目的在鎮壓漢人的反滿宣傳，清初的重要文字獄約有下列各種：

(1)莊廷鑨獄：莊廷鑨，浙江人，編《明史輯略》，於清兵入關事秉筆直書，康熙二年（一六六三年）爲歸安知縣吳之榮所揭發。時廷鑨已死，乃戮其尸，株連而死者七十餘人。

(2)戴名世獄：戴名世，安徽人，所編《南山集》，多採取方孝標所記，並用永曆年號，康熙三十年（一六九一年）爲左都御史趙申喬揭發，名世被處極刑，牽連數百人。名世族人皆棄市，妻子充發黑龍江。

(3)呂留良獄：呂留良，浙江人，評選時文，論及夷夏之防，湖南人曾靜受其啓迪，謀排滿。雍正初年，曾靜勸川陝總督岳鍾琪起兵，事發，牽涉呂留良，至於戮尸，株連甚眾。

(4)查嗣庭獄：查嗣庭，浙江人，雍正四年（一七二六年）任江西正考官，試題曰「維民所止」，爲訐者告發，謂「維止」二字是取「雍正」二字而去其頭。嗣庭以此下獄死，其子亦死，家屬流放。

(5)陸生柟獄：陸生柟，廣西人，著《通鑑論》十七篇，論及封建、建儲、兵制、人主、相臣等事，雍正謂其借古誹今，殺亂國事，殺之。

(6)汪景祺獄：汪景祺，浙江人，隨陝西總督年羹堯爲記室，作《西征隨筆》，譏訕康熙皇帝。雍正三年（一七二五年），年羹堯爲人告訐謀逆，事連景祺，立斬梟示，其妻子發往黑龍江，五服以內族人皆革職。

(7)王錫侯獄：王錫侯，江西人，作《字貫》一書，於《康熙字典》多所糾正。雍正皇帝以其凡例內將廟諱及御名開列，治以大逆之罪。

綜觀歷次文字獄，可以稱爲反滿宣傳的很少，以朝臣爭寵、地方官爭功、故意羅織陷害者爲多，清廷利用其間，盡量禁壓反滿思想。

焚書的目的在把漢人輕視夷人和敵視夷人的各種記載消除。乾隆三十九年（一七七四年）開四庫館修《四庫全書》，即對全國圖書總檢查，凡記載滿洲、匈奴、韃靼的書，一概焚燒，被燒的書不下二千種。焚燒的對象初爲明季野史，認其必有詆觸滿人之語，故盡行銷毀。其後由四庫館建議，凡宋人所著有關遼金元的書籍，明人所著關於元的書籍，其議論偏繆者，亦一律焚毀。又明隆慶以後，諸將相及獻臣所著有關邊事及滿洲之奏議及文錄，如高拱《邊略》，張居正《太岳集》，葉向高《四夷考》，高攀龍《高子遺書》，左光斗《左忠毅集》，繆昌期《從野堂存稿》，熊廷弼《按遼疏稾》，孫承宗《孫高陽集》，盧象昇《宣雲奏議》，孫傳廷《省罪錄》，馬世奇《澹寧居集》，茅元儀《武備志》，袁繼咸《六柳堂集》，黃道周《廣百將傳注》，金聲《金太史集》，張肯堂《寓農初議》，張國維《撫吳疏草》，張煌言《北征紀略》，以及顧亭林《日知錄》、黃梨洲《行朝錄》等，均在被焚之列。其有存於後者，皆屬孑遺。

刪改古書是把古書中記載邊族殘酷以及邊族虐待漢人的部分刪除，或把輕視邊族的語詞如「賊」、「虜」、「犬羊」、「夷狄」等改掉。關於刪書的部分，如宋人洪邁所著的《容齋隨筆》，有三條爲清代刻本所無，其中一條是載在《容齋三筆》卷三的〈北狄俘虜之苦〉，文中敘述金人陷開封後，將所俘帝子王孫及宦門仕族之家盡沒爲奴婢的情形。關於改書的部分，如宋人晁說之《嵩山文集》卷末的〈負薪對〉一篇，「虜將」被改爲「遼將」，「胡虜」被改爲「異地」，「金賊雖非人類」被改爲「金人雖甚強盛」，更把泛論「夷狄喜相吞併鬥爭」一段完全刪除。

在這種政治環境下，中國學術的發展非常畸形，一方面是考史者留心於地理及官制，解經者留意於文字及語言，使考據學與小學非常發達；另一方面，經義、史義都不敢多所發揮，而姓氏、刑法、食貨、樂律等實事求是之學，前代頗有成就，而清代非常衰落。在政治權威高張的時代，一般讀書人不講經世濟民的實學，反在無補於國計民生的小技上下工夫，這真是國家的不幸，學術的不幸！

炳麟所處的時代，一方面是滿族統治的暴苛，民族思想的消沉，和固有學術的衰落；另一方面，則爲帝國主義不斷侵略，中國舊體制開始崩潰，西方思想和制度逐漸移植到中國來。而外患的日益嚴重，尤促使了知識分子的自覺。

外患發生在炳麟誕生以前的，有道光二十年至二十二年（一八四〇——一八四二年）的鴉片戰爭，結束鴉片戰爭的《南京條約》，割香港，開廣州、廈門、福州、寧波、上海五口通商，使中國大量與外國接觸；有咸豐八年到十年（一八五八——一八六〇年）的英法聯軍，結束英法聯軍的《天津條約》和《北京條約》，增開商埠，外國公使駐京，使中國有洋務運動的產生。此後，在炳麟十二歲時（光緒五年，一八七九年）日本併吞琉球，十三歲時發生中俄伊犁交涉，十七、八歲時（光緒十年至十一年，一八八四——一八八五年）法侵安南，十九歲時英併緬甸，二十六歲時（光緒十九年，一八九三年）英、法共謀暹羅，使廢止向中國朝貢，二十七、八歲時日本獲得朝鮮的宗主權，並割取臺灣、澎湖，三十歲時（光緒二十三年，一八九七年）德佔膠州灣。此後三年間，俄租旅大，英租威海衛，法占廣州灣，列強在中國畫分勢力範圍，中國面臨瓜分之禍。炳麟三十三歲時（光緒二十六年，一九〇〇年）發生八國聯軍，三十六歲時發生日俄戰爭，四十三、四歲時（宣統二至三年，一九一〇——一九一一年）日併朝鮮，英侵片馬，外蒙發生離心運動。

中國在一連串的外力衝擊下，進步的知識分子早已開始呼籲救國，由學習西藝到重視西學，由制度改革到國體變更，變化之大，前所未有。炳麟處在這個時代，由於對民族和中國學術的熱愛，非常關注中國的前途。他希望中國能行民主政治，但滿人奴視漢人，中國如何能獲得真正的民主?他希望中國能抵抗外來侵略，但中國的政權尚在滿人手中，空談對外，豈不荒謬?在清末的三、四十年，炳麟之所以不顧名位、安危，獻身於反滿運動，此爲最大原因。

民國初年，中國曾試行西方式的民主，但爲袁世凱所摧折。炳麟對試驗西方式的民主有興趣，對專制政體的恢復則反對。袁死後，軍閥分裂，法統時斷，炳麟又獻身於護法和統一事業。嗣以共黨勢張，日寇逞兇，炳麟阻容共而不能，發動抗日而無果，不得已退而著書講學。炳麟著作至多，對學術貢獻至大，部分是由於他在政治上失意，有較多的餘暇治學，但他絕不曾忘記政事和國事，這是傳統中國知識分子的本色。

三、生平述略

章炳麟，初名學乘，字枚叔，浙江餘杭縣倉前鎮人。愛慕顧亭林（炎武）的爲人，改名曰絳，後更名炳麟，號太炎，又號菿漢。主編《民報》時，曾以南史氏爲筆名。生於同治七年，時在《南京條約》後二十四年，太平軍被消滅後四年，較康有爲小十歲，較孫中山小二歲。

倉前鎮在餘杭東鄉，山明水秀，鄉人謹樸知禮。章氏在倉前原是大族，清初約有三百多人口。炳麟的曾祖章均，生於乾隆中葉，是餘杭縣學的增廣生，做過海鹽教諭，因爲家資富厚，在鄉辦有「苕南書院」和「章氏義塾」。祖父章鑑，生於嘉慶初葉，是餘杭縣學的附學生，早年曾習算學，中歲以後喜歡研究醫術，其書房名「春風草廬」，有珍版古籍五千餘卷。父親章濬，生於道光初葉，幼習查慎行詩法，其詩華妙清妍。咸同年間，餘杭受太平軍騷擾，炳麟的祖父曾舉家遷往江南及浙西諸縣避難，事定返里，田地不少爲退伍湘軍佔墾，家道漸不如往昔。

章濬原娶陸氏，生子二人，取名籛、箴。陸氏不久去世，濬於太平軍被平後娶朱氏。炳麟爲朱氏所生，時在同治七年十一月三十日（一八六九年一月十二日）。炳麟九歲（光緒二年）以後，由外祖父朱有虔授課，有虔常講述明清之際的史事及王夫之、顧亭林等人的反滿故事，謂「夷夏之辨，嚴於君臣」，炳麟的民族思想，初受啓迪。十三歲（光緒六年）以後，炳麟由其父督教，因竊讀《東華錄》，知有呂留良、戴名世、曾靜、查嗣庭等文字獄事件，民族思想油然而生。十九、二十歲時，炳麟得明季稗史十七種讀之，排滿思想始盛。

章氏爲書香世家，對滿人的統治自始不心服，自清初至炳麟的父親七、八世，死後皆用深衣斂，不用清時章服。光緒十六年（炳麟二十三歲）章濬死時，即有「以深衣斂」的遺命。這種反滿思想，自亦爲炳麟所承襲。炳麟除於光緒九年（十六歲時）奉父命應童子試因患眩厥未能完卷外，未曾再參加科考。

炳麟在二十八歲（光緒二十一年）以前是厚植國學根柢的時期，對炳麟早年的學術思想影響最大的除時代背景外約有三件事，即從師、交遊和讀書。在二十八歲以前，炳麟所讀之書有《東華錄》、《四史》、《文選》、《說文解字》、《九經義疏》、《十三經注疏》、《音學五書》（顧氏）、《經義述聞》（王氏）、《爾雅義疏》（郝氏）、《學海堂經解》、《南菁書院經解》、《通典》等，所從之師除外祖父朱有虔、父濬、長兄籛外，光緒十六年（二十三歲）入杭州詁經精舍讀書，名師有俞樾、高宰平、譚仲儀等，譚長於文辭，俞、高皆長於經訓。在交遊中，詁經精舍的同學以楊譽龍最相得。炳麟在詁經精舍讀書七年之久，從俞樾治小學極有心得，但不久又爲方興未艾的維新運動所吸引。

光緒二十一年以後的幾年，是康有爲、梁啓超運動變法的年代。康屬今文派，炳麟治古文，在思想上與其不合，然未嘗不同情其救國運動。上海強學會成立時，炳麟曾捐款十六圓相助。後梁啓超、夏曾佑辦《時務報》，遣葉瀚（浩吾）至杭州邀炳麟任撰述，炳麟乃離開詁經精舍，前往上海。炳麟在上海兩年，與持論平實的舊學之士宋恕、陳黻宸等頗相得，對梁啓超等空談西學的作風不太滿意。時倫敦清使館有誘禁　孫中山之事，炳麟閱報知之，頗心儀孫之爲人。

光緒二十四年，《時務報》改爲《昌言報》，炳麟任主編（三十一歲）。因長於古文，一度入兩湖總督張之洞幕，爲主持《正義日報》，駁斥康有爲的今文說。嗣因張之洞所著《勸學篇》多效忠清室語，與張之洞幕友梁鼎芬談光復漢族事亦不相得，乃回上海。這年秋天，戊戌政變發生，炳麟因有新黨之嫌，避往臺灣，依日友山根虎雄以居，並在《臺北新報》爲文勸告康梁辨別種族，勿再效忠清室。時梁啓超在橫濱辦《清議報》，方傾心革命，與　孫中山過從頗密，聞炳麟在臺，約炳麟前往。光緒二十五年五月，炳麟至日本，居梁啓超處，並曾在梁處與　孫中山相遇。時留東志士方欲聯合起事，炳麟乃著《訄書》，鼓吹排滿。是年七月返滬，與唐才常相識。唐聞光緒皇帝被廢，方致力於勤王，革命黨人欲結之使宣佈獨立，唐首鼠兩端，炳麟不滿。炳麟雖然參加了唐才常所召集的「國會」，旋即斷髮表示革命之志，與唐才常分。唐才常事敗後，炳麟以新黨嫌，避居鄉里，光緒二十七年一月復返上海，宋恕笑他以一儒生欲覆三百年帝業，自不量力，炳麟一笑置之。旋任教於蘇州「東吳大學」（美國教會辦，原名「中西書院」，光緒二十七年改名東吳大學），因言論恣肆，特別是以「李自成胡林翼論」爲題讓學生討論，引起了地方官的懷疑，更因於是冬刊刻《訄書》，江蘇巡撫恩壽乃往查詢。時炳麟適年假回杭州，聞訊懼有變，於光緒二十八年初至上海轉日本。嗣由秦鼎彝陪同，與　孫中山晤談，並與張繼相識。是年三月，與秦鼎彝、馬和（君武）、朱菱溪等發起「中夏亡國二百四十二年紀念會」，因受日警干涉，未能開會。炳麟旋返國歸故里，刪改所著《訄書》，再度刊行於世。

光緒二十九年，蔡元培於上海設愛國學社，炳麟曾因蔣智由之介與元培相識，至是元培請炳麟至愛國學社任教。愛國學社爲革命黨人聚集之地，炳麟常講述明清興廢史實，以激發學生的民族思想，與張繼、鄒容、章士釗尤相得。鄒容著《革命軍》，炳麟作序，刊於《蘇報》；炳麟並撰〈駁康有爲政見書〉，攻擊清廷。是年閏五月，炳麟與鄒容因爲受到兩江總督魏光燾的指控，爲租界當局所逮捕，炳麟在獄中有書致 孫中山，尊之爲總統。次年三月，控案判決，炳麟監禁三年，鄒容監禁二年，規定監禁期滿，逐出租界。光緒三十一年三月，鄒容死於獄。炳麟在獄三年，除罰作外，常受獄卒陵暴，曾絕食七日不死。暇中研誦《瑜伽師地論》等書，以修養心性。炳麟在獄期間，光復會在上海成立（光緒三十年），炳麟可能與聞其事；《國粹學報》在上海創刊（光緒三十一年），炳麟常爲該刊撰稿。光緒三十二年五月八日，炳麟期滿出獄東渡，由孫毓筠介紹入同盟會，並主編《民報》。炳麟在《民報》上所發表的論文有〈革命道德說〉、〈箴新黨論〉、〈中華民國解〉、〈排滿平議〉、〈討滿洲檄〉、〈定復仇之是非〉、〈代議然否論〉、〈國家論〉、〈五無論〉、〈四惑論〉等，或攻擊君憲之說，或闡發民族革命思想，或表明對政治和學術的看法，言論傾動一時。光緒三十三年以後的幾年，炳麟與 孫中山交惡，一度與陶成章聯合發展光復會的勢力。

炳麟於編輯《民報》之暇，設國學講習會，在寓次（民報社）和大成中學教室講授經子及音韻訓詁之學，聽講者百數十人，以師範班和法政班留學生爲多，後來學有所成的有黃侃（季剛）、錢夏（玄同）、朱希祖（逖先）、周樹人（豫才）、周作人（啓明）、許壽裳（季茀）、龔寶銓（未生）、馬裕藻（幼漁）、朱宗萊（蓬仙）、錢家治（均夫）、沈兼士等人。光緒三十四年，《民報》停刊，炳麟欲往印度習佛，因困於資斧，不能成行，乃專心講學。炳麟亦於此時開始大量從事學術著述，《小學答問》、《文始》等書皆著於此時。

炳麟在東京所辦的國學講習會，到武昌革命爆發、炳麟回國始停辦。民國成立以後，炳麟忙於政治活動，但有暇即從事講學，如民國二年炳麟遭袁世凱幽禁時，曾在北京設國學講習會；民國二十四年，又在蘇州設國學講習會。退而治學，進而治國，這是中國學者的典型。

宣統三年十月，炳麟返國抵滬，與光復會實力派人物李柱中、陶成章等有所接觸，旋與程德全、湯壽潛，張謇、熊希齡等成立「中華民國聯合會」，繼改為統一黨，並創刊《大共和日報》為言論機關。統一黨「立論不近偏枯，行事不趨狂暴」，與同盟會和後來的國民黨立於對峙的地位。然另一方面，炳麟仍任臨時大總統　孫中山的樞密顧問。南京臨時政府成立之初，政費拮据，當局欲與日人訂立合同，以漢治萍公司抵借千萬，炳麟時方到滬，即移書當局，力加諫阻，其他反對意見亦多，事遂寢。時當建國之初，建都問題引起熱烈討論，政府當局主都南京，炳麟汲汲以遼瀋蒙回為憂，謂非北都燕京，則威力不能及長城以外，力陳都南京之害，加以袁世凱從中運用，遂定都北京。

不久，統一黨與民社合併，改為共和黨，黨員多事權力競逐，炳麟對於黨事漸漸淡漠。時袁世凱對於舊日革命黨員多方籠絡，聘炳麟為高等顧問。炳麟欲為籌邊使，以償其馳效邊疆的夙願，袁氏允之，旋委為東三省籌邊使。民國二年初，炳麟設籌邊使署於長春，頗留意於河運、礦山及韓僑之事，然以經費少，人才缺，無法展開工作。是年三月，宋教仁被刺案發生，炳麟懼有變，託故南下，並寫了一首詩以寄志，詩云：「劍騎臨邊塞，風塵起大荒，回頭望北極，軒翮欲南翔。墨袂哀元后，黃金換議郎，殷頑殊未盡，何以慰三殤。」

炳麟南歸後，曾運動黎元洪選總統，元洪則請炳麟入都諫袁。炳麟至京，袁命授以勳二位以籠絡之，炳麟仍面折袁氏，謂其「無稱帝之能」，勸他不可妄為。炳麟在北京逗留七天，復返上海。時因南北相峙，炳麟辭東三省籌邊使職，旋參與二次革命密謀。岑春煊主張借清室的力量倒袁，炳麟力折之，以為是陰謀復辟，岑春煊的意見遂不果行。二次革命爆發後，炳麟在上海常發表反袁文字，一紙宣傳，報章爭載，袁恨且畏。託湖北共和黨員陳某佯邀炳麟北上主持黨務（炳麟被推為共和黨副理事長，正為黎元洪），炳麟不知有詐，但念國事蜩螗，至北京或可持黨勢與袁爭。時炳麟與湯國梨新婚僅逾月，仍毅然北上。

民國二年八月，炳麟抵京，住化石橋共和黨本部，袁即令陸軍執法處長兼戒嚴副司令陸建章派憲兵加以監視，行動言論均失自由。時北京有逮捕國會議員之事，炳麟不便冒然掙脫監視。與湯夫人新婚乍別，難免兩地相思，有書致湯夫人云：「行則速禍，處亦待斃。……君思我我亦思君，有懷不遂，歎息如何？」

二次革命結束後，炳麟稍可自由，但仍不能離京。炳麟無奈，在友人安排下，於十二月九日重開國學講習會，於共和黨本部的會議廳講授經史，聽講者百餘人。講學近月，移居扶桑館（日本旅館），仍受監視。民國三年一月七日，炳麟欲見袁世凱與之理論，袁不見，使陸建章將之誘往軍事廢校，二月十七日又移往龍泉寺。炳麟雖備受禮遇，然不欲久過幽囚生活，決心絕食一死，五月二十三日有書致湯夫人，深痛「不死於清廷購捕之時，而死於民國告成之後」。至是年六月，炳麟即以攜資用盡，拒不受袁氏供給，開始絕食，於是輿論譁然，高一涵、李大釗等與炳麟無一面之緣，亦爲之奔走呼籲。炳麟絕食至七、八日，經其友馬敘倫苦勸，並以絕食相陪，炳麟始再進食。

是年六月十六日，炳麟遷東四牌樓本司胡同鐵如竟軒醫院療養；七月二十四日，遷居錢糧胡同自租之房；均由警察總監吳炳湘負責照管。是後，炳麟曾要求出家爲沙門，亦不被允許。炳麟囚中孤寂，一度欲湯夫人至北京同住，袁黨亦欲湯北上，湯慮同被挾制，未冒然前往，袁黨聲稱欲爲炳麟納妾，湯夫人以此頗怨炳麟，殊不知爲袁黨毒計。民國五年四月十八日，炳麟一度化裝潛離北京，但爲警察捕回。

袁帝制進行期間，炳麟言詞抗直，斥籌安會爲叛逆，大書袁世凱之名以示儆。是年六月六日，袁世凱死，黎元洪繼爲總統，炳麟至十六日恢復自由，旋買舟南下，七月一日抵上海。時徐世昌、馮國璋、張勳等謀復辟，原來討袁之軍彼此之間亦多不協，炳麟見南方無可與謀者，遂出遊南洋羣島，所至演述宗國安危情勢，以堅僑民内向之志，是秋復歸上海。

民國六年，張勳復辟事起，炳麟隨　孫中山南下廣州。復辟事平，黎元洪被迫辭職，國會不復。　孫中山遣兵輪赴秦皇島迎黎元洪南下，不能致，於九月在廣州組織護法軍政府，任炳麟爲秘書長。炳麟任秘書長後，感於簿書煩瑣，又與胡漢民不洽，自請赴雲南、四川等省，宣播護法宗旨，　孫中山韙之，遂以大元帥府秘書長名義行。

炳麟赴滇，繞道安南，北京政府透過法公使，使廣州法領事拒絕簽發護照。炳麟易名張海泉申請獲准，同行者有議員五人。炳麟至昆明，説雲南督軍唐繼堯，請接受軍政府副元帥職，與廣東會師北伐。繼堯表示贊同，授炳麟總參議，請其往川東聯絡滇軍，進而經營湖北，徐圖發展護國軍勢力。炳麟臨別，有「直北餘逋寇，當關豈一夫」詩句贈唐繼堯，其壯志可以想見。炳麟旅途的第一站爲貴州西部的畢節，因爲畢節設有川滇黔三省軍事指揮總部，而繼堯爲三省聯軍總帥。其後，炳麟又至四川的巴縣，湖北的宜昌、恩施、利川、漢口等地，折衝經年，跋涉萬四千餘里。其間，廣州軍政府改爲七總裁制，岑春煊任首席總裁，孫中山不得志，走上海；北京舊國會未復，安福國會選徐世昌爲大總統；南北兩政府均無法統可言。炳麟乃自武漢東歸，於民國七年十月十一日抵上海。

民國八年二月，南北兩政府在上海舉行議和，炳麟與茅祖權、方潛等組「護法後援會」以阻之；和議旋因五四運動發生而終止。民國九年，南方各省多以自治爲號，炳麟主自治各省同盟，不受南北政府支配；適張繼自歐洲歸國，倡「聯省自治」之說，炳麟遂與張繼往湖南、四川兩省運動之，擬由川湘兩省同盟做起，再推至他省。至民國十年，西南六省除廣西附屬於北京政府外，雲南、四川、貴州、湖南、廣東皆稱自治。時　孫中山雖已至廣州任非常大總統，但政令頗難推行。民國十一年，　孫中山遣伍朝樞赴奉天與張作霖相結，謀夾擊直系。於是粵軍出兵江西，奉軍入關，共同進攻直系。奉軍旋爲直系所敗，直系爲緩和南方壓力，迫徐世昌去位，迎黎元洪復位，並恢復舊國會。炳麟以法統已復，勸　孫中山去非常大總統之號，時　孫中山方謀聯俄容共，推展中國統一大業，認炳麟的意見不切實際。未幾，直系嗾使陳炯明起兵，以制粵軍北伐，廣州革命基地遂又不保。

民國十二年九月，炳麟在上海創《華國月刊》，述學論政，以抒文章報國之志。時北方將領迫黎元洪退位，欲爲曹錕賄選鋪路。炳麟曾與唐紹聯名電請議員南下集會，事無結果。民國十三年，國民黨改組，行聯俄容共政策，炳麟引以為憂，危言覈論，不稍回避。是年十月，　孫中山自廣州北上過滬，炳麟往謁，力阻其行，至於痛哭。嗣　孫中山在北京臥病，炳麟曾手書醫方，遣但植之送往。在革命史上，炳麟與　孫中山未盡協和，然二人皆以國事為重，其情誼超出私人友誼之外。

《華國月刊》至民國十五年七月停刊，炳麟仍留上海著書講學。民國二十年九一八事變發生，日本以一千四百人佔奉天，東北三十萬雄兵不抵抗，炳麟大不以為然。次年上海一二八之役發生，應門人弟子之邀遊北平。炳麟希望張學良在北方對日本用兵，以減輕日本對上海的壓力。不意當時北方有「放棄東三省」的論調，炳麟深感痛心。在燕京大學講演了〈論今日切要之學〉——勉勵青年學生珍惜中國歷史文化——後，是夏即悄然回滬。時南社詩人金天翮、同光派詩人陳衍、前國務總理李根源等居蘇州，與當地紳士張一麐等發起講學，請炳麟前往。秋，炳麟至蘇州，卜居十全街曲石精廬。諸發起人組國學會，並辦《國學商兌季刊》（後改名《國學論衡》），由金天翮主其事。炳麟在蘇州，一面講學，一面鼓吹抗日，言論傾動一時，各方爭相羅致，以體弱不能應。國民政府致送萬金作為養痾費用，炳麟以之設國學講習會、創《制言半月刊》，由金天翮所主持的國學會獨立。

炳麟的「國學講習會」成立於民國二十四年，各地來學者百餘人，年齡自十八歲至七十三歲不等，籍貫包括十九省區，以大專學生為多，亦有大學講師和中學教員。除由炳麟於每週二主講一次外，大部分課程均由其門人任之：朱希祖任「史學」，汪東任「專題」，諸左耕任「文選」、「尚書」、「毛詩」，潘石禪任「爾雅」、「經學史」，潘景鄭任「目錄學」，馬宗霍任「文心雕龍」，施仲言任「莊子」、「通鑑」，徐士復任「說文」、「馬氏文通」，孫鷹若任「毛詩」、「模範文」，沈瓞民任「白虎通」，龍榆生任「文學史」、「詩詞學」、「唐詩」、「宋詞」，黃耀先任「音學五書」、「史學通論」，王心若任「左傳」，孫立本任「作文」，鄭梨邨任「書法」、「金石學」，湯炳正任「文字學」，沈延國任「呂氏春秋」、「諸子通論」，金德鑑任「學術史」，楊志瑩任「專題」。另王小徐、蔣竹莊負責特別講演。會務由湯夫人及孫世揚總其事。

《制言半月刊》亦創於民國二十四年，由炳麟主編，由孫世揚、潘承弼、沈延國任編輯，共出六十三期。

民國二十五年六月十四日，炳麟病逝蘇州，享年六十九歲。七月九日，政府明令國葬，卜墓於杭州中台山之麓，嗣以中日戰起，東南淪陷，靈柩權厝於國學講習會廣場，迄抗戰勝利後，仍未移靈。

炳麟死後，國學講習會移上海，改名「太炎文學院」，由湯夫人及門生繼續維持，至民國二十九年九月停辦。《制言半月刊》於民國二十六年蘇州陷日後停刊，民國二十八年一月在上海復刊，改爲月刊，出半年而止。

炳麟早年娶張氏，生女三人：長名㸚，次名叕，次名㠭。中歲喪偶，民國二年六月續娶湯氏，生二子：長名導，次名奇。門弟子除前述者外，有朱學浩、景梅九、白逾桓、田桓、王謇、王乘六、吳契寧、金震、徐澂、李希泌、李恭、湯炳正、汪柏年、潘大道、曾道、井勿幕、康寶忠、康寶恕、土揖唐、劉成禺、吳宗慈、吳承仕、王牛、馬宗卿、王紹蘭、金毓黻、黃焯等。

四、學術成就

炳麟「少時治經，謹守樸學，所疏通證明者，在文字器數之間」。後民族思想興，欲致力於經世濟民，始歷覽前史，博觀諸子，最崇尚荀卿及韓非的學說，對墨翟和莊周的學術也有研究。繼而對佛學發生興趣，研讀《華嚴》、《法華》、《涅槃》等經，在上海服刑期間，更「專修慈氏世親之書」，認爲「釋加玄言，出過晚周諸子不可計數，程朱以下尤不足論」。炳麟出獄赴日後，廣覽希臘及德國哲學家的著作，又從印度學士習梵文，研求印土諸宗學說。至是，新知舊學，融合無間，然後作〈原道〉、〈原名〉、〈明見〉、〈辨性〉、〈道本〉、〈道微〉、〈原墨〉等篇，精闢創獲，灼然見文化根本，道清儒所未道，惟樸學仍爲炳麟一切學術成就的本源。

樸學爲清代學術的主流，自顧亭林、戴震以後，至王念孫、王引之父子，在小學訓詁上的成就，遠超漢魏唐宋。炳麟的老師俞樾承王氏父子在樸學上的成就而發揚光大之，著有《古書疑義舉例》等書，在解釋古書的詞例及謬誤方面，可謂集其大成。俞樾主講西湖詁經精舍達三十一年。炳麟自二十三歲入詁經精舍肄業，從俞樾習經七年之久，故能得其窾奧，對俞樾的治學方法極爲推崇。炳麟論清人學術成就分爲五等：第一等爲俞樾、黃以周、孫詒讓，他們「研精故訓而不支，博考史事而不亂，……每下一義，泰山不移」。第二等爲皮錫瑞，能「守一家之學，爲之疏通證明」。第三等爲王先謙，「通知法式，能辨真僞，比輯章句，秩如有條」。第四等爲莊忠棫、王闓運，他們「高論西漢而謬於實證，侈談大義而雜以夸言」。第五等爲廖平，他「略法今文而不通其條貫，一字之近於譯文者以爲重室，使經典爲圖書符命」。

炳麟師承俞樾，治學方法謹嚴，平生述學論政以之文頗豐，部分刊布於與他同時或與他有關的報刊中，如《時務報》、《蘇報》、《民報》、《國粹學報》、《庸言》、《獨立週報》、《雅言》、《甲寅雜誌》、《華國月刊》、《國學叢編》、《學林》、《國學叢刊》、《制言半月刊》等，主要著作則收入下列叢書、專著或文集裏：

(1)《訄書》　光緒二十七年，蘇州。

(2)《章太炎文鈔》　五卷，民國三年，上海中華圖書館。

(3)《章氏叢書》　民國四年，上海右文社。

《春秋左傳讀敘錄》　一卷。

《劉子政左氏說》　一卷。

《文始》　九卷。

《新方言》　十一卷　附〈嶺外三州語〉一卷。

《小學答問》　一卷。

《說文部首均語》　一卷。

《莊子解故》　一卷。

《管子餘義》　一卷。

《齊物論釋》　一卷。

《國故論衡》三卷。

《檢論》九卷。

《太炎文錄初編》五卷。

(4)《太炎最近文錄》民國五年，上海國學書室。

(5)《章氏叢書》民國八年，浙江省立圖書館。

較民國四年上海右文社本多《太炎文錄補編》一卷、《菿漢昌言》一卷，《齊物論釋》一卷易爲《齊物論釋重定本》一卷。

(6)《章太炎的白話文》民國十年，上海。

(7)《章太炎文鈔》四卷，國學扶輪社，「章譚合鈔」本。

(8)《章太炎文鈔》三卷，民國十六年，中國圖書公司。

(9)《章氏叢書續編》民國二十二年，北平。

《廣論語駢枝》一卷。

《體撰錄》一卷。

《太史公古文尚書説》一卷。

《古文尚書拾遺》二卷。

《春秋左氏疑義答問》五卷。

《新出三體石經考》一卷。

《菿漢昌言》六卷。

(10)《章校長太炎先生醫學遺著特輯》 民國二十五年，蘇州國醫學校。

(11)《章氏叢書三編》 民國二十八年，上海。

《太炎文錄續編》 七卷。

《清建國別記》

《自述學術次第》

《自定年譜》

《古文尚書拾遺定本》

(12)《章太炎先生尺牘》 出版時地不詳。

(13)《章太炎先生家書》 民國五十一年，上海。

(14)《國學略說》 民國六十三年，臺北影印。

另外，未發表的著作，除短篇文章外，重要的尚有《七略別錄佚文徵》一卷，《駁箴膏肓評》一冊，《膏蘭室札記》四卷，《猝病新論》五卷等。

炳麟學問淹博，兼具精審、識斷之長，所以能有如許的成就，得力於戴震、段玉裁、王念孫、王引之、俞樾等人嚴格的治學方法。這治學方法共分六項：即審名實，重左證，戒妄牽，守凡例，斷情感，汰華辭。除方法上的師承外，炳麟尚有獨特的創新意念，即「研精覃思，鉤發沉伏；字字徵實，不蹈空言；語語心得，不因成說」。創新的意念常和懷疑的精神並存，這都是治學所不可缺少的。炳麟持此，向知識的權威挑戰，每能自成一說。譬如，有人認爲自然不可違反，炳麟認爲自然由人類的感覺而起，無自性可言，故可違反；有人把科學視為物質文明，以唯物論為至高無上，炳麟認為物由認識而起，唯物論乃唯心論的一部分，並無高超之處；有人持進化主義，認為進化的潮流不可抗拒，炳麟認為進化雖為客觀事實，但善惡苦樂並進，進化未必有絕對的價值，不可強人所難；有人認為凡人都應該遵奉公理，炳麟以為公理都是以己意律人，非人類所公仞，人類所公仞者不可以個人故陵轢社會，不可以社會故陵轢個人。凡此，雖為炳麟的哲學觀，亦可表示其治學態度的一斑。

炳麟在學術研究上的成就，以國學為主；對西學和印度佛學的涉獵，亦常持以與國學相印證。其治學次第，分治本和治標兩方面，治本以文字聲韻為基，由樸學而文學而史學而玄學；治標由史學入手，而後及於性之所近與世之所急，而以經世濟民為歸。此處分為八方面，說明炳麟在學術上的成就。

其一、對佛學的研究：炳麟在三十歲左右的時候，與宋平子交往，平子勸他讀佛書，乃對《涅槃》、《維摩詰》、《起信論》、《華嚴》、《法華》等加以涉獵。三十六歲後在上海獄中的三年，復誦研《瑜伽師地論》、《因明論》、《唯識論》等書。出獄東渡後，又常研讀《藏經》及《楞伽》、《密嚴》等書，認為學理無過《楞伽》、《瑜伽》者。宣統三年秋，炳麟在東京集沙門三十餘人講演佛學，獨倡法相，謂能與近世科學思想相應合，並謂「佛法不事天神，不當命為宗教」。炳麟以科學、哲學看佛學，擺脫其神秘的部分，當係受中國入世思想的影響。

其二、對老莊的研究：炳麟治老莊，有驚人的發現，一方面因為他以佛理釋老莊，另一方面因為他拿老莊與西方哲學——如康德、斯賓格勒等人的哲學——相印證。所著《莊子解故》一卷，《齊物論釋》一卷，暨〈原道〉、〈原名〉、〈明見〉、〈辨性〉、〈道本〉、〈道微〉、〈原墨〉等篇，精闢創獲，發前人所未發。尤以《齊物論釋》一書，炳麟自謂與《文始》一書皆爲一字千金之作。炳麟認爲老莊哲理是入世的，他說：佛法雖高，不能應用於政治及社會；老莊玄理用於政治及社會，較儒家爲高。這與一般對老莊哲學的認識有所不同。

其三、對經學的研究：炳麟治經，篤守古文家法，以周官、左氏爲本，宗尚漢學，亦不黜魏晉。因其對古文有特別造詣，常能推翻舊說，提出新的見解。在《易經》方面：炳麟認爲《易》是開物成務之書，反對以象數、清談、讖諱說易。炳麟對《易經》的著述不多，除在〈自述學術次第〉一文中有若干條記外，有〈八卦釋名〉、〈彖象〉、〈易象義〉、〈易論〉等篇。在《詩經》方面：炳麟對詩體和《詩經》中的微言大義，常有獨特見解，重要的著作有〈關雎故言〉、〈小疋大疋說〉、〈六詩說〉、〈辨詩〉、〈詩終始論〉、〈小雅大雅說〉、〈毛公說字述〉等篇。在《禮經》方面：炳麟認爲《周禮》爲周公致太平之迹，其書非一人之作；《儀禮》爲威儀之則，其法可用於後代者少；《禮記》爲古禮雜記，二戴所記不可偏廢。炳麟對《禮經》方面的著作有〈孔子制禮駁議〉、〈王制駁議〉、〈禮隆殺論〉、〈大夫五祀三祀辨〉、〈拜跪舉廢議〉、〈喪服草案〉等篇。在《春秋經》方面：炳麟認爲孔子作《春秋》的目的是述行事以存國性，故春秋三傳，他最推崇左氏，因爲左氏能採集事實以考異同，並能明白義法。炳麟在這方面的著作有《春秋左氏疑義答問》、《春秋左傳讀敘錄》、《劉子政左氏說》、《春秋故言》等。在《尚書》方面：炳麟傾心於《古文尚書》的研究，這一方面的著作有《太史公古文尚書說》、《古文尚書拾遺》等書，〈尚書續說〉、〈尚書故言〉、〈疏證尚書八事〉等文，多以古代文字學解釋《尚書》的詞義。

其四、對小學的研究：清代文字學發達，炳麟承其餘緒，更從「究語言之原」、「綜方言之要」上下功夫，乃能超邁前人。炳麟幼從俞樾治語言學，俞樾教他以語言學的研究作爲了解古代著作的門徑。因爲不知音韻，即不知一字數義所由主，亦不知數字一義所由起。《文始》九卷作於清末在日本講學時代，是從聲音上考求古代文字孳乳別生的情形。他認爲倉頡作書是依類象形，但象形文字見於《說文》的不過三、四百個，文字所以日多，是由於「聲意相邇者孳乳別生」。《文始》就是以聲爲部次所編的一部字典。《新方言》十一卷探討中國語言的地理分佈，從而由各地語音推證古代文字之意義。此外，《小學答問》一卷，明本字借字的流變；《國故論衡》三卷，除論述文學、哲學外，上卷十一篇專論文字聲韻的要義，如〈古音娘日二紐歸泥〉，定古聲爲二十一紐；〈古雙聲說〉謂古同部位之音，雖旁紐者皆爲雙聲，以證古音聲類轉變之故。炳麟又考證《說文》，旁參經籍，定古韻爲二十三部，發明「對轉」、「旁轉」、「次旁轉」、「次對轉」、「交紐轉」、「隔越轉」，而作「成均圖」，使韻部轉變，曲達旁通。炳麟更創造五十八個用作切音的符號，成爲民國以後使用注音符號的來源之一。

其五、對法律的研究：炳麟在主編《民報》的時代，曾著《五朝法律索隱》，認爲魏、晉、宋、齊、梁五朝的法律具有四種精神：即重生命、恤無告、平吏民、抑富人。宣統年間，清廷從事法律改革，炳麟對新刑律頗有微詞，如謂同一罪狀，有徒刑五年和徒刑六月之別，法官得任意定之，是對法官授權過重；又如謂放火決水壞歷史宗教之圖書建築物者處死刑，而壞常人宅舍圖書者，罪反減輕，殊爲非是，因爲法律的目的是保護生人，不是保護鬼神。凡此，均爲炳麟對法律的特別見解。

其六、對歷史的研究：炳麟不信史前之說，舉凡人類以前的地球生成論，人類以後的工具標誌論（石器、銅器、鐵器），以及未有文字以前的蒙昧野蠻說，都以爲是推測，不足徵信，故他只從有文字以後的歷史作爲信史去研究。炳麟在歷史方面的著作不多，光緒二十八年（一九〇二年）在東京時，曾致書梁啓超，計畫寫一部中國通史，包括表（帝王表、職官表等五章）、典（種族典、禮俗典等十二章）、記（唐藩記、光復記等十章）、考紀（秦始皇考紀、洪秀全考紀等九章）、別錄（李斯別錄、刺客別錄等二十四章）五部分，此書發表於《新民叢報》，收入光緒二十九年出版的《訄書》中，後來《訄書》改名《檢論》出版時，刪除。雖然如此，炳麟在一般著作中對史學和史事都有精闢的見解和發現。首先，炳麟認爲治史者只注意地理、官制，過於狹隘，主張進一步研究姓氏之學、刑法之學、食貨之學和樂律之學。

其次，炳麟是以民族主義的觀點看國史，他認爲史籍所載的人物、制度、地理、風俗之類，均可灌溉民族主義。他又認爲儒家文化以歷史爲宗，孔子作《春秋》，上承六經，下啓史漢，使中國古代歷史有了端緒。中國因有如是悠遠的歷史，人民自知貴於夷狄，故歷來雖有四夷交逼，而國性不墮。

再次，炳麟爲文論事，常涉及史事，但不落俗。如謂禹能治水，得力於他的地理知識和數學修養；如謂孔子之功在制歷史、布文籍、振學術、平階級，爲保民開化之宗，不爲教主；又如謂伯夷、叔齊出於山戎，所隱之首陽山在遼西，所採之薇爲野豌豆苗，其高風亮節，足爲中原世範。在論及制度方面，如〈官制索隱〉一文，不僅列舉了古今官名的演變，且倡「神權時代天子居山」、「專制時代宰相用奴」、「古官制發原於法吏」等說。在論及風俗方面，如謂魏晉弊俗造端於東漢，反對魏晉風俗不及東漢之說；如謂近世文人無行，於上官濫稱師生，其風始於唐之韓愈，如謂唐代學者受王勃影響，習爲夸誕，不務實際；又如謂唐代荒淫與競浮慕勢之風，遠過南朝，南朝多在王室，唐時延及一般士民。

在論及史學本身方面，炳麟承襲章學誠「六經皆史」及龔自珍「六經爲周史宗子」的說法，認爲史之體例本於經，如《春秋》、《尚書》即後世史書的本紀、列傳，《禮經》、《樂書》即後世史書中的志，《易》爲哲學史精華，《詩》亦多記事。炳麟對中國史學的弊病也有批評，他舉出五點，提醒治史者注意：(1)尚文辭而忽事實：即喜好史書中的文辭，忽略史書中的事實。(2)因疏陋而疑僞造：謂治史者常因史籍記載的偶爾疏陋，而懷疑史籍爲僞造。(3)詳遠古而略近代：謂遠古之事多異說，史者喜治；近代之事少異說，史者不喜治。(4)審邊塞而遺內治：謂史者喜言與域外諸國和戰朝聘之事，對內政情況並不深究。(5)重文學而輕政事：謂史者只注意文字表面，不注意政治背景。炳麟主張治史者要「尋其根株」，不要「摭拾枝葉」，如〈離騷〉之作，是懷王信讒的結果，不應只注重〈離騷〉，亦應研究懷王信讒；又如清談時代，亦多禮法之士，不應只注重清談，而忽略禮法之士。

其七、對文學的研究：炳麟的文學基於國學，自謂「先求訓詁，句分字析而後敢造詞；先辨體裁，引繩切墨而後敢放言」。炳麟早年治小學，「爲文奧衍不馴」，並非故意炫耀古文，不過「欲使雅言故訓復用於常文」。三十四歲以後，受仁和譚獻的影響，喜愛三國、兩晉文辭的「清和流美」。炳麟晚年自述其文章風格，「清遠本之吳、魏，風骨兼存周、漢」。炳麟於詩，興趣不廣、自謂仿爲五言，專寫性情。其詩雖即物言情，不加修飭，然氣韻深遠，彌見性真。此外，在《國故論衡》中卷七篇中，有不少關於詩與文的論述，他認爲詩與文可以觀政，並可從詩文中看出國勢的盛衰，民氣的剛柔，故在炳麟看來，文學並非雕蟲小技。

其八、對醫學的研究：炳麟於披覽羣經之餘，復究心中國醫學，搜求國內外宋明精本醫書二、三十部，精心研究，頗多創獲。這一方面的著作，除單篇論述外，集合成書的有《猝病新論》、《章校長太炎先生醫學遺著特輯》等。民國二年九月炳麟幽居北京時，仍不時研究醫書，並有書致湯夫人云：「昔人云：不爲良相，當爲良醫，此亦吾之志也。」此可見他對醫學興趣的一斑。

炳麟對國學的深入研究，以及他對百家學術的廣泛論列，對中國學術史有其不可忽略的貢獻。炳麟可謂爲中國近代第一位有系統地嘗試研究學術史的學者，皮錫瑞的《經學歷史》雖以近代早期的學術史概論出現，在見識上遠不及炳麟，只可惜他沒有有系統地把材料編起來。炳麟考察中國學術有兩點是開風氣的，其一是打破了一尊的束縛，把各家學術還諸各家的本身；其二是重視學術發展的客觀環境，從地理、政俗等方面觀察之。

從炳麟的著作中來看中國學術史，炳麟認爲九流之學皆出自王官，但諸子既別立一家，爲自堅其說，亦必旁徵博引，自有見地。對於儒家，炳麟推崇孔子對歷史（刪定六經）和教育（《論語》、《孝經》）的貢獻，但認爲孔子講求權變，如用儒家的道德，艱苦卓厲者絕無，而冒險奔競者皆是；若用儒家的理想，宗旨多在可否之間，論議止於函胡之地。對於道家，炳麟認爲老莊由其博覽史事，而知生存競爭、自然進化，故一切以放任爲主。同時炳麟把老子與道士分開，以爲道士與老子無涉。對於法家，炳麟以韓非「有見於國，無見於人；有見於羣，無見於孑」。對於墨家，炳麟以「墨家宗祀嚴父，以孝視天下」，謂「孟軻以爲無父，然非其所本」。其他論述先秦諸子的文字尚多，茲不多舉。

漢代的學術，儒家獨尊，經師不出二途，一以箋注訓詁，一以讖緯迷信。因爲訓詁多走説道的路，炳麟評云：「六經者，記載之文，非爲立德也。」讖緯迷信後來衍爲神仙方道，炳麟歸咎於董仲舒。漢代學術受炳麟推崇的爲司馬遷和班固的史學，和王充的哲學。司馬遷和班固是繼承了孔子的史學傳統，而王充承襲了先秦的理性主義。

漢代「喜陰陽讖記，以傳經法」，是學術衰落的時代。炳麟似較推重魏晉之學，但炳麟所推重的並不是魏晉在經學上的成就，而是治學的態度與風氣。魏晉的懷疑論，含有批判精神，重個性而厭束縛，不拘一宗，自由研究。這種風氣，到了唐及五代有所轉變。唐及五代學風保守，炳麟斥爲「説經守師，不敢專恣……篤守舊常，無叛法故」。迄於宋明，經學益衰，士人空疏不切實際，不爲炳麟所重。

炳麟承乾嘉遺風，一面批評宋明理學，一面盛讚清初實學。惟以炳麟富反滿思想，其論述清代學人，常以其是否反滿爲評價的標準，故最推許王夫之、顧亭林等人。另如能匡正宋明空虛學風的戴震、顏元等人，亦爲炳麟所推許。炳麟的學術是求是與致用，但所謂求是，不是乾嘉學者限於文字訓詁間的「求是」；所謂致用，既不是清初的經世致用，也不是今文家持改良主義，追逐功利式的致用。炳麟在文字學上主張發明而不拘守舊説；在經學上主張存古，反對定於一尊；在史學上講求因果流變，反對微言大義；在治學方法上主張探求名理，反對主觀妄説。炳麟對中國歷代學術的評釋，及其個人在學術上的成就，可以表明他對中國學術史的貢獻，亦可表明他在中國學術史上的地位。

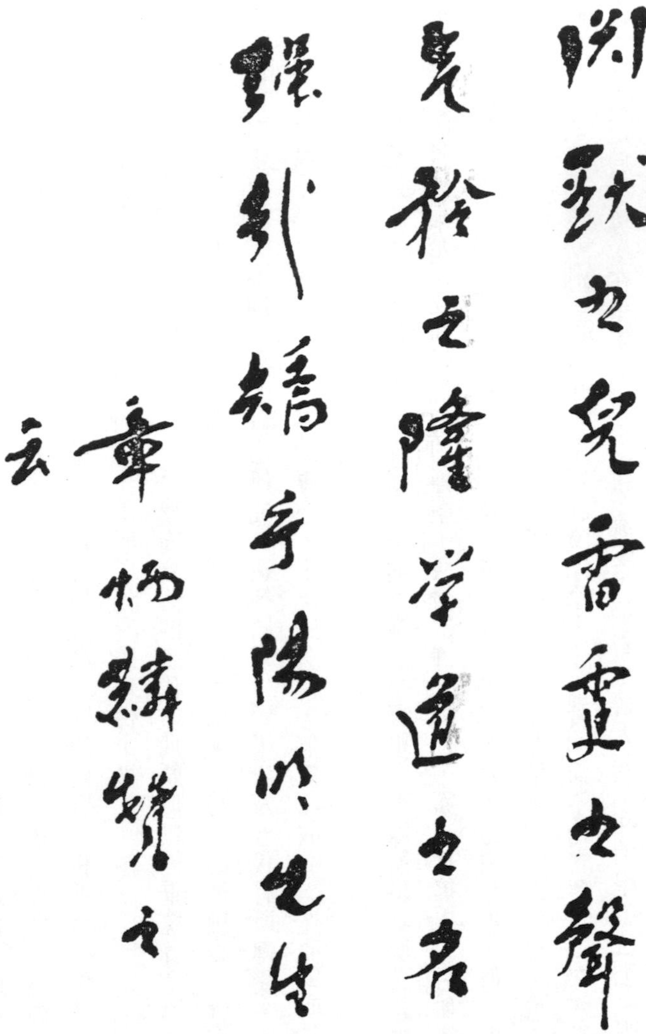

章炳麟遺墨之一

章炳麟遺墨之二

五、思想貢獻

炳麟生在一個新舊交替的時代，在思想上有因襲傳統者，亦有擷取外來者；有體系龐雜者，亦有單簡純一者。可分哲學思想、宗教思想、民族思想、政治思想、社會思想、進化思想、經世思想等方面介紹。

其一、哲學思想：炳麟對東西各國的哲學，涉獵很廣。在中國哲學家中，上自老莊孔墨荀韓諸子，中經漢魏六朝唐宋明清各家，下抵公羊學派的康有爲和譚嗣同，以及嚴復等，都有論評。在西洋哲學家中，古代的蘇格拉底、柏拉圖、亞里斯多德、伊壁鳩魯等人的哲學，近代的康德、費希特、黑格爾、叔本華、尼采、培根、休謨、巴克萊、萊布尼茲、穆勒、達爾文、赫胥黎、斯賓塞爾、笛卡爾、斯賓諾沙等人的哲學，都有稱引。炳麟對印度哲學的吠檀多、波羅門、勝論、數論各宗，《法華》、《華嚴》、《涅槃》、《瑜珈》諸經，亦有研究。因此，他所談及的哲學問題很廣，如哲學定義、宇宙根源、理論與實際、時空、有無、質量、本質與現象、是非（真理與謬誤）、感覺與思維、因果、差別與同一、有神與無神等問題，無不有所論列。

西人所謂哲學，中國謂之「道」，印度謂之「見」，炳麟獨喜「見」字，謂「見無符驗，知一而不通類，謂之蔽；誠有所見，無所凝滯，謂之智」。炳麟的哲學思想在基本上是唯心論的。關於宇宙根源問題，炳麟認爲是精神而非物質，他曾說：「假令誠有物質者，物質不能自認物質爲物質，誰認之者？惟是心量。」又曾說：「此心爲必有，而宇宙爲非有，所謂宇宙，即是心之擬相，即以此心還見此心，夫何不可推測之有？」關於感覺與思維問題，炳麟有心物二元論的傾向，他一方面認爲感覺爲認識的起點，思維以感覺爲其泉源，謂「名之成始于受，中于想，終於思。領納之謂受，受非愛憎不著；取像之謂想，想非呼召不微；造作之謂思，思非動變不形」。但另一方面，他也承認感覺的不可靠，謂「遠視黃山氣皆青，俛察海波其白皆爲蒼，易位視之而變」。故炳麟講認識論，又回到「內自觀察」上。

關於理論與實踐問題，炳麟從唯識論出發，認爲理論可以離開實踐而產生，只有在實踐以外的寂靜中才是產生理論的唯一泉源；若從事實踐活動，就對理論的發展構成障礙；故知與行要分開。炳麟以此認爲王守仁的知行合一說至爲淺薄，但卻深讚其「致良知」的學說，因爲「致良知」之說和他的唯識論相脗合。

關於現象與本質問題，炳麟亦由唯識論出發，認爲宇宙實體唯是一心，而各種現象皆爲迷妄。雖然如此，幻有亦必依於真相。炳麟曾舉例云：「譬如長虹，雖非實物，亦必依於日光水氣而後見形。」

關於真理與謬誤，炳麟認爲不是絕對的。真理中含有謬誤，謬誤中含有真理，所謂「有儒墨之是非，以是其所非，而非其所是」，即是表明真理與謬誤的非絕對性；所謂「是非所印，宙合不同，悉由人心順違以成串習」，即是表明真理與謬誤有其主觀性。

關於時間與空間問題，炳麟一反康德之說，認爲時空是存在的。他在〈建立宗教論〉中說：「假令空是絕無，則物質於何安置？假令時是絕無，則事業於何推行？」但所謂存在，並非實有，乃由心造，最後仍歸結到他的唯識論。

另外，關於因果關係，炳麟否認其客觀性，他認爲「真因實不可得」，而「明日有無，必非今日所能逆計」。關於法則論，炳麟認爲自然規則不在物中，由五識感觸而覺其然，由意識取像而命爲然，不能離知識而有。關於質量問題，炳麟認爲質與量均非實有，「三界唯識所造」。關於同異問題，炳麟主張「泯絕彼此，排遣是非」，一切事物如「闇夜裏的牡牛」，盡歸齊同，而無所差異。關於有無問題，炳麟亦本唯識論，認係生於內心，所謂「不覺心動，忽然念起，遂生有無之見」，即指此義。關於有神與無神問題，炳麟爲一徹底的無神論者，對於一切形態的有神論，他都攻擊駁難，這一點頗與一般唯心論者不同，因爲唯心論者通常爲有神論者。另一方面，炳麟亦與一般無神論者不同，因爲無神論者通常是反對建立宗教的，而炳麟則提倡建立宗教。

其二、宗教思想：炳麟認爲中國應該有宗教，用宗教增進國民道德，挽救世道人心。炳麟心目中的宗教不是孔教，他認爲中國民德衰頹已甚，「姬孔遺言，無復挽回之力，即理學亦不足以持世」。且孔教含有富貴利祿思想，對民權有害。炳麟心目中的宗教也不是基督教，他認爲基督教持唯神論，崇拜一尊，容易造成專制政治，於眾生平等之義有害。尤值顧慮的是，基督教足養成國人崇洋心理，教徒需持洋以陵轢同胞。

炳麟心目中的宗教是佛教，一方面因爲中國素稱佛教國，國人信仰佛教不至忘本；另一方面，佛教可以通貫上下，其理論使上智不能不信，其戒律使下愚不能不信。在佛教諸宗派中，炳麟最稱許華嚴、法相二宗，最反對淨土宗。淨土宗燒紙、拜籤、化筆、扶乩等事，只求現世的康樂，子孫的福澤。華嚴宗普渡眾生，不惜以頭目腦髓施捨與人，在道德上最爲有益。法相宗教義尤高，該宗主張「萬法惟心」，認爲一切有形的色相，無形的法塵，都是幻見幻想，並非實在真有，全出於自心。這種心、佛與眾生合一的信仰，能使眾志成城。故炳麟在〈答鐵錚〉一文中曾謂，禪宗自貴其心，足爲強國之資；法相實事求是，合乎近代科學；均爲中國所當提倡。

炳麟對宗教的主張，大部發表於清末。炳麟以佛教爲最佳宗教的原因，除上述者外，尚因佛教講平等，而滿人不以平等待漢人，佛教的信仰可以激起一般人逐滿復漢之思。這樣說來，炳麟的宗教思想以救國拯民爲依歸。雖是如此，炳麟並不主張把佛教列爲國教，他認爲，宗教信仰應該自由，政教應該分離。爲了避免宗教影響政治，他主張僧侶及宣教師不許入官，不得有選舉權。

炳麟對宗教的見解，帶有理性主義的色彩。中國的理性主義出自先秦，由孔子的泛神論到公孟的無神論，源遠流長，至漢代神仙方道之說起，承襲理性主義源流者惟王充。炳麟在理性主義上的表現之一，即爲前述的宗教上的無神論，謂「奉天神地祇物魅者，皆上世之左道，愚陋下材之所推樹」。他既反對耶穌教，亦反對欲建以與耶穌教抗衡的孔教，至於道教，他認爲是「符籙詭誕，左道惑人」，更不贊同。今文家欲把孔子捧爲教主，炳麟完全把孔子視爲人文主義者，他認爲孔子的貢獻有四：(1)制歷史：孔子作《春秋》，紀年有次，事盡首尾，令晚世得以識古，後人因以知前。(2)布文籍：春秋以前，政典掌在天府，禮教不下庶人，孔子刪定六書，布之民間，使人知典常，家識圖史。(3)振學術：孔子開私人講學之風，脫離「官守其一術」的舊規，各抒己見，百家爭鳴，雖所見不同，中國學術即興於是。(4)平階級：春秋以前，官多世卿，自孔子設教，無分貴賤，養徒三千，散在列國，皆有卿相之資，由是寒素上逐，階級蕩平。如前所述，在所有的宗教中，炳麟比較接近佛教，因爲佛教法相等宗，沒有神秘性，實不過爲人生哲學。炳麟以爲，道德普及之世，即宗教消鎔之世，於此有學者出，存其德音，去其神話，而以高尚的理想創成學說，如中國的孔子、老子，希臘的蘇格拉底、柏拉圖等，皆以哲學而爲宗教的代起者。由此可知，炳麟是以宗教爲過渡，最後希望以道德哲學代宗教。

其三、民族思想：炳麟的民族思想，淵源於中國的歷史。據他自己的回憶，在十三、四歲時讀蔣氏《東華錄》，看到呂留良、曾靜等事件的記載，即感憤恨。十八九歲時，讀到全祖望的文章，所述南田、臺灣諸事甚詳，乃有爲浙人雪恥的想法。及讀到王夫之的《黃書》之後，排滿的志向就更爲堅定。由於他自己的經驗如此，所以光緒三十二年在留東學生歡迎會上演說，即主張把民族的情感，訴於中國歷史，亦即訴於中國國粹。他認爲中國的語言文字，與世界各國絕異，字有本義，又有引申之義，語言有同字異音，又有同物異名，而由造字先後的不同，復可推知建置事物的先後，能通小學，即能了解中國古代文學的偉大，足增愛國保種的力量。他又認爲中國的典章制度合於社會主義，能應合世界潮流。炳麟所謂社會主義，實即平等主義和均富主義。關於均富主義，他舉出三代的井田和從魏晉至唐的均田制度爲證；關於平等主義，他舉出東漢以後的刑律和隋唐以後的考試制度爲證。這些好的制度，都值得頂禮膜拜。炳麟還認爲，中國古代的人物事蹟，亦爲中國民族思想的來源。他推崇劉裕和岳飛，因爲他們都是打擊胡人的能手；他也推崇亭林和戴震，因爲他們都鼓吹反滿思想。

炳麟在中國歷史中找尋民族思想的激素。他自己的民族思想是由研習春秋和明末清初的歷史而來。他亦藉著對中國歷史的考證和敘述來激勵國人的民族思想。炳麟早年寫了不少辨別種族大義的文字，如〈原人篇〉，說明中國民族皆出於軒轅，華夏不可以臣服胡虜，寓有濃厚的排滿意味。〈序種姓〉考證中國古代種族和姓氏，謂中國民族不起於加爾特亞，黃帝起於印度、大夏、西域三十六國間，並謂中國政權「可禪可繼可革，而不可使異類間之」。炳麟在民族思想上的最大特徵是承襲了王夫之的看法，以血統爲區分民族的根據，一掃純據文化以辨民族的舊說。炳麟在〈中華民國解〉一文中引述《帝典》，謂「蠻夷猾夏」；又據《說文》，謂「夏指中國人」；指出夏族與蠻夷的分別。又謂中國自漢以上，視蠻、閩、貉、狄諸族不比於人，民族不專以禮教爲標準，因諸夏之中，弒父烝母者不少，春秋亦不以夷狄賤之，故炳麟云：「夫言一種族者，雖非銖兩衡校於血統之間，而必以多數之同一血統者爲主體。」炳麟在同一文中，又考中國民族與國家的起源，以爲華係國名，夏係族名，華夏爲一個種族建立的一個國家，夷狄入據中國，是破壞中國政治自立，不能允許其存在。

當炳麟由血統分辨中國種族之際，康有爲正以文化觀點，混滿漢爲一。炳麟認爲，中國所以爲中國，非由其有周孔之文化，乃由其有炎黃之族類；必有炎黃之族類，始能創周孔之文化。炳麟又把民族與文化合爲一體，認爲文化盛衰關係民族興廢，中國文化盛大悠久，非滿人所能盡毀，可慮者爲國人醉心西化，不待人之摧殘而先自棄其風俗歷史。在這一點上，炳麟陷入保守主義，而民族主義與保守主義是息息相關的。

炳麟的民族思想所以影響大，是因爲他在反滿的宣傳上只堅執一點，即光復主義。他在光緒二十八年（一九〇二年）所撰的〈中夏亡國二百四十二年紀念會敘〉中，一面要國人效法李定國、鄭成功、張煌言、瞿式耜、何騰蛟、李成梁等人對光復明室的努力，一面要國人效法希臘和波蘭人的復國意志。次年，他爲鄒容的《革命軍》作序，說明革命與光復的區別，他認爲同族相代謂之革命，驅逐異族謂之光復，中國既亡於胡人，即當謀光復，不必稱爲革命。但炳麟所持的光復主義，只在光復中國的種族，光復中國的州郡，光復中國的政權，並不要殺所有的滿人。在這一點上，他與　孫中山的見解相同，雖然　孫中山的民族思想較他爲恢廓。

在反滿宣傳上，光復主義常與復仇主義相提並論。或謂復仇爲野蠻的行爲，炳麟以爲在法律可以約束的範圍內，私人的復仇爲野蠻行爲；種族的仇恨在法律的範圍以外，則可以實行復仇。由於此一激烈的種族仇恨思想的傳佈，使炳麟及其周圍的人採取了一種狹隘的民族主義。當時有人以倡無政府主義的方法，以爲推翻滿政府的手段，炳麟認爲不如直訴民族主義，他在〈排滿平議〉一文中說：「無政府主義者，與中國情狀不相應，……不如言民族主義。」又說：「舉一綱而眾目張，惟排滿爲其先務。」

其四、政治思想：炳麟的政治思想，基於他的哲學思想。炳麟否認一切的因果律及自然規律的客觀存在，進而站在極端個人主義的立場，斷言一切的規範或法則，是對個人自主的束縛。炳麟的政治思想是以個人主義為起點，以無政府主義為終點，不承認國家體制。其個人主義的思想可能出自道家，他認為人不是為世界而生，不是為國家而生，不是為社會而生，不是為他人而生。人對於世界、國家、社會、他人本無責任，責任是後起的事。因為有負於人，就要償於人。但人與人之間相助相酬，乃出於個人的自擇，並非出自天然。另一方面，炳麟認為個性解放並不是說人可以無拘無束，當以不做害人之事為界限，所以他說：「人類不為相害而生，故惡非所當為，則可以遮之使止；人類不為相助而生，故善亦非人之責任，則不得迫之使行。」炳麟這種觀念，是對傳統名教綱常的離心，但較李贄、譚嗣同等人的看法還溫和得多。

炳麟既持個人自足之義，引伸推演，勢必重己輕羣，所以他對於具有實體的國家和政府都沒有好感。他對於國家的見解有三：即國家無自性，國家非當設，國家不神聖。所謂國家無自性，是說國家由個人組合而成，自性屬於個人，不屬於團體。炳麟認為對於個體所集成者，個體為真，其集成者為幻，故國家的自性是假有者，非真有者。所謂國家非當設，炳麟認為國家由禦外而立，政府由爭殺而起，國君由造酒而立（古謂人君為酋，酋者繹酒，古人嗜酒，能造酒者可為人君），宰相由奴僕而生，官制由法吏而起。凡此均可證明國家原始功用的邪惡卑賤，炳麟認為國家是不得已而設之者，非理所當然而設之者。所謂國家不神聖，是綜合上述二義觀之，國家既無自性，起源微賤，自無神聖可言。即就共和政體言之，雖稍勝專制，亦無足寶貴。選舉的靡費，政治上的賄賂，雖民主先進國家亦不能免。

由貶抑國家價值向前推演，炳麟對人類社會所存在的一切均感失望，乃倡五無論，欲使世界進於絕滅之境。所謂五無，一爲無政府，以免種族之爭；無錢幣，以免階級之爭；無軍器，以失相爭之具；無牝牡相交，父子相繫，以免情愛之爭。二爲無聚落，使農爲游農，工爲游工，女爲游女，使膏腴、溫濕地區的人與苦寒、貧瘠地區的人迭相遷移，以破範籬，以杜爭端。三爲無人類，從「斷人道而絕其孳乳」著手。無人類自然無政府、無聚落及一切爭之事。四爲無眾生，在人類絕滅之後，可免人類由進化而再生，如並微生物亦不存在，世界將可以安然。五爲無世界，世界爲人類及眾生所依持、所見證，如無人類及眾生，世界等於不存在。此種激烈的想法，不過爲對國家相爭、社會不平、和政治暴苛的抗議，可謂爲憤世疾俗。但炳麟於政治及學術抱有滿腔熱血，其思想是入世的。他的入世思想，在表面看來是從厭世上來轉圜，炳麟曾謂「自揣生平學術，始則轉俗成真，終乃回真向俗」，故他在緊接批評國家的存在以後，又認爲國無自性而可以愛，國不當設而不可無，國非神聖而可以救。所謂國無自性而可以愛，因爲人所愛之物大半非實，國雖不實亦可愛之。炳麟認爲愛國之念，強國之民不可有，弱國之民不可無，因爲弱國之民愛國無害於人。所謂國不當設而不可無，因爲人所行之事大半是當然的，國雖不當設卻不能不設，如是可以減少內憂外患。所謂國非神聖而可以救，因爲人爲了自衛，可以不論榮辱。

炳麟在承認國家的客觀存在之後，對國家的體制即有所選擇。炳麟所選擇的是共和政體，而非專制政體。炳麟心目中的共和政體，與　孫中山的想法不同，與西方代議制度尤異。他反對中國實行代議制度，理由有三：(1)代議爲封建遺制，不適於平等社會；在平等社會中，人民與政府應發生直接關係，不容代議士橫置其間，以免隔膜。⑵中國地廣人眾，勢不能行代議，因為行代議必舉議員，舉議員必按人口比例，中國若仿日本每十三萬人選一議員，將得議員三千二百，如何議事？如仿列國選七百議員，六十萬人始能選得其一，一人如何能代表六十萬人的意見？⑶議員不能代表民意，選出的議員或代表政黨利益，或代表一己行業的利益，不以民意為歸。基於這些考慮，炳麟擯斥代議制度，主張實行直接民權，認為共和政治所當行者有三大端：⑴四權分立：於行政、立法、司法之外，別加一教育權，各權獨立行使，以防專制。⑵宣民意：平時無須舉代議士，僅允人民有集會、言論及出版自由，遇有軍國大事，每縣舉一人，議定之後，政府不得擅專。⑶行法制：即如炳麟所言：「法律既定，總統無得改，百官有司毋得違越，有不守者，人人得訴於法吏。」炳麟崇尚法治，反對人治，因此對傳統中國政治哲學抑儒墨而揚商韓。

前述炳麟的政治思想，都是在排滿時代對未來中國政治的懸想。民國建立後，各黨各派發表建國主張，炳麟組黨有所運動，但態度較為保守。他在中華民國聯合會成立會的演說中強調，中國是因舊之國，非新闢之國，其良法美俗應保存者則存留之，不能事事更張。他反對行美國的聯邦制，認為會破壞中國的統一；而較傾向於法國的中央集權制。他主張行政官除大總統外不由人民選舉，惟行政部門應對議院負完全責任。至於政治體制，他認為三權分立制不完備，主張另加教育、糾察二權。在經濟體制方面，炳麟主張實行國家社會主義，進行方法則為限制田產，行累進稅和遺產稅。此外，他也主張廢除納妾制度和長子繼承制度，並主張公民權以識字為標準，不以財產為標準。這些較為落實的政治主張，與前述政治思想顯然有些距離。

其五、社會思想：炳麟的社會思想，除前述表現於無政府主義者外，主要是表現於對財富問題的看法。光緒二十八年（一九〇二年），炳麟在日本與　孫中山討論土地問題，頗贊同　孫中山的平均地權之義，即革命成功之日，土地國有，地主宜廢，農須自耕，田須領種。炳麟痛蘇州人馮桂芬等豪族以佃為奴，主張懲治，並沒收其田產。在他所主編的《民報》上，即刊登劉師培的〈悲佃篇〉，黃侃的〈哀貧民〉，大事鼓吹。黃侃以「富人奪之而我乃貧，非平等之道」，主張「寧以求平等而死，毋汶汶以生」。劉師培的態度更激烈，主張「盡破貴賤之級，沒豪富之田，以土地為國民所共有」，為了「籍豪富之田」，他甚至鼓勵「農人革命」。炳麟在《民報》上對財富問題的主張，與劉、黃等無多出入，他在〈代議然否論〉一文中，主張「田不自耕植者不得有，牧不自驅策者不得有，山林場圃不自樹藝者不得有，鹽田池井不自煮暴者不得有」，其法與孫中山的平均地權之制，仁暴迥殊。

其六、進化思想：黑格爾謂世界的發展即理性的發展，炳麟指為進化論的萌芽，達爾文、斯賓塞輩應用其說，一舉生物現象為證，一舉社會現象為證，進化論的學說始成。清末民初，進化論和物競天擇說在中國廣為流傳，炳麟處在那個時代，自然有所感受。所著〈原變〉一文，謂生物之變，起於相競與合羣，人宜善用智力，「蛻其故用而成其新用」，不宜避世離俗。〈易論〉一文闡發《易經》道理，提倡尚強、競爭，謂「人以競爭而得存活」。由進化論和《易經》哲學出發，炳麟肯定人類的社會和文化有競爭和創新兩方面。他認為無論生物及人類，都免不了競爭，其「五無論」謂無政府、無聚落、無人類、無眾生、無世界即可免除競爭，實則，此五者無一可免，故不可無競爭。至於創新，亦爲人類社會很普通的現象，他否認儒家文化有保守性，日人遠藤隆吉以孔子一意循舊而無進取，謂「孔子出於支那則支那之禍本也」，炳麟爲文非之，謂一意循舊，漢世博士有之，魏晉以後無是。不過，炳麟認爲競爭和創新並不一定能給人類帶來絕對的進步和幸福，因爲善惡苦樂是並進的，所以他又認爲進化之實不可非，進化之用無可取。

其七、經世思想：炳麟認爲治學有二途，一爲求是，一爲致用，二者合而爲一，才是切要之學。他認爲明代的知識分子知今而不通古，清代的知識分子通古而不知今，皆不足取法。他在一二八事變後到北平，看見一般學者還在對古史的考求孳孳不休，或考墨辯，或考《山海經》，或考鏡鼎陶瓦，雖是求是，具科學精神，但不能致用。炳麟遂大聲疾呼，要青年考求歷史的演進，洞察目前的社會經濟，以實踐的精神，來救國家的危亡。他認爲「現在的中國是處在什麼時期，自己對國家應負什麼責任，這一切問題在歷史上可以全部找到明確的指示」；若不把這些指示找出來，治史便要落空。炳麟這種經世致用的思想，與顧亭林所提出的博學於文、行己有恥的目標相似。

六、結語

炳麟出身於舊式書院，不曾受過新式教育，一生治學以國學爲主。民國二十五年四月二十八日，炳麟向門人言生平志向，謂在「尊信國史，保全中國語言文字」。雖然如此，他對佛學和西學的涉獵亦甚廣，此有助於他對國學的了解，亦更增加他對國學的熱愛。炳麟平生以中國文化道統自任，如前所述光緒二十九年被捕入獄，有「國故民紀絕於余手」之嘆。民初在北京幽囚時，曾致書湯夫人，有「吾死以後，中夏文化亦亡矣」之言。因爲他以中國道統自任，在清末曾力闢今文派的公羊學說，謂公羊學視《春秋經》如預言，終必掩史實、逞妄說。民國初年，他又力闢疑古派的學說，謂疑古派以堯舜禹湯皆儒家僞託，如此必將維繫民族的國史全部推翻，使人人忘其本來，國亡以後，永無復興希望。他認爲國與國不同的地方即爲歷史和語言文字，處在外患孔亟的時代，非專力保有此兩種特性不可。

炳麟的思想，大部淵源於國學。如民族思想，是從《春秋》的「夷夏之防」出發，在清末宣傳滿漢仇恨，在抗戰前夕鼓吹抗日情緒。政治思想和社會思想，除淵源於傳統者外，主要是他對現實政治參與的感受。譬如他在東京與無政府黨人和社會黨人接觸，對於他的政治和社會思想都有影響。不過，他的政治和社會思想，往往是臨時觸發的，而不一定是條理一貫的；是個人懸思的，而不一定是承襲宗派的。譬如他對西方的民主精神表贊許，但對西方的民主制度表懷疑。而自己設計的一套民主制度，又缺乏民主精神。又譬如他所談的無政府主義，與世界上任何派別的無政府主義都不同，他主張世界毀滅，比老莊的無爲思想還激烈。又譬如他一度主張用激烈的辦法來平均財富，但日後即閉口不談。不過，炳麟在哲學上確能揉合中西，匠心獨造，詢爲一深沉淵博的學術思想家。

炳麟性格落拓，思想亦不甚謹嚴，惟因治學不因成規，故每能有所創見。他在國學上的創見，得力於文字學、佛學和西學，由文字學、佛學和西學的素養，撇開註釋家的舊説，重新認識國故，乃能成爲出色的國學家。他在研究學問之餘，亦曾參與實際政治，這是出於不得已，因爲在内憂外患交迫的時代，國事需要有人關心。炳麟的實際政治生涯是失敗的，雖是如此，他仍是中國知識分子的典型代表，即無論何時，他沒有忘記對國家應盡的責任。

參考書目

本書目分八類：㈠報刊：指由炳麟主持或與炳麟關係密切的報紙和期刊。㈡專集：指炳麟的著作彙集成書者。㈢傳記：包括炳麟自撰和他人所撰有關炳麟的傳記。㈣紀念文：指悼念或追思炳麟的文字。㈤訪問記：指由炳麟口述、由訪問人紀錄下來的傳記性文字。㈥掌故：指關於炳麟的一些零星記載。㈦著述目錄：指炳麟的著作目錄，由他人調查編集而成者。㈧研究炳麟學術思想之論著。

㈠報刊（年代指炳麟參與的年代）

《時務報》　上海，光緒二十二年至二十四年。

《昌言報》　上海，光緒二十四年。

《蘇報》　上海，光緒二十九年。

《國粹學報》　上海，光緒三十一年至宣統三年。

《民報》　東京，光緒三十二年至三十四年。

《大共和日報》　上海，民國元年。

《雅言》上海，民國元年至三年。
《學林》北京，民國九年。
《華國》上海，民國十二年至十五年。
《國學叢編》上海，民國二十年至二十二年。
《國學論衡》上海，民國二十二年至二十四年。
《制言》蘇州，民國二十四年至二十五年。

㈡專集

《訄書》蘇州，光緒二十七年。
《章太炎文鈔》五卷，上海中華圖書館，民國三年《章氏叢書》（十二種四十五卷），上海右文社，民國四年。
《春秋左傳讀敘錄》一卷。
《劉子政左氏說》一卷。
《文始》九卷。
《新方言》十一卷。
附〈嶺外三州語〉一卷
《小學答問》一卷。
《說文部首均語》一卷。

《莊子解故》一卷。
《管子餘義》一卷。
《齊物論釋》一卷。
《國故論衡》三卷。
《檢論》九卷。
《太炎文錄初編》五卷。
《太炎最近文錄》須彌編，上海國學書室，民國五年。
《章氏叢書》十三種四十七卷，浙江省立圖書館，民國八年。較民國四年上海右文社本多《太炎文錄補編》一卷，《葑漢昌言》一卷，《齊物論釋》一卷易爲《齊物論重定本》一卷。
《章太炎的白話文》上海，民國十年。
《章太炎文鈔》四卷，上海國學扶輪社。「章譚合鈔」本。
《章太炎文鈔》三卷，中國圖書公司，民國十六年。
《章氏叢書續編》七種十七卷，北平，民國二十二年。
《廣論語駢枝》一卷。
《體撰錄》一卷。
《太史公古文尚書說》一卷。

《古文尚書拾遺》　二卷。

《春秋左氏疑義答問》　五卷。

《新出三體石經考》　一卷。

《菿漢昌言》　六卷。

《章校長太炎先生醫學遺著特輯》　蘇州國醫學校，民國二十五年。

《章氏叢書》　三編（五種），上海，民國二十八年。

《太炎文錄續編》　七卷。

《清建國別記》

《自述學術次第》

《自定年譜》

《古文尚書拾遺定本》

《章太炎先生尺牘》　出版時地不詳。

《章太炎先生家書》　上海，民國五十一年。

《國學略說》　臺北，民國六十三年。

(三)傳記

〈章太炎事略〉　馮自由撰，《逸經》第六期。

〈章太炎略歷〉　《中央日報》，民國二十五年六月十五日。

〈章先生別傳〉 但植之撰，《制言》第二十五期。

〈餘杭章先生事略〉 李植撰，《制言》第二十五期。

〈餘杭章先生墓誌銘〉 汪東撰，《制言》第三十一期。

〈國學大師章太炎先生〉 《燕京學報》第二十期。

《記章太炎先生》 沈延國撰，上海，民國三十五年。

《章炳麟》 許壽裳撰，南京，民國三十五年。

〈章太炎之行述〉 謝汝銓撰，《臺灣省通志館館刊》一卷三期。

〈自訂年譜〉 章炳麟撰，《近代史資料》一九五七年第一期。

"Chang Ping-lin", in Howard L. Boorman, ed., *Biographical Dictionary of Republican China*, Columbia University Press, 1967.

(四)紀念文

李道中撰 〈悼章太炎先生〉，《東南日報》學苑，民國二十五年六月二十日。

蔗　園撰 〈悼章太炎先生〉，《朝報》，民國二十五年六月十七日。

程滄波撰 〈哀章太炎先生〉，《中央時事週報》五卷二十三期。

坦蕩蕩齋主撰 〈嗚呼章太炎先生〉，《武漢日報》今日談第一四三期，民國二十五年六月十六日。

徐仲蓀撰 〈紀念章太炎先生〉，《制言》第二十五期。

馮自由撰〈弔章太炎先生〉，《制言》第二十五期。
張仲仁撰〈紀念章太炎先生〉，《制言》第二十五期。
景梅九撰〈悲憶太炎師〉，《制言》第二十五期。
許壽裳撰〈紀念先師章太炎先生〉，《制言》第二十五期。
施　章撰〈悼章太炎先生〉，《制言》第二十五期。
徐復初撰〈追念餘杭大師〉，《制言》第二十五期。
張一麐撰〈紀念章太炎先生〉，《心太平室集》卷四。

(五)訪問記

厲鼎煃撰〈章太炎先生訪問記〉，《國風》八卷四期。
朱希祖撰〈本師章太炎先生口授少年事蹟筆記〉，《制言》第二十五期。
諸祖耿撰〈記本師章公自述治學之功夫及志向〉，《制言》第二十五期。
孫至誠撰〈謁餘杭章先生紀語〉，《制言》第二十五期。
唐祖培撰〈太炎大師謁問記〉，《制言》第二十五期。

(六)掌故

馮自由撰〈章太炎與支那亡國紀念會〉，《逸經》九期。
〈記章太炎與余訂交始末〉，《革命逸史》第二集。

徐一士撰 〈談章太炎〉，《國聞週報》十三卷二十五期。
〈章炳麟被羈北京軼事雜記〉，《逸經》十一期。
〈再記章炳麟羈留北京時軼事〉，《逸經》十二期。
蔗　園撰 〈章太炎先生與革命軍〉，《中央日報》，民國二十五年六月十九日。
王德亮撰 〈章太炎對孔子的態度〉，《朝報》，民國二十五年六月二十二至二十三日。
鐵　峯撰 〈章太炎談白話詩〉，《朝報》，民國二十五年六月二十日。
覺　簃撰 〈章太炎拒爲袁世凱修史〉，南京《中央日報》，民國二十四年八月二十二日。
洪　深撰 〈民族主義者章太炎〉，《光明》第一卷二期。
心　佛撰 〈章太炎先生在獄中〉，《中央日報》，民國二十五年六月十九日。
陸丹林撰 〈章太炎與張之洞〉，《逸經》十七期。
黃家遵撰 〈清末兩位社會學的先鋒——嚴幾道與章炳麟〉，《社會研究季刊》一卷三期。
劉禺生撰 〈章太炎先生在茗錄〉，《制言》二十五期。
曹亞伯撰 〈記章太炎先生〉，《制言》二十五期。
吳藹林撰 〈太炎先生言行軼錄〉，《制言》二十五期。
孫至誠撰 〈書餘杭章先生逸事〉，《制言》二十五期。
黃季剛撰 〈太炎先生行事記〉，《制言》四十一期。
曹聚仁撰 〈章太炎先生〉，《申報》，每週增刊一卷二十四期。
〈章太炎軼事〉 《東南日報》，民國二十五年六月十六至十七日。

〈吳佩孚贊助章太炎講學〉 南京《中央日報》，民國二十四年十月一日。
〈關於章太炎〉 《越風》第十六期。

㈦著述目錄

毛子水撰 〈章太炎先生著述小識〉，天津《益世報讀書週刊》五十四期。
許壽裳撰 〈章太炎先生革命文獻的一斑〉，《新苗》十五期。
〈太炎先生著述目錄初編〉 《制言》二十五期。
〈太炎先生著述目錄後編〉 《制言》三十四期。
〈太炎先生著述目錄補遺〉 《制言》三十六期。

㈧研究炳麟學術思想之論著

侯外廬著 〈章太炎的科學成就及其對於公羊學派的批判〉，《近代中國思想學說史》第十五章。
侯外廬著 〈反映十九世紀末葉社會全貌底太炎哲學〉，《近代中國思想學說史》第十六章。
蕭公權著 〈章炳麟〉（一八六八—一九三六），《中國政治思想史》第四編第二十四章第四節。
季　夏撰 〈一代學術大師章太炎先生〉，《大學生活》五卷二十一至二十二期。
林　尹撰 〈章炳麟〉，中華學術院編《中國文化綜合研究》頁九一—一〇一。

郭湛波著〈章炳麟〉，《近代中國思想史》第九篇。

"Chang Ping-lin," Michael Gasster, *Chinese Intellectuals and the Revolution of 1911,* Chapter 6.

歐陽竟無

麻天祥 著

目次

歐陽竟無

國民政府令

耆學歐陽漸，早歲精研性理，倡導良知，嗣以清季政俗衰頹，乃思以佛拯世。民國以後，編刊內典，著述益宏。爾年避寇來川，感令時艱，激揚正義，志行老而弗衰。茲聞溘逝，良深珍惜，應予明令褒揚，並特給金元一萬，以彰宿學而示來茲。此令

民國三十二年四月二十七日

教育部公祭文

維中華民國三十二年三月五日，教育部部長陳立夫及全體職員謹致祭於歐陽竟無先生之靈曰：嗚呼！晦影歸真，大師長往。梁木摧頹，學人安仰。嗚呼！慈恩雲遠，絕學將亡。宗風丕振，孰紹初唐？昔我西巡，西京古寺。瞻禮徘徊，三塔鼎峙。明道嗣法，篤生宜黃，仁山繼起，震旦之光。嗚呼！發海潮音，說諸空相。大願宏茲，待刊佛藏。法無常住，道則常新。存神過化，長懷哲人。嗚呼哀哉，尚饗！

清朝末年，曾經銷磨多少豪傑的六朝金粉，卻烘托出一個嶔崎磊落的人，這人就是被稱爲「中國近代佛學復興之父」的石埭楊文會。文會學問博而道行高，弘法刻經，捐家興學，創辦的金陵刻經處和祇洹精舍，在中國近代佛教、佛學、乃至思想史上，都占有光輝的一頁。其影響所及，學苑山林，宗匠釋子，凡有真信仰者無不趨而奉之，故楊氏門下多豪俊之士。而承其未竟之業，輯印藏要，辨析源流，建內學院及法相大學，賡續慈恩宗義，以唯識之學而開發當世之學人，不僅使晚清佛學伏流揚波而起，同時也在高等學院教育領域奪得一席之地者，則是被世人尊稱爲「宜黃大師」的歐陽竟無。

一、生平與思想的形成、流變

歐陽漸，字鏡湖，由儒入佛後易名竟無，大概取佛家畢竟空之義①。江西宜黃人。同治十年（西元一八七一年）十月初八，正是即將坍塌的「天朝上國」沉浸在所謂「同治中興」的夢酣歲月，歐陽出生在宜黃縣城一個詩禮仕宦之家。

1 家世、遊學與入仕

宜黃歐陽，四世詩禮傳家。曾祖文楷，祖父鼎訓，父暉（仲孫）皆長於詞章之學，書法也聞名於鄉里。鼎訓、仲孫公均在鄉試中中舉，但也都未能通過會試，故在京城只任過京曹一類的閒職，暉曾任職農部、戶部，官至戶部陝西司主政②，浮沉郎署二十餘載。歐陽漸是暉第三房姨太汪氏親生子。歐陽漸自幼既受深厚家學的薰陶，也是在窘迫的家境中成長起來的。

光緒二年（一八七六年），歐陽漸剛剛六歲，其父仲孫公因病謝世，寡母、孀嫂、孀姊，孤兒，共八人相依為命，窘迫的家境尤其顯得每況愈下了。此時，漸叔歐陽宋卿以貢生被委任為州判，因歐陽一家的變故而未就任，承擔起護持寡嫂、孤兒的責任。漸自此隨叔宋卿公就讀，由程朱之學，博涉經史，像當時的大多數知識分子一樣，歐陽漸也是以理學為入道之門的。

生母汪氏，對歐陽漸督責甚嚴。漸兒時夜讀，困倦欲眠，汪氏便痛切地說：「全家所賴唯汝，汝不學，吾無望矣。」說時，聲淚俱下，漸也與母同泣，於是刻苦勤學，不敢稍有懈怠。叔父的教誨，嚴母的督責，歐陽漸學以日進，文章古奧，已超越同學少年。

光緒十六年，歐陽漸通過院試而中秀才，並入南昌經訓書院就讀，進一步研習經史，兼攻天文曆算。他學習成績優異，作為書院的高材生，有「得風氣之先」的美譽。第二年，著名經學大師皮錫瑞任經訓書院山長。皮氏是當時著名今文經學家，但於考據之學也是駕輕就熟且予以高度贊賞的。歐陽漸從皮氏研讀經史的同時，也接受了漢學考據方法的訓練。皮氏「六經致用」之說，顯然也灌輸到他那求知欲極強的書生意氣之中。

甲午喪師，舉國鼎沸，一八九五年四月，李鴻章在日本簽訂了喪權辱國的《馬關條約》，使大清帝國還殘留的一點威儀也蕩滌殆盡。年輕有識之士，無不奮矜扼腕，以求一逞。同年，康有爲、梁啓超在北京上書變法，並發起成立了以變法救國爲宗旨的強學會。變法圖強的呼聲一時間彌漫朝野。當時還在經訓書院讀書的歐陽，顯然受這一愛國、救國風潮的衝擊，深感理學的空疏，漢學的死滯，均無補於救世濟民之大業，轉而專治陸王之學，欲以自尊無畏之心，救國救民於危難之中。

兩年以後，歐陽宋卿病故，二十七歲的歐陽漸獨力承擔起全家的生計。又一年，歲在戊戌，剛剛開始的變法運動，便在頑固派的全面反擊中而歸於失敗。六君子死難，康梁流亡海外，維新運動的參與者也在清廷的追捕中遠遁江海。皮錫瑞因涉嫌「新黨」被迫離開經訓書院。生於憂患而又年輕的歐陽漸，目睹國是日非，變法失敗，也就不能不感到亂世至無定軌，而生人生無常之嘆了。

九江桂伯華，長歐陽漸十歲，早歲就讀於南昌豫章書院，也以今文經學相蹈礪。伯華與康、梁志同道合，梁啓超曾舉薦伯華接任他在湖南時務學堂總教習的職務。所以，伯華在上海任《滬萃報》主筆期間，積極投身變法運動，與康、梁南北呼應。事敗，伯華便離開上海報館，避禍南昌，因此得與歐陽結識並引爲摯友。伯華避禍期間，病中因閱《金剛經》而傾心佛學，並以此勸誘歐陽學佛。開始，歐陽不以爲然，並以陸、王之學與伯華爭論優劣。伯華知不能勉強，於是贈《起信論》、《楞嚴經》二書，同時，不無幽默地說：「這兩本書，姑置之床頭，做爲引睡書如何？」盛情難卻，歐陽就是在這樣的情形下，以懷疑的眼光開始閱讀佛經的，並在不知不覺中接受了佛教義理。

光緒二十九年（一九〇三）年，歐陽三十三歲，因文行俱優，由學政考定，以優貢生保送赴京師朝考。翌年，歐陽以朝考二等，被授予廣昌縣教諭③。由京師返南昌途中，專程赴金陵刻經處，看望一八九九年已拜在楊文會門下的桂伯華。經伯華引薦，得識楊文會居士。在楊老居士的開示下，歐陽始聞華嚴法界之奧旨，對佛學又有了進一步認識，遂即南歸，赴廣昌縣教諭任。

一九〇五年，三十五歲的歐陽漸首先在家鄉創辦正志學堂，對傳統教育進行了大膽的改革。他自編教材，斟酌科目，以陸王之學治心，以科學技藝應世，體用兼備，欲造就新一代品學兼優，適合當時救亡圖存社會需要的人才。實際上，這也是歐陽獻身於近代教育的初次嘗試。

一九〇六年三月，正在廣昌任所的歐陽漸，驚聞生母汪氏病危，匆忙返家探視，未能伺奉湯藥，僅得一面，生母便於當月七日溘然長逝。歐陽六歲失怙，與汪氏相依爲命，母含辛茹苦，以多病之軀，精勤家事，督責幼兒，零丁辛苦，至於今日，還沒有來得及享受愛子成功的歡樂，便撒手而去。已經對佛學有所體悟的歐陽漸，悲痛之中，尤其感到人生之難測了。顯然，他意識到程、朱、陸、王之學均不足以解決人生的問題。於是，自母親辭世之日，即斷肉食，絕色欲，也不再求仕進而登科場之路了。應當說，歐陽漸是在他的親人父、叔、母，尤其是生母相繼過世以後，決定皈心佛法，以求究竟之學的。生母的死別，使他丟棄了剛剛開創的教育事業，而向復興佛學之路邁進。三十六歲，正是歐陽漸由儒入佛的思想和人生的轉折。

2 由儒入佛，轉俗成真

母親去世之後，歐陽漸不勝哀痛，在家守喪一年。一九〇七年三月，歐陽專程赴南京金陵刻經處拜謁楊文會居士，正式從楊氏學習佛理。此時，正是楊氏籌建「祇洹精舍」的關鍵時候。同年秋，歐陽遵楊氏之命，東渡日本，以實現楊老居士在日本訪搜佚經的夙願。

在日本東京，歐陽與留學日本的蒯若木夫婦及桂伯華朝夕相處，暢談佛理。他又通過桂伯華結識了著名學者、革命家章太炎、劉師培、蘇曼殊等。章氏等人對佛學的理解和推崇，同樣影響了歐陽漸由儒入佛的學術思想的轉化。

儘管如此，訪學日本時期的歐陽漸還沒有決定以全副身心和畢生精力獻身佛學研究的事業，所以，在一九〇八年初，當他從日本歸國的時候，楊文會創辦的「祇洹精舍」已經開學④，但他並沒有回到金陵刻經處楊文會居士身邊，而是爲生計所迫，也爲能出國留學籌備資金，歐陽南下廣州，在兩廣優級師範任教，不久，又因患風濕病辭職。接著，他又同好友李證剛在家鄉九峯山創辦農場，欲以農業經營實現留學東瀛的理想。然而事與願違，歐陽大

祇洹精舍

病瀕死。疾病的折磨，使他不得不放棄原有計劃，在悲憤和無可奈何中，決心獻身佛學，於一九〇九年，再赴金陵，師從楊文會學瑜伽、唯識，開始了他那四十餘年的佛教文化研究事業。其時，歐陽已居不惑之年。

就在這一年歲末，開學不到兩年的「祇洹精舍」，終因經費不足，人去室空，而只能興望洋之嘆了。曾在這裏就學的太虛等也相繼離開金陵。歐陽漸的到來無疑給金陵刻經處增添了生機。楊居士即委以重任，讓他承擔經典編校之責。桂伯華也從日本返回刻經處，同時輔佐楊氏佛教文化復興事業。據楊老居士孫女、著名學者趙元任夫人楊步偉回憶，楊文會於垂暮之年，只有歐陽漸、桂伯華、陳宜甫等少數弟子及其家庭教師陳稚庵追隨身邊。歐陽與伯華有意將刻經處經板移往江西，楊氏不允，屢有爭論，其中原因與內容不得而知，但顯然沒有影響楊氏對歐陽業務能力的信任。不過楊步偉說，這是歐陽另立支那內學院的原因，也是楊氏家族多年不肯交出房契的理由。直到一九三六年，即楊文會去世二十六年以後，楊步偉回南京小住，才與家族討論，將房權交刻經處，並鄭重聲明，房屋原係楊氏私產，捐刻經處後，既不歸子孫，也不得歸其他私人所有。其中隱曲，我們也就難以窺探了。

一九一〇年，歐陽協助楊文會創建佛學研究會於金陵，楊氏任會長。參加者大多是當時社會名流，如夏穗卿、陳三立、沈曾植、張爾田等。佛教研究會每月集會一次，暢談學佛心得，探討佛學玄奧，每周由楊氏講經一場，講席端嚴，聽者雲集，具體操辦其事的也就是歐陽漸、桂伯華及楊氏其他弟子。

宣統三年，也就是一九一一年農曆八月十七，辛亥革命的前一日，楊文會因病示寂。臨終前，楊氏召集研究會同仁詳商會務，裁定其編撰的《大藏輯要》的目錄，並以刻經處編校之責託囑歐陽漸。據楊步偉說，楊文會去世後，刻經處一切事務歸陳稚庵管理，對外交涉由陳宜甫經辦，歐陽漸只負校對經書之責。可見，楊氏去世後，金陵刻經處並未由歐陽主持，而是由楊府的家庭教師陳稚庵，楊氏的另一弟子，出入官場，後任參議員的陳宜甫與歐陽三人分任其事。日後，革命軍圍城，歐陽漸不負楊氏所託，於危城中固守經坊四十日，使楊氏以畢生心力刻出的汗牛充棟的經板才得以保全。歐陽漸也就開始了他那與金陵刻經處共存共榮，以刻經、興學、復興佛教文化事業爲職志，而長達四十餘年的居士生涯。

3 悲憤而後有學

民國肇興，帝制崩潰，一切都在發生著巨大的變革。一九一二年春，歐陽漸遂與同學、摯友李證剛、桂伯華、黎端甫、張爾田等七人發起組織中國佛教會，同時致函民國政府大總統　孫中山先生，力主政教分離，全面改革僧制。總統復函，准予籌設。於是，歐陽漸撰寫緣起及說明書，並針對當時僧材摧萎，寺風朽敗的局面，有〈警告佛子文〉一篇，意欲在佛法式微之際，自救自助，復興佛教文化於當世。言詞懇切，沉痛感人。其中對沙門違戒之陋習，利養垢染，多有批評之辭。此文一出，如石擲水，僧界大嘩，羣起而攻之。中國佛教會不久也因之宣告解散。歐陽創建佛教會以改革僧制的計劃中道夭折。由儒入佛的歐陽漸，在金陵刻經處第一次有組織的社會活動，也遭到了慘痛的失敗。自此，歐陽漸專志刻經，究心佛典，再也不過問社會事務。但是，歐陽並沒有因爲這一挫折而改變他對當時寺僧界的看法。幾年以後，歐陽撰寫內學院簡章，強調「養成弘法利世之才，非養成出家自利之士」，顯然是繼續他對當時寺僧不良習尚的批評，而決非語病。

由於佛教會建立受挫，加之當時南京的紛亂，歐陽重返故里宜黃，閉門治梵經二年，並於一九一四年春夏之交，捨棄家產，攜愛女歐陽蘭再至江寧，重主刻經處勘校職事。歐陽重主勘校經論期間，廣爲刊刻玄奘所譯法相經論及唐人注疏，使之流布於世，以實現楊文會遺志而不負師之重託。同年十一月，歐陽於刻經處龔家橋程氏空屋，教授佛學。當時聽講者多爲專心貞信之士，如丹陽呂秋逸（澂），鹽城姚妙明，順德黃樹因，泰州徐克明，昆明蘇心田等。

翌年，聽講、從學者日眾。南昌劉抱一、黃子山、黃樹因兄黃懺華、涪陵王恩洋、合浦陳真如（銘樞），還有邱晞明、烏愛平、黃健、黃民、劉遯等，均從歐陽漸學習佛理。而與歐陽在師友之間，相互切磋問學者，更是當時社會精英，除周少猷、梅光羲、蒯若木、李證剛外，還有如沈曾植、陳三立、章太炎、胡漢民、陳獨秀等。所謂桃李不言，下自成蹊，原有空屋再也不能滿足講學和聽眾的需要，於是歐陽便在刻經處附設研究部，並於刻經處後之雙塘巷，租賃房屋，庋藏講學，支那內學院的建立也由此而引發。

歐陽既以全副身心主持編校、刻經、興學的佛教文化復興的事業，深刻地感受到刻經處的規模顯然無法滿足他的要求，尤其缺乏廣刊佛教經典和興學育人的經費，因此深受困擾。其同門蒯若木自日本歸國後在政界任事，曾以鐵路督辦的身分與交通總長葉恭綽各捐二千銀洋供俠虛法師創辦「觀宗學社」。當時蒯在隴右任職，歐陽便隻身西向隴右，求助同門，籌集經費。當他風塵僕僕地趕回南京，與其朝夕相伴，十七歲的愛女歐陽蘭已在其外出期間，病逝於刻經處。歐陽漸悲痛欲絕，痛徹心脾，中夜哀號而無可奈何，遂翻然求學，鑽研瑜伽，通宵達旦，久而久之，唯識、瑜伽，渙然冰解，孤心發明法相、唯識本末殊異、相攝而不可淆亂的分宗之說。章太炎雖曾驚怪其言，最終卻贊之爲「獨步千祀」之談。應當承認，近代法相宗的復興，歐陽漸的分宗之說畢竟有他的特殊的貢獻。大概也正因爲如此，歐陽始終有「悲憤而後有學」，即以人生促治學的痛徹之嘆。此說儘管有些偏激，但畢竟是他屢經喪亂後的切身感受。其時歐陽漸四十五歲。

也是在這一年，歐陽漸的同鄉好友，也是他由儒入佛的嚮導桂伯華，患病於日本東京。歐陽聞訊，速派弟子陳銘樞蹈海探視。三月十五日，桂伯華帶著歐陽漸的關懷，在陳銘樞的照料中病逝東瀛。歐陽漸聞訊不勝哀傷，並在哀傷中進一步治法相、唯識之學。至一九一六年秋，歐陽撰成〈百法五蘊論敘〉、〈世親攝論釋敘〉，從所據經論和義理兩個方面判法相、唯識爲兩個不同的學派，即所謂彌勒學發揮法相、唯識兩種思想。「是法平等曰法相，萬法統一曰唯識」，或者說法相重在分析名相，唯識則主張識有境無。法相宗以《集論》爲依據，而由《五蘊論》所萌發，唯識宗則以《攝論》爲依據，由《百法明門》所孕育。

同年冬，歐陽漸完成〈成實論敘〉，系統地比較了《成實論》和《俱舍論》的思想，並指出《成實論》直接影響了唯識宗義，《俱舍論》也爲法相宗提供了理論依據，實際上是以小乘經論進一步闡明其法相、唯識分宗的要義，同時也流露出他融貫大小乘的思想傾向。

一九一七年春，〈佛地經論敘〉成。敘文以法相、唯識分宗思想爲指導，既精析名相，詳談九義，又對唯識學的種姓說，三身義作了簡要的闡述。

其年秋，歐陽漸不負師命，終於刻成《瑜伽師地論》的後五十卷。這一百卷本的巨著，經楊文會、歐陽漸兩代，歷時二十餘年才全部成版付印，歐陽漸付出的心血亦可慰楊文會的在天之靈。版成，歐陽又撰〈瑜伽師地論敘〉，突出「五分以敘事」，「十要以提綱」，「十支以暢義」，「十系以廣學」，即呂澂謂之的「一本十支奧蘊」，統論瑜伽學派的思想特徵。他提出：「約唯心門建立唯識義，約教相門建立法相義」的綱領，爲其法相、唯識分宗的思維方式提供新的，也更爲廣泛的理論基礎，客觀上也促進了法相宗在近代的復興。

自歐陽漸提出法相、唯識分宗之說以後，學界、僧界多不以爲然，唯獨沈曾植予以贊賞。當時沈曾植宦居上海，所以歐陽漸每敘刻法相諸論，必攜文赴滬，與沈氏探究慈恩宗奧義，每每有所得而返。歐陽於近代法相宗復興的貢獻，應當說也得之這位漢宋兼容的學者的鼓勵和幫助。

一九一八年，歐陽漸好友符九銘至江蘇省執掌教育，無疑爲實現歐陽弘法育人的夙願增加了一個有利的條件，於是歐陽漸便在原來刻經處研究部的基礎上，設支那內學院籌備處，準備建立一個與時代發展相適應，以培養現代佛學人才爲目的的高等教育佛學院。歐陽漸撰著並發布《支那內學院簡章》，闡明「以闡揚佛法，養成弘法利世之才，非養成出家自利之士爲宗旨」，確立規模，設置學科，包括中學部，法相、法性、真言大學預科、本科的具體修業內容，入學、退學、與研究部的關係以及經費來源，納費等具體事項，系統而又鮮明地顯示出歐陽教育思想和方法的現代化特徵。之後，著名學者章太炎、沈曾植以及陳三立均為之作文，高度贊揚歐陽對佛學，以至對中國教育的絕大貢獻。

章文〈支那內學院緣起〉特別強調：

> 自清之季，佛法不在緇衣，而流入居士長者間……友人歐陽竟無嘗受業石埭楊居士，獨精《瑜伽師地》，所學與余同。嘗言「唯識法相唐以來并為一宗，其實通局、大小殊焉」。余初驚怪其言；審思釋然，謂其識足以獨步千祀也。

章氏文還指出：

> 世之變也，道術或時盛衰，而皆轉趨翔實，諸游談不根者為人所厭聽者久矣，自清世士大夫好言樸學，或失則瑣，然詭誕私造者漸絕，轉益確質，醫方、工巧二明于是大著。佛法可以質言，亦可以滑易談也。然非質言，無以應今之機，此則唯識法相為易入……以竟無之辯才而行之，以其堅苦之志，其庶幾足以濟變哉！

章氏不僅從學術上盛贊歐陽獨步千祀，更重要的是說明法相唯識學的興起有其「世變」的背景和救世的功能，指出樸學—科學—法相唯識之學，均為經世致用之實學，故可以應今之機，濟世之變。歐陽漸對法相宗的研究，應當說還是有其一定現實意義的。

沈曾植之〈緣起〉也說歐陽「大闡瑜伽學慈恩宗以開發當世學者」，稱內學院章程「簡而備，開知見，立軌範，兼顯密，攝一三。宗趣其彰，始終不二」。據此可知，內學院的設立是引人注目的。歐陽漸的高足呂澂，也是在這一年，應邀辭去上海美術專科學校教務主任之職，回到金陵刻經處，協助籌建支那內學院的。其年呂澂二十三歲。

當然，在歐陽籌建內學院及其學術發展的道路上也不都是鮮花和贊歌。他那「非養成出家自利之士爲宗旨」的章程一出，便引起僧界大嘩，太虛首先著文發難，強調出家人弘法利世之方便。後由邱晞明出面調停，以「措辭未圓，易啓疑慮」，向太虛和僧界解釋，並建議改爲「非養成趨寂自利之士」，才平息了這場風波。歐陽不得已致函太虛，表明他「不但不簡出家人，並不簡出家爲利他而自利之人……乃簡出家之唯知自利者」。事實上歐陽仍然堅持他對僧界的看法，由此也種下了寧漢兩系關於僧制、佛法等一系列問題的爭論與對立，而使他們成爲近代佛學界對峙的兩大巨擘。

一九一九年，歐陽漸〈雜集論述記敘〉問世，詳述法相、唯識分宗之十義。儘管如此，巧婦難爲無米之炊，經費無著，內學院舉步維艱。這一年歐陽有致宗仰上人書信一封，他說：

> 今既籌得三千，即可見諸實行。校址暫借民房。教員、辦事員商請諸友。一切器具儘辦最要。正續藏及參考書由漸墊買，姑繳半價。凡事難在開發一舉，蓋冒險行此，實不得已，非三千金即夠辦中學也，……止以中學發表，不足慰人渴望，擬開辦一特別研究科，擇最高程度者試入，膳宿自便，學費不繳，一年畢業……

歐陽這裏說的僅僅是辦支那內學院中學部的情況，內院建設之艱難則又遠在其上。不過，從中我們已可見歐陽復興佛學，獻身教育的堅忍不拔的精神。

正因爲如此，歐陽漸不得不離寧遠遊，籌措辦學經費。歲末，應唐繼堯之邀，由呂澂隨行，南下昆明，宣講《維摩》與《攝大乘論》。其時虛雲也應邀至滇，同住圓通寺，在昆明度歲。此後，歐陽又北赴幽燕，爲蒯若木等講唯識，再應甘肅主政張廣建之請，講佛學於皋蘭。如此稍得資助。

一九二〇年八月，在江蘇某中學任教的熊十力經梁漱溟介紹，辭職赴金陵刻經處歐陽門下問學，探究法相、唯識之理，爲其後《新唯識論》的寫作，本心本體論的建立奠定了堅實的基礎。當時，熊氏三十五歲，歐陽已居知命之年。不過，學術上獨立不羈的熊十力，自然不可能全盤接受歐陽的法相唯識之學，只不過是在歐陽門下增長學識，以建立自己的體系，所以後來熊十力「反求諸心」的基本思想，歐陽漸指責謂之「依凡夫妄心而批評神聖立教」。這也是折衷儒佛，歸宗於《易》與由儒入佛，以佛釋儒之間的不同。此是後話。

同年，歐陽同門梅光羲，於山東任職期間，出版了他的《相宗綱要》，歐陽爲之序。一九二一年秋，歐陽刻成《瑜伽真實品》，並爲之敘。〈敘〉中，歐陽從十個方面，提綱挈領地概括了本經的內容，進一步以六義詳述法相、唯識的區別。譬如唯識被二，法相齊被；唯識五不判，法相無不談；唯識談現在，法相談過去與未來；唯識談無住涅槃，法相談有餘、無餘涅槃等。文辭晦澀，詰屈聱牙，但顯而易見的是，歐陽法相、唯識分宗之說已居成熟。

同年六月，原在北京大學哲學系旁聽的王恩洋，南下謁歐陽漸於刻經處，朝夕隨侍，渥聞法相、唯識勝義。十月，歐陽應邀在南京高等師範學校哲學研究會，作〈佛法非宗教非哲學而爲今時所必需〉的長篇演講，王恩洋隨行筆錄。由於時間所限制，演講只作了一半，即後來流行的〈佛法非宗教非哲學〉一文，後由王恩洋續成〈佛法為今時所必需〉一段。著名學者，《民鐸雜誌》主筆李石岑函索此稿，擬刊於《民鐸》三卷三號，後由廣州壬癸坊即廬單印成册流布。歐陽在講演中，開宗明義，指出宗教、哲學原係西洋名詞，「意義既各殊，範圍又極隘，如何能包含得此最廣大的佛法？正名定辭，所以宗教、哲學二名都用不著，佛法就是佛法」。然後系統地比較了佛法與宗教，與哲學的差別，強調佛法探本求源，普度有情，覺諸後起，為三世，無量世界不可離的「日月之明」，與宗教、哲學的「熒火之光」相比，「高下之辨不待言矣」。其中論說固多牽強之處，但充分反映他崇佛的心理，比較中也常常閃現出理性之光與一定的超前意識。

一九二二年九月，籌備四、五年之久的支那內學院，終於在社會名流如熊希齡、蔡元培、梁啓超、葉恭綽、沈曾植、陳三立、章太炎等及社會各方面的支持下，於艱難之中正式開學，並呈報內政部、教育部備案。財政部、教育部會商結果，由江蘇財政廳撥款十萬元，資助內院建立，每月另撥一千元，作為學院日用之需。可以這樣說，支那內學院是中國民間正式創辦的第一所大學。歐陽漸任院長，下設三處。周少猷主理事務處，邱晞明主持編校處，呂澂則主管學務處。首居學員有韓孟君、釋存厚等僧俗學子十六人。教師除歐陽本人以外還有呂澂、王恩洋、邱晞明、聶耦耕等宜黃門下弟子。當時，湯用彤先生已自大洋彼岸歸國，執教於東南大學，授課之暇，也曾到內院聽歐陽講授佛學，與蒙文通、熊十力為聽講之友。

內院開學，歐陽漸創講唯識抉擇談，將《成唯識論》要義條分縷析為十抉擇，這是在法相、唯識分宗的基礎上進一步突出他的唯識觀念的學術思想，目的在於強調佛法研究中方便善巧的方法。當時學人畢至，羣情踴躍，實爲金陵刻經處，也是歐陽事業上最爲絢爛的歲月。來內院問學的除湯用彤、熊十力、蒙文通以外，還有張君勱等著名學者。梁漱溟也在黃樹因的影響下，自北京大學，南下內院聽受佛學。陳銘樞也卸去軍職，重返內院。當時，梁啓超也在東南大學講學，授課之餘於內院受業二十日，後因病而罷。梁啓超與人談起此事，曾無限贊賞地說：「聽歐陽竟無講唯識，始知有真佛學。」他還有報歐陽書云：

自悵緣薄，不克久侍，然兩旬所受之熏，自信當一生受用不盡。

綜此所述可知，歐陽之學及其所創內學院在當時所享有的聲譽及其影響之大。梁漱溟在內學院之間，商請呂澂至北京大學執教，歐陽不允，梁漱溟則推薦熊十力入北京大學。

彈指已是一九二三年七月，歐陽又在內學院成立內院研究會，並主持會務。五月歐陽漸得意門生黃樹因英年早逝。九月十八日，歐陽十九歲的兒子東溺死於上海同濟大學游泳池。同日，另一弟子許一鳴病死內院。黃樹因的早逝，尤其使歐陽傷感。他曾撰〈黃健事略〉一文說：「先師付囑十餘年來，得超敏慎密之呂秋逸可整理，得篤實寬裕之黃樹因可以推廣。」然而黃二十八歲業成，「將歸金陵支那內學院……以竟玄奘未竟之業，乃賚志飲恨，一切烏有」，文辭哀切，大有曹操失郭嘉之痛。親子、弟子接踵而亡，給歐陽方興未艾的事業又籠罩了一層陰影。其悲悼痛惜，發憤循龍樹舊規，讀《大品般若經》六百卷。這又觸發了他那「悲而後有學」的感慨，也是其佛學思想的一大轉折，即由單純的法相、唯識轉而對般若的兼容。

親人死別的哀痛並沒有影響歐陽的事業，也沒有使他停止對佛法的研究。同月，歐陽漸在第二次研究會上，作了題爲〈今日之佛法研究〉的報告。報告中首次提出一切佛法皆是結論後之研究，而非研究後之結論。其研究方法一是多聞薰習，即借助他力，二是如理作意，即依自力，以及比較會通等，集中論述了佛法中方便言說的部分，實際上排除了不可言說的神秘主義色彩。

同月，內院設研究部，以培養佛學研究的高級人才，學制兩年，主要學習法相、唯識要典。呂澂、王恩洋、邱晞明等分別指導研究者鑽研佛學。湯用彤也被聘爲研究部導師，兼任巴利文導師，指導「文典長阿含游行經演習」，講授「金十七論解說」及「釋伽時代之外道」等課目，直到明年年底。

歐陽漸創辦並主持的研究部，間月召開研究會一次，發表研究成果，這些成果至一九二四年底編成年刊《內學雜誌》予以發表，對於佛學研究，特別是法相、唯識學的研究起到了進一步的推動作用，同時也培養了一批精通法相唯識的人才。剛開學不到兩年的支那內學院，一躍而爲當時的佛學重鎮。

一九二四年，是歐陽漸學術上豐收的黃金歲月，也是金陵刻經處走向輝煌的一年。這一年春天，印度著名詩人泰戈爾訪華，慕名而至刻經處拜謁歐陽，古老的印度文化及其在中國的傳播、復興，使他們做了竟夕之談。泰戈爾爲失傳二千年的印度文化在古老的秦淮河畔再度輝煌，而對歐陽深表敬意，決定回國後，組織印度學者來內院就讀，尋回失傳之國寶。五月，歐陽在內院研究會第六次會議上作〈心學大意〉之演講，其年秋又撰成〈成唯識論研究次第〉、〈談內學研究〉。至冬，又完成〈阿毗達磨俱舍論記敘〉。這是對小乘經典《俱舍論》思想的提示，也是對大乘唯識學的導引。歐陽指出，《俱舍論》不僅是唯識學的根基，而且是小乘轉入大乘的樞紐，目的還是要凸現唯識學在佛學中舉足輕重的中心地位。

歲末，內院年刊《內學》第一輯面世，歐陽爲之作〈內學序〉。他特別強調：「悲爲學之緣」，「現證爲學之自體」，更進一步指出：「悲而後有學，憤而後有學，無可奈何而後有學，救亡圖存而後有學。」把佛學同人生、同社會、同國家存亡安危緊密的聯繫在一起，充分反映了佛學與當時社會思潮相推促、消長，並由超凡脫俗、空靈幽隱，一變而爲積極參與，慷慨悲歌的時代精神。

一九二五年六月，歐陽在內院第十一次研究會上作〈龍樹與法相學〉的學術演講，申明龍樹爲真無亦有的法相之學。九月，創辦三年的支那內學院，在原有基礎上，重新組合爲問學、研究以及法相大學三部，另闢內院第二院，以謀求更大的發展。十三日，增設的法相大學特科，在第二院招生並舉行開學典禮。歐陽在報告中申明，法相大學特科宗旨在於推廣西域之學和爲人之學，既反映了歐陽學術思想的特色，同樣也表出了人生佛學的時代精神。

大學特科由王恩洋擔任主任教授，重點講授唯識學。同時，歐陽爲內院訂立院訓曰：師、悲、教、戒，系統的闡述了居士佛學的思想。其所作〈釋師〉，突出標明在家居士可以住持佛法之義，以奠定居士道場的理論基礎。至此，內學院聲譽鵲起，但也因歐陽在家住持佛法，白衣亦可說法的觀點，再度挑起緇素之爭，並形成與太虛爲首的武昌佛學院寧漢兩系對立的局面。

同年，太虛在廬山作文〈論法相必宗唯識〉，駁斥歐陽法相、唯識分宗之説。他一再強調，一切法無非法相，一切法相莫非唯識，反覆論證法相必宗唯識的道理。歐陽在《内學》第二輯發表舊作〈攝論大意〉，用以反駁太虛之論。太虛以〈再論法相必宗唯識〉一文，申明法相唯識爲一宗的道理。歐陽一系以瑜伽爲武器，創立新説，號稱顯正摧邪；太虛則認爲法相只不過是法性、唯識説明的對象，故不能自立爲宗，如若標新立異，無疑持械衝牆倒壁，顯示其諸宗並重的思想特色。他們的是非不可説，也無需説，但正是這場爭論，使法相宗研究在近代得以長足發展。

太虛還針對歐陽所制院訓釋師中，關於在家住持佛法的觀點，發表〈與歐陽居士論作師〉一文，斷言住持佛法爲出家者之責，批評歐陽「以近事淩躐比丘，尤爲毀壞七衆全部律儀，尤爲毀壞一切菩薩律儀」。把寧漢兩系出家在家之爭推向高潮。

一九二六年，革命軍北伐，正是南北對峙之日，風雨飄搖的石頭城中，内院仍然充盈著學術研究的氣氛。三月，在第十四次研究會上，歐陽相繼作了〈今日此方應用律〉、〈研究方法〉的專題報告，力圖從方法問題入手，促進法相唯識學的復興。十一月，日本佛教考察團來訪。十二月，内院成立樹因研究室，以紀念英年早逝的黃樹因。按歐陽的要求，該室以研究外文佛典爲職志。歐陽在成立會上特別強調外文資料在佛學研究中的重要性，鼓勵内院師生做好外文佛典及其它的研究工作。由此亦可見歐陽漸力圖全面提高受教育者素質的教育思想。

一九二七年，北伐戰爭的硝煙籠罩南京，先是直魯聯軍於三月間強占金陵刻經處房產，內院授課終止。繼而，北伐軍於夏季進駐二院，開辦不到兩年的法相大學特科，不得不宣告結束，主任教授王恩洋返歸南充故里。兵荒馬亂，經費匱乏，問學部、研究部也相繼取消。一九二二年九月開學，持續不到五年的支那內學院，至此也就結束了它那最爲輝煌的時代。其編校之業雖然照常進行，但學院之設也就名存實亡了。

與事業上的挫折同時而來的又是親人的死別。這年元月，早年喪夫與歐陽相依多年的同胞姐歐陽淑病故，歐陽於悲痛中完成〈釋悲〉。不難想像，歐陽需要怎樣的心理以承受這接踵而來的打擊。但是，像以前一樣，他仍然把他的悲痛化作了治學的動力，入秋，便集中精力，編刊《藏要》，以實現楊老居士的遺志。前後印成三輯（計劃四輯），五十餘種，三百餘卷。其中考證工作由呂澂完成，義理闡釋則集中表現在歐陽後來寫成的〈藏要敘〉中。

相隔一年，歐陽弟子聶耦耕也先歐陽而去。死訊由滬傳來，歐陽不勝惶恐，於是閉關筆耕，以平息他自己心中的哀痛。他在後來再答陳真如的信中，曾總結其學術生涯說：女死而治《瑜伽》，《唯識》、《瑜伽》渙然冰解。東兒、黃樹因、許一鳴死而讀《般若》，不能貫通。姐、聶耦耕死，乃發憤治《智論》。於是，《般若》嫻習，轉而治《涅槃》。可見，歐陽不僅由儒入佛，而且無論其治《瑜伽》，究《般若》，攻《涅槃》，都是在悲憤中，或者說在經歷生死的劇變中，痛加鞭策，而使其學術逐步深化的。他所謂的「悲憤而後有學」，就其個人而言，顯然是有切膚之感的。

數月後，即一九二八年四月，歐陽撰成〈大般若經敘〉。敘中詳細介紹本經要義，同時也指出其紕繆，這也就是他所謂的《般若》嫻習了。同月，歐陽致函蔡元培，與之討論當時佛學研究中的一些問題。

一九二九年七月，《藏要》第一輯出版，凡十一經、三律、十一論，計二十五種。歐陽曾解釋說《藏要》爲《大藏經》中最要，第一輯又是要中之要，足見其對該書出版重視的程度。第二年，内院院士德格請得蕃藏全部運抵刻經處，爲研究藏傳佛教創造了新的物質條件。

4 會通儒佛，救國救世

如果說，歐陽漸在四十歲以前是一個以治陸王之學爲主的儒生，四十歲時大病瀕死而由儒入佛，他經歷了太多的親人的死亡，在專治唯識、法相的基礎上，相繼兼弘般若，終而會歸涅槃，那麼，其年逾花甲之後，則又回真向俗，會通儒佛，背著沉重的十字架，以救國濟民爲己任了。

一九三一年，即民國二十年，這是當代中華民族史上奇恥大辱的一年。八月，歐陽漸在廬山會見著名畫家徐悲鴻、詩人陳三立並完成〈大涅槃經敘〉。敘以「讀文」部分梳理經文脈絡，「決義」部分提要經義，以「宗趣唯一無餘涅槃」的命題治瑜伽、般若、涅槃三學於一爐，完成了他的整個佛學思想體系之建設。當時，恰逢九一八事變，民族危機加劇，國勢形若累卵，儒家思想陶冶而成的使命感，促使他開始走上會通儒佛的道路。歐陽忠義奮發，屢屢撰文，呼號救亡。後來，他也曾在〈夏聲說〉中言詞痛切地大聲疾呼：

況乎國將亡，族將滅，種將絕，痛之所不勝，不得不大聲疾呼，奔走呼號，而後舉國震悚，萬眾一心，出其財力、智能以自救。

他還大講「弱小民族不可犯」，「反侵略不可緩」，「研學必革命的道理」，以期振作精神，抵禦侵略。

十月，歐陽即編成《論語十一篇讀》，並爲之敘，稱君子小人之辨是《論語》旨趣，意在激勵中華民族的英雄氣概。他還提出秦漢以後無真孔以及孔佛一致的主張，既與學術界復古思潮相一致，又爲佛學入世、救世的參與精神開拓了前進的方向。文中特別強調，學儒首先要嫻《般若》、精內典，後讀孔子之書才能得其精髓，這是其會通儒佛的最早嘗試。

一九三二年十月，以佛解儒的《中庸讀》、《大學王注讀》成。十二月，又有《孟子十篇讀》問世。歐陽更是借《孟子》以言志。他指出：孟子以氣、節、民三者爲天下之本，今世道淩夷，外患不足畏，最可怕的是上上下下氣節的喪失，因而，「振聾發聵于今日者，其唯孟子乎！」欲以孟子威武不能屈的氣節觀，救民救國於水火之中。

同年，熊十力《新唯識論》文言文本出版。曾爲熊氏《唯識概論》作序的歐陽又爲劉定權《破新唯識論》作敘。批評《新論》呈才智妄非聖言，「乳臭牖窺，唯非堯舜、薄湯武是事」。自此，名僧、碩儒相繼參加筆戰，形成「當代儒佛之爭」的《新論》論戰，即新、舊唯識學的論戰⑤。

也是在這一年，歐陽進一步爲內學院立四大信條：爲真是真非之所寄，爲法師光大，爲居士道場，爲精神所繫。其意在強調內院是明辨是非的聖地，是居士之道場。他認爲《楞伽》、《起信》是僞經，故斥《起信》、批台、賢，否定禪宗，要把內院建成弘揚真佛法的居士道場。歐陽漸對於近代居士佛學的勃興，無疑有其巨大的推動作用。

翌年五月，歐陽《詞品甲》問世。一九三四年十月，歐陽有〈與陳伯嚴書〉，書云：漸年未及老，而精力已衰。雖然流露出老邁體衰的感嘆，卻仍然洋溢著壯心不已的學術氣象，矢志完成《藏要》與「晚年定論」之書。

至一九三六年三月，歐陽完成〈大乘密嚴經敘〉。他在給魏斯逸的信中說，此敘是「漸晚年定論之學説」。敘中他明確指出：佛儒名雖不同，但它們的唯一宗趣都是無餘涅槃；儒家之「明明德」，「止于至善」的終極同樣是寂，是靜，因此與無餘涅槃相應。所以他說：「欲明明德于天下者，我皆令入無餘涅槃以滅度之。」可見，他所謂的晚年定論，從根本上講就是會通儒釋。

清明，長別故鄉十八年的歐陽漸回宜黃掃墓，返回內院後，應粵友之約，爲《夏聲雜誌》作發刊詞〈夏聲説〉，繼續呼籲救亡。五月，歐陽著《孔佛》及《孔佛概論之概論》。他指出：宇宙萬化皆依於心，心有體有用，體爲寂，智爲用，孔學是依體之用，應體之用，佛學則是用滿之體。事實上也就是説，佛法是啓用之體，孔學便是應世之用。如此，從體用關係上闡明儒佛的一致性，也可以看出歐陽漸晚年學術的特徵了。其實，歐陽漸要以佛法救世，勢必不能不引儒家直面慘淡人生的參與精神而入於佛，而就其以心來貫通二學的方法看，走的還是中國傳統學術的道路。

同年六月，歐陽又編成《孟子課》，闡述了同樣的精神。

在此基礎上，一九三七年夏，歐陽漸集門人講晚年定論，提出無餘涅槃與儒家明明德、親民、止于至善的三綱相齊之義，既融貫佛家瑜伽、中觀于一境，也包容孔門《大學》、《中庸》格物誠明的精神於一爐。呂澂曾評之曰：「佛學究竟洞然，而孔家真面目亦畢見矣。」

其時，日寇深入，兵臨城下，歐陽漸率領內院全體人員，並運所刻經板內遷四川。遷蜀途中，得鄧蟾秋以及張茂芹兄弟之助，於重慶舉辦內院經板、圖書展。同年冬，設支那內學院蜀院於江津。

一九三八年正月初七，蜀院正式宣告成立，依內院規程，講學刻經，一如既往，並設流通處及作場。當時，陳獨秀、高語罕蟄居江津，始與歐陽爲友，最終亦從之問學。陳氏對佛學的認識，顯然與其在金陵、江津所受的薰染有一定的關係。

五月，歐陽又完成以佛解儒的《論語課》、《毛詩課》；冬，蜀院得初刻南藏，歐陽爲之作記，呂澂爲之考證。

遷蜀後的第一年，歐陽漸長子，曾任中山艦艦長、浙江水警廳廳長、海軍中將、中央監察委員的歐陽格，因抗戰中不戰而退，涉嫌貪污軍餉而陷身囹圄。懷著深刻憂患意識的歐陽漸，也不能不增添一份凄涼。

離亂中的一九三九年，六十九歲的歐陽漸，編成《詞品乙》，凡五十調一百二十七首。歐陽在比較甲、乙詞品時，同樣表達了救國救世的急切心情，語氣中也飽含了一種怒其不爭的蒼涼。他說：

抗敵以不受爾汝之忠，氣不憤悱不能忠，《詞品甲》語悲歌慷慨。建國以不受爾汝之恕，氣不和順不能恕，《詞品乙》語清淨幽閑。非相違也，而相從也。

如前所言，熊十力著《新唯識論》，導致新、舊唯識的論戰。陳銘樞也著文批評熊氏。這一年七月歐陽有〈答陳真如書〉、〈再答陳真如書〉，再次批評熊十力「我見極深」，「徒知佛門無住涅槃之數量，又錯讀孔書，遂乃附會支離，竊取雜揉孔佛之似，而僻執其一途」，還說「十力畢竟不稱豪傑，雜毒已攻心矣」。信中著重提出「佛之宗趣唯一無餘涅槃，法門無邊則三智三漸次」的修行理論，從本質上仍然是申明其融通儒佛的入世精神，藉以駁斥熊氏批評佛家「逆遏生化以實現其出世的理想」。從中也可看出，晚年的歐陽儘管會通儒釋，畢竟還是洩露了他崇佛的心理和衛道精神。

一九四〇年一月，歐陽漸會通儒佛，系統闡述儒家學說的《中庸傳》問世。其以佛法爲體，以儒學爲用，又以《中庸》的「中」字將儒佛體用包括淨盡。他以「用」釋「庸」，於是「中」即體，即佛性，「庸」即用，即智，這裏又表現了歐陽向儒家思想傾斜的傾向，歐陽在〈復梁均默書〉中聲稱：「竊以爲孔子真精神，必至于是始大披露。」因此也可以說《中庸傳》是歐陽會通儒釋的總結和代表性作品，它標誌著歐陽會通儒釋思想的完成。同時，歐陽在〈復張溥泉〉信中突出說明，孔子思想是建國之大本，但數千年前儒已墮僞，今日之急務在於恢復孔子的真精神，因爲「孔義不但于抗戰多可權借，尤于抗戰建國非常非常足以經宗」。所有這些，既表現歐陽憂國憂民的憂患意識和救亡圖存的參與意識，也反映出其在會通儒釋過程中，批假孔、復真孔，去僞存真的學術取向。

孟春，歐陽又作成《五分般若讀》，五月，發起精刻《大藏經》全藏。歐陽在刻藏〈緣起〉一文中首先強調刻藏拔苦，痛慰抗戰忠魂，仍然表現出其關心國事民瘼的參與精神。

六月，歐陽妻熊氏病死江津。七月其子格遇難。至此，歐陽漸至親骨肉父、母、叔、三姐一兒、二兒一女，凡十一人相繼離世，唯留孫女、孫兒四人也流落海外。經歷了太多死亡，迭遭家難的歐陽漸，發憤而作〈釋教〉於江津。

同年冬，於江津蜀院刻成《藏要敘》二十三篇。分《經敘》、《論敘》兩册印行，對《大藏經》中重要經、論的要義分別予以介紹和闡釋。

一九四一年底，七十一歲高齡的歐陽完成一九六三字的〈釋教〉。〈釋教〉仍以法相唯識的理論爲指導，以「頓境漸行」爲總論，以「舍染取淨」爲指歸，齊三學，貫四科（俱舍、瑜伽、唯智、唯識），尤其強調文字在教中的作用。呂澂曾評之曰：由文字歷史求節節近真，文字般若千餘年所以不通者，至歐陽漸渙然冰解，暢通無阻。歐陽漸還於文末附識中說明，此文是爲他的兒子格所刻，以抒沉痛而度苦厄之情。悲痛難言之隱，盡在其不言之中。

國殤家難，紛至沓來，自去年，歐陽夙夜參究《般若心經》，以期徹悟幻真一味之旨，撫慰其屢經創傷的心靈。至一九四一年，著成《心經讀》，以境、行、果、畢竟空義闡釋《心經》，強調不讀六百卷不足以讀寥寥幾句的《心經》；不讀《心經》亦不足以讀六百卷。如此對《心經》畢竟空義的推崇，與其終生致力的唯識學研究，與其說是融會貫通，不如說是對現實人生無可奈何的嘆息。

越明年，二月六日，七十三歲的歐陽漸感冒示疾，繼而併發肺炎，遷延數日，於二十三日晨七時，轉側右臥，安詳而逝。

太虛大師聞訊特致輓聯云：

勝軍論後有斯文，公已追踪先覺；
石埭門中空上座，我尤孤掌增哀。

歐陽漸自幼飽經憂患，由儒入佛，自受楊文會之咐囑，三十餘年，於刻經處苦心經營，興學刻經、創辦居士道場，爲復興佛教文化，尤其是復興法相、唯識之學，作出了無與倫比的貢獻。其刻成內典兩千卷，集《藏要》三輯，並發願精刻全藏，著述等身而成一家之言，影響所及，爲當時社會名流，學苑巨子所折服，不僅對於佛教文化事業作出了巨大的貢獻，而且對於近代教育、出版、乃至整個學術思想都有其積極的推動作用。爲此，國民政府教育部於三月五日，爲之致公祭文，所謂：「晦影歸真，大師長往」，「存神過化，長懷哲人」，給予歐陽漸極高的評價。四月二十七日，國民政府發布褒獎令，對於歐陽漸的一生明令褒揚，並特給一萬元，「以彰宿學而示來茲」。即所謂生也艱辛，死也哀榮，歐陽泉下有知，也可瞑目了。六月，歐陽葬於江津蜀院院內。呂澂繼主內院與刻經處。

歐陽平生著作多因在戰亂中搬遷散佚；晚年手訂所存論著爲《竟無內外學》，凡三十六種三十餘卷，由蜀院刊刻印行。其目爲：

《內學院院訓釋》 《大般若經敘》 《瑜伽師地論敘》 《大涅槃經敘》

《俱舍論敘》　《藏要經敘》　《藏要論敘》　《法相諸論敘》
《五分般若讀》　《心經讀》　《唯識抉擇談》　《唯識研究次第》
《內學雜著》　《中庸傳》　《孔學雜著》　《詩文》
《小品》　《楞伽疏決》　《解節經真諦義》　《在家必讀內典》
《經論斷章讀》　《四書讀》　《論孟課》　《毛詩課》
《詞品甲》　《詞品乙》⑥

以後，又編輯爲《歐陽大師遺集》精裝四卷印行。

① 衆説五十歲易名竟無，實以訛傳訛。章太炎一九一九年撰〈支那內學院緣起〉即稱之竟無，其年歐陽四十九歲，易名顯然在此之前。

② 《中華民國史資料叢稿．人物傳記》十四輯説仲孫官農部尚書，不確。清代舉人入仕只能待「大挑」，事實上只能任司以下京曹或知縣以下小官。

③ 清制，學政任滿，可從生員中以選取成績優異者爲優貢（優貢與歲貢、恩貢等均爲五貢之一）。朝考一等任知縣，二等任教職，三等任訓導，以下罷歸。

④ 祇洹精舍開學時間，説法不一，據楊氏《祇洹精舍開學記》是光緒戊申孟冬之月。應爲一九〇八年十一、十二月，但這顯然是後來的追記。

⑤ 新舊唯識論戰也指由梅光羲〈相宗新舊兩譯不同論〉而引起的論戰。

⑥ 呂澂言二十六種，疑爲三十六種之誤。其它均沿襲此錯誤，特予更正。

二、學術思想與貢獻

清季學術，有一大轉變，即棄明心見性之空談，趨經世致用之實務。晚清王朝大廈將傾，救亡圖存成為時代的主旋律，學術尤以應世務實為同趨之途。以心性學說見長的中國佛學，在清之末世揚波而起，也與時代思潮相結合，由出世而入世，由超越而參與，由內省而外觀，把佛學變成與人生、社會密切相關的經世之學。繁難艱澀的法相宗，自唐以後沉寂千餘年，也隨著佛學的復興而流布於世，無疑也是時代最強音召喚的結果。歐陽竟無在楊文會刻經、興學的基礎上，以居士之身，弘揚法相、唯識之學，集教育、出版和居士道場為一體，在近代佛教文化復興，乃至中國文化的向前發展中推濤助瀾，既表現了他自己的鮮明特點，也做出了不可替代的突出貢獻。

眾所周知，歐陽竟無是一個專究法相唯識的佛教學者。其治學先瑜伽，後般若，終以涅槃，為學術界所共識。而法相宗繁難的名相分析，唯識學玄奧的八識轉換，使本來就讓人望而生畏的佛教義理，更加深不可測了。其實，無論瑜伽，還是般若、涅槃，都只是歐陽法相唯識學的兼容和深化，而非轉變；其法相、唯識義理的辨析，固然上追龍樹、無著與玄奘之學，以印度文化為圭臬，但其對此學的光大與改造，最終還是表現了直面人生、反求諸本的中國文化的特質和時代精神。包括章太炎以及後來的不少學者在內，在評價歐陽時，均強調歐陽之學排斥中國沙門所創，以觀心清談爲職事的中國化的佛教——禪宗、淨土、天台、華嚴，而以印度佛法——法相唯識爲最終了義之真諦；其條理分析、思辯精微、質言而可說，均與西方實證科學、分析哲學相符契，與務實事，求實效，救世濟民的學術思潮相一致；故此學復興，佛學不滅，乃至東方文化不滅，中國數千年形成的傳統得以繼往開來，歐陽致力法相唯識學的研究與傳揚之功，其偉大誠有不可思議者，即章太炎「謂其識足以獨步千祀」之贊。他們的贊譽雖有溢美之處，但對歐陽學術思想及其在歷史上地位的肯定，應當說還是比較中肯的。

概括起來說，歐陽學術思想重人生，重方法，在依經釋義的基礎上，更多的表示一個學者的原創意識。由這些方面看，歐陽的法相唯識學也就不難理解了。

1 悲而後有學與救亡圖存而後有學的致學道路

凡接觸到歐陽竟無的人，首先注意到的就是他那「悲而後有學」的學術觀點。顯然，歐陽把個人不幸的際遇視作學術的源頭和致學的動力，也就是說，學術產生於個人的悲憤之中。此話無疑有其偏激之處，但就其個人屢遭喪亡的經歷而言，不能說不是經驗之談。

歐陽六歲喪父。以後，在其事業艱難竭蹶的發展過程中，叔、兄、母、女、姐、子、妻十一人以及門下高足黃樹因、許一鳴、聶耦耕等相繼離世。他自己也是大病瀕死。長子歐陽格雖如日中天，身居要職，卻在歐陽漸耳順之年的晚景中隕落。歐陽心理上所受喪亡的巨痛，不僅沒有使其蹶而不振，反而激起學術研究的熱情，即所謂憂患愈深，進德益猛。「悲而後有學」不過是生於憂患的意思。

歐陽在給友人的信中，每談及學術，常常抒發這一切身感受。他強調：漸之學佛，與他人不同。病魔生死，紛至沓來。先是慈母謝世，功名富貴，飲食男女，一刀割斷，側足桑門，求諸佛書，以求究竟解脫之道。繼而愛女夭歿，翻然求學，通宵達旦，《瑜伽》、《唯識》運於掌上。少子死於意外，親炙弟子英年早逝，於是發憤治《般若》、攻《涅槃》。妻、子喪亡，悲憤中創作了大藏提要和晚年定論之書。情境苦切，凡有所學，皆悲願所致。所以他說，悲而後有學，憤而後有學。

悲則學，也就是以悲爲致學的動力，以悲爲學術的源泉，即其所謂「悲者學之緣起」。所以，歐陽雖屢經喪亡，卻沒有沉浸在死別的哀痛之中。也正因爲如此，他能把個人的情感和學術的宗旨，自然地同民族的危亡，國家的興衰，緊密地聯繫在一起。他告訴人們，其早年由儒入佛，而後精研《瑜伽》、《唯識》、興學育人，從根本上說，都起自以天下興亡爲己任的責任感。他說，甲午以還，奔走栖惶，無所託足，喪權辱國的悲憤之情，激起他學術救國的決心，於是，不仕，不葷，絕男女之欲，相率而從楊文會學習佛理，欲以此開萬世之太平。所以他又說：「救亡圖存而後有學。」如此也就把平息個人悲憤，實現自我價值的情緒體驗，昇華而爲救國救世的使命感了。

至於他由儒入佛，選擇佛學，並以之爲終生的事業，同樣有其個人安身立命和以學術救治天下萬世這兩個方面原因。一則由於病魔生死的困擾，在孔、孟、程、朱、陸、王之書中找不到答案，於是祈向佛學；二則在他看來，「武人利器殺一團，辯士政策殺一國，學說潛勢殺天下萬世」。也就是說，學術的作用遠在堅船利炮，制度政策之上，然而，有的學說可以救萬世，有的學術可以殺天下，而當時風行的進化論，「使人樂耽狂死而不悟」。所以，要拯百姓於水火，也就非佛學莫屬了。顯而易見，歐陽由儒入佛，以復興佛教文化爲己任，同樣是對進化論，乃至科學、民主思潮的反撥，這恐怕是他選擇佛學的更重要的原因。這裏也就包含了爲往聖繼絕學，爲萬世開太平的學術宗旨。

可見，歐陽所說的「悲」，事實上有兩種不同的含義，一是由於個人的不幸遭遇而導致的悲苦之情，即通常所說的悲；二是由於國家民族危亡、生靈塗炭而生發的悲憫之思，即傳統的憂患意識，這才接近佛家所謂的「悲」的含義。歐陽在談到他的學術從入之途及其發展流變的過程時，大多說的是親人的死亡給他造成的心靈的創傷，始終沒有擺脫個人情感束縛，因而沉沒在生、死的哀傷之中和對個人安身立命的追求。正因爲如此，有人批評，歐陽之失在於心量較狹，其學皆由激切而來，其性格也必然受陰霾之氣的影響。言外之意是說，歐陽的學術思想始終籠罩在死亡的陰影之中，並受其個人情感所左右。這也不能說沒有一點道理。從這一點上看，所謂悲、憤而後有學，確實也只能說是歐陽的經驗之談，而不具有普遍的意義。基於同樣的原因，歐陽在晚年思想成熟之後，也意識到它的狹隘性，因而取儒家舍生取義之說，證之佛理，表現了他對個人的超越。

另外，還應當看到，歐陽並沒有被個人的不幸所壓倒。他畢竟克服了自我，把悲痛化作了治學的力量。而且更重要的是，傳統積澱起來的憂國憂民的憂患意識，逐漸同佛家悲憫眾生，濟世拔苦的精神取得了認同。悲個人的不幸也就昇華而爲悲國家的危亡，眾生的淒苦了。所以，救亡圖存而後有學便是佛家的悲心所鑄就的學術思想。這一結論也就具有一定的普遍性了。所以，歐陽在論及佛理時，更多的是採用佛家「悲」的內涵。比如他說，「宗教有悲無智，科哲學有智無悲，佛法則悲智雙運」。他還指出，宗教之悲，悲人不爲善而生天堂；佛法之悲，則悲人不證不生不滅、平等自由之理。既說明佛法與宗教、科學、哲學的不同主要在於「悲」，而且這一悲字，不僅超越了個人生死哀榮，更超越了民族、國家，完全與佛法中「悲」的範疇熔爲一體了。

個人悲憤的情緒體驗與悲憫眾生的博大胸懷，在歐陽漸這裏是不分畛域的。或許是他對佛家「悲」的概念的錯誤理解，更有可能是有意識地借助語詞的歧義，混淆它們的界線，並擴大「悲」的內涵，但這兩種含義顯然是不同的：前者以個人爲中心，後者以天下爲己任。識別它們，對於認識歐陽思想上的貢獻則是非常必要的。不過，無論是個人的悲，還是以國家、民族、乃至眾生爲悲，畢竟爲我們造就了一個偉大的佛教學者，爲中國思想史增寫了不可抹滅的一頁。

2 弘法利世的學術宗旨

悲而後有學發展而爲救亡圖存而後有學，本質上是把佛法作爲濟世的工具。儘管歐陽迭遭不幸，悲從中來，但他對佛法的研究，並不只是尋求個人安身立命之所，而是把弘法利世作爲他的生命的終極關懷和學術的蘄向。

青年時期的歐陽漸，雖然家境貧寒，身處逆境，但是，國事民瘼無不繫念在心。其爲學既涉及經史，也兼攻曆算，時稱得風氣之先，這無疑是想把自己造就成一個匡扶時弊的救世之才。甲午喪師，辱國之痛尤其使他認識到雜學無濟於世，於是專治陸王之學，欲以陸王的心性學説起衰振弊，以挽救國家於危難之中。顯而易見，由傳統孕育起來的修身、齊家、治國、平天下的聖王人格早已積澱在歐陽的心理深層。陽儒陰釋的陸王之學爲歐陽由儒入佛創造了適應其思想順化的條件，修齊治平的聖王理想，更爲他那弘法利世的學術宗旨奠定了心理基礎。

康、梁變法失敗，尤其強化了歐陽的救亡之夢。在他以優貢朝考而獲得教諭之職後，便在家鄉興辦學堂，教以陸王之學治心，授以科學技藝應世，實際上也就是要借助教育培養利世之才而圓他的強國之夢。在此期間，因拜識楊文會加深了他對佛教義理的認識，又逢與他相依爲命的生母故世，他本人大病瀕死，悲恐之中，油然而起人生無常之感。由此而杜仕進，絕色欲，歸心佛法，既以佛法尋求生死之原，也以佛法爲眾生究竟解脫之道。歐陽從一開始就把佛法同人生、社會密切的聯繫在一起，鮮明地表現了近代佛學的時代特徵。所以，在他入佛初期，與發起佛教會的同時，便有〈警告佛子文〉，批評僧徒出世自利的傾向，同樣表現他那弘法利世的思想基礎。

正因爲有了這樣的思想基礎，所以在他籌建支那內學院的時候，便制定簡章，開宗明義，「養成弘法利世之才，非養成出家自利之士爲宗旨」，不僅把教育、佛法同其治國平天下的終極關懷熔爲一體，而且直率地批評出家自利之士，表明他與出家自利的寺僧陋習背道而馳的學術追求，也爲其創設弘法利生的居士道場作輿論準備。出家自利之説一出，僧界大嘩，羣起而反擊，歐陽雖然不得不改爲「非養成趨寂自利之士」，卻仍然申明「乃簡出家唯知自利者」，重覆強調利他、救世的精神。應當看到，歐陽漸顯然認爲，追源溯始，佛法的本質就是利生的，不僅利一國之民，而且利世界衆生，乃至無量無邊之宇宙。他常説，「佛法乃日常應用恰到好處之事」，「學佛爲極究本分之事，非鶩高奇以自悅也」，充分表現佛法不離世間，安立世間的思想。所以，他對批評佛法爲出世的説法，則必痛加駁斥，即使是他的學生也不例外。正因爲如此，對於弘法利生這一宗旨，他沒有，大概也認爲沒必要有太多的正面論述。處於國家危急存亡，百姓水深火熱之秋，他更多的是把佛法看作救亡圖存的理論武器，把自己看成是用佛門勝義裝備起來，背負著沉重的十字架，而濟度衆生的鬥士。他不僅強調利人利物爲佛法之方便，寺僧也要做真正公民之事，如士、農、工、商等，日出而作，日入而息，如此則每年可省百萬人之耗食，而得百萬人之創造與收穫。而且他還著重説明「研學必革命」的道理，指出學者必以天下爲己任，然後方可言學。他曾反覆聲明：「古之欲明明德于天下者，我皆令入涅槃而滅度之。」歐陽就是這樣，從佛法應世、救世，乃至「包藏宇宙之機，囊括乾坤之量」的聖王人格，來表現他以佛法利生的學術宗旨及其獻身精神的。九一八事變之後，強敵壓境，他更是奔走呼號，極力主張萬衆一心，全面抗戰，勉勵國人、將士，外患不足畏，切切不可失去民族的氣節。他從歷史的經驗和孔、佛的理論中得出這樣的結論：「弱小民族不可犯也，反侵略不可緩也」，並指出：「孫中山先生革命是一條鞭，不可雜保皇黨開明專制，今日抗戰到底是一條鞭，不可收容主和敗類。」他這種抗戰到底乃至必勝的決心無疑是其弘法利生學術宗旨在現實生活中的具體表現。

除在給友人弟子的信中簡略提及以外，歐陽很少直接論述佛法與現實社會的關係，但他的這一思想顯然影響了金陵一系佛法研究的旨趣。支那內學院成立之初，歐陽漸就在南京高師哲學研究會作了一次〈佛法非宗教非哲學而爲今時所必需〉的演講。後半部分雖爲王恩洋續成，但無疑符合歐陽的真實思想。後來呂澂更有〈佛法與世間〉之作，均有助於說明歐陽以佛法利生救世的學術宗旨。

爲什麼說佛法爲今時所必需？王恩洋淋灕盡致地發揮了歐陽的思想。他指出：

> 縱觀千古，橫察大地，今日非紛亂危急之秋乎？強凌弱，眾凌寡，武力專橫，金錢驕縱，殺人動以千萬計，滅國動以數十計，陰慘橫裂，禍亂極矣。雖然，此猶非所最痛，亦非所最危。所謂最痛最危者，則人心失其所信，竟無安身立命之方，異說肆其紛披，竟無蕩蕩平平之路。莊生有云：「哀莫大于心死」，而身死次之。……今日世界之亂，特其果耳；今日人心之亂，乃其因也。

這就是說，當時國家正處在危急存亡之秋，當時世界混亂已經不可收拾，然而，造成整個人類生存環境破壞的根本原因還是「人心之亂」！他指出：「人心不能久蔽而不顯，思想不能久屈而不伸，一元二元之論，唯心唯物之談，科學之說，物質創造之事，一時間竟爲流行」。這些雖給人類帶來了豐富的物質利益，改善了人類生存環境，同時也給人類製造了毀滅性的災難。原因就在於「人心不能無思，所思不能以此衣食住爲限；人心必有所欲，所欲不必唯在物質之中」。對於物質無限度追求，雖然暫時發展了文明，但這種文明所產生的弊端，又將摧毀人類所致力的文明。可見，人心既是文明之原，又是罪惡、禍亂之源。因此，解決當今社會問題的方案就是要針對人心之蔽，既要除宗教之迷信，給人類以正信，又要闢哲學之妄見，給人類以正見。而能承擔起這一使命的，除佛法以外，再沒有別的學說可以勝任了。

爲了說明佛法破迷信，立正信，除妄見，予正見的作用，他進一步比較了佛法同宗教、哲學的特徵。他指出：宗教依於上帝，以上帝爲萬能，因此，以天堂爲極樂，以自了爲究竟；佛法則依於法，以自心爲萬能，故不舍世間，不舍眾生，以濟度眾生爲悲願。而哲學卻是說夢，與人事無關，且易入於邪見；佛法則是真實之談，發大悲大願之心，與眾生同出苦海。也就是說，在當時末世、亂世之中，只有真實而又以自心爲萬能的佛法，才是力挽狂瀾，解民於倒懸的救世良方。

毫無疑問，上述立正信，予正見，以佛法救世利生的思想，其著眼點還是在於心性問題上，即治心先於治世的文化觀念。這與近代新民德、重塑內聖外王理想人格的文化思潮顯然是一致的，所以能夠把弘法利生與教育同時並舉，這就不單純是理論上的宣傳了。不過，他們在對佛法贊譽的同時極力貶低其它學說，也不能不說是偏頗、狹隘之見。呂澂「佛法不離世間」的論述則顯得更爲平易和全面一些。

呂澂指出：「佛法施設，根據有情生存向善之意欲，非破壞世間，而正從實際安立世間也。」以向善之意欲安立世間，就是要使生存環境不斷得到改善，由食住進而常樂我淨，進而自在解脫。這既表明佛法利生濟世的思想及其學術宗旨，也對佛法的作用予以適當的規範，而沒有無限誇大之意。他特別解釋了應世與出世的關係，指出，出世非去世，只是遠離之意，遠離並非棄絕。而佛法之應世，乃在起出世之用，即解決人生問題，實際就是要造就人類最佳的生存環境，當然不止是物質環境。基於這樣的思想，所以他批評當時佛學界有三大病，其一就是純任知解，不問於他人利益如何，更不理會與當時社會、人生如何聯繫得上，空話連篇，與世事漠不相關，充分體現了佛法不離世間的思想內容和弘法利生的學術宗旨。

事實上，歐陽漸弘法利生的學術宗旨，更多的還是通過對出家僧人趨寂自利的批評凸現出來的。無論怎樣解釋，歐陽對當時僧人大多持否定態度，對出家爲僧這一制度恐怕也是有異議的。佛法之創，原在於自覺覺他，利國、利民、利天下、萬世，固不在出家而求解脫。內院簡章所謂「非養成出家自利之士」，實際上就是這個意思，並非措辭上的失誤，所以招致僧人羣起而攻之。太虛反駁說：「闡揚佛法，果無須出家之士乎?弘法利生，果有不可出家之意乎?」就是針對歐陽反對出家的意思而發的。寧、漢兩系之爭層出不窮，但要不要出家爲僧，才是爭論的根本所在。

歐陽認爲，佛法之晦，既晦於迷信科哲學之學者，更晦於望風下拜之佛徒。他說：中國內地之僧尼雖有百萬之眾，但能了知佛法，能稱得起住持比丘者，寡若晨星。他說，這百多萬僧尼，「大多數皆遊手好閒，晨夕坐食，誠國家一大蠹蟲，但有無窮之害，而無一毫之利……此百萬之眾，如何俾以利國利民？」而且，僧制日壞，養尊處優，奔走權貴，自許國師，一如慧琳，竊參機要，而爲黑衣宰相，很少有爲弘法利生而親近國王大臣者。所以他主張，應當在百萬之眾的僧尼中，嚴加揀擇。「朝取一人拔其尤，暮取一人拔其尤」，全國僅留數百人爲僧即可。如此，「國家歲省百萬眾之耗食，歲增百萬眾之力作」。顯而易見，基於僧制敗壞，僧徒窳濫的現實，更基於利國利民的思想，他要對僧制進行一番脫胎換骨的改造，實質上就是要用居士道場來取代寺僧出家制度。對於這一點，他雖欲言又忍，但還是不吐不快，在《釋師．謬五》中，逐條駁斥非僧不許爲師、白衣不當說法等沙門中之慣例，強調「發菩提心即是出家」，爲居士住持佛法提供了無可辯駁的理論基礎。近代居士佛學復興，無疑得力於歐陽漸弘法利生的學術宗旨和居士住持佛法的創意。

附帶說明，宋以下法門衰頹，僧人素質愈降愈濫，有識之士對此批評層出不窮，即使如僧界也憂心忡忡而圖謀改革。太虛「人間佛教」、「人生佛學」的倡導，就是上述思想發展的必然結果。但是，從來沒有像歐陽漸這樣，要從佛制上對佛教進行根本變革的，即以居士弘揚佛法而取代出家之制。至今看來，歐陽漸的創意，應當說對於佛教現代化是有積極意義的。

另外，歐陽對僧界的批評還表現在對天台、華嚴以及禪宗等中國化佛教的否定上。他認爲這些中國化了的佛教和佛學，不是真正的佛法。禪宗起，直指本心，見性成佛，不立文字，使「先聖教典，先德至言，廢而不用」，佛法真義也就蕩然無存。天台、華嚴興盛之後，佛法之光也就晦而不明。言淨土者，尤其執一門以爲究竟，全無方法，只是迷信。所有這些，可以說是歐陽漸與眾不同的孤獨發明。但是，禪宗思想確實是披著袈裟的莊老哲學，其它也無不與傳統思想有千絲萬縷的關係。歐陽否定禪、教、淨是佛法的觀點，不能說沒有道理，甚至應當說是獨領風騷的真知灼見。更何況，在整個學術界皆棄明心見性之空談，而趨經世致用之實務的思潮中，與歐陽經世務實、弘法利生、重視方法與實證的思想相一致，其推崇法相唯識，貶抑談心說性的禪學等，也就是理所當然的了。

總之，歐陽漸治學以濟世利生爲目的，必然否定出家自利，遊手好閒、空談心性的僧徒以及禪宗等。其興學，刻經，弘揚佛法，集教育、出版、居士道場三位於一體，正是其弘法利生學術宗旨的具體實施和物質保證。它的貢獻是不可忽視的，這種模式對於佛教現代化，乃至現代學術建設同樣有參考的價值。

3 「結論後之研究」與「非宗教非哲學」的學術特徵

如前所言，清季以來，由於經邦濟世的需要，學術棄虛就實，士大夫好言樸學，談心說性的佛理也在進行著脫胎換骨的改造。近世科學昌明，實證主義的方法論也就更加受到知識分子的欣賞。處在社會劇烈變革，學術由中古向現代轉化之中的歐陽漸，早年便兼工天算，時稱得風氣之先，入佛之後，同樣也會受到科學方法論的影響。不過，他選擇的不是「西學」，也不是「中學」，而是以分析名相爲特徵，即重視方法論，因而與近代科學思潮最易契機的法相唯識之學。正因爲如此，歐陽漸對於方法論的重視，遠在其他佛教學者之上。他先後著有〈今日佛法之研究〉、〈談內學研究〉、〈唯識抉擇談〉、〈辨虛妄分別〉、〈辨法相唯識〉、〈研究方法〉等一系列專題學術論文，力圖引導人們掌握佛學研究中方便善巧的方法。其所作〈佛法非宗教非哲學〉主要也是從方法論入手而比較佛法與宗教、哲學的。

無論是宗教還是哲學，都確信事物現象的背後有一個絕對真實，只不過哲學認爲真實是未知的，要透過現象去把握真實，宗教則確立了這一真實，只是要用「現相」去證明已確立的存在。因此也可以說，哲學是研究後的結論，宗教是結論後之研究。歐陽漸說，佛法是結論後之研究，其實還是宗教的特徵；說佛法非宗教非哲學，無疑也可以說成亦宗教亦哲學。嚴格地說這些都不是他的創造。但是，他強調結論後之研究，因此而推崇「萬法唯識」的唯識；他肯定佛法只是佛法，故重視「現觀」「現證」的名相分析，並把上述兩個命題做爲理論予以闡揚，則成爲他學術研究的鮮明特徵了。

歐陽在〈今日佛法之研究〉中指出，佛法是「研究境」，通俗地說，就是對佛家最高境界的研究。在他看來，佛家的最高境界只是日常應用恰到好處之事，是人類最佳的生存環境。然而這一本分、平常的境界，只有通過「現量」，即人們的感性才能獲得，所以不能以「世智」，即通常所謂的理性相求，因此佛法研究，即歐陽指稱的「研究行」，也就存在著相當大困難。所以不得不「假聖言量爲比量」，也就是以佛所說而爲真理，依此推論並比較會通。他認爲這種以佛說爲結論所進行的論證雖不是現量，但與現量可以等量齊觀，如此，也可以把握佛的境界。要做到這一點，首先還要「發心」，即要確信佛的境界的真實性和絕對性。換句話說，首先要發佛之信仰，進而立世間之真諦。據此，他的結論便是：

一切佛法研究，皆是結論後之研究，而非研究後之結論。

爲了說明上述的觀點，他還把佛法分爲方便言說和不可說兩部分。境是不可說的，行既然可以假借，也就是可以言說的。歐陽的佛法研究顯然是方便言說的部分（見圖），他的學術的重點就在於對這些可以言說的方法問題的探究。關於這點，歐陽實際上也是對歷來關於佛法可說、不可說，立文字與不立文字的爭論，作了一個比較規範，當然，也可以說是貼近實際的結論。

既然佛法（境）是不可說的，而佛法研究（行）是假借的方便言說，那麼今日之佛法研究，歐陽又稱之爲「研究者隨分之果」，自然也是在結論後研究佛法的具體實施。歐陽指出今日研究佛法，一要明遞嬗之理，二須知正期之事。寬泛一點說，前者是依經作出結論，後者是圍繞結論進行研究，充分體現了他那結論後研究的具體內容。

他首先說明，佛在世說法雖未曾記錄，但大、小、空、有義理具在，後人的發揮均未出其範圍。所以，佛所說法不能不信。這就告訴人們，佛說就是真理，佛說就是結論！

然而，哪些才是真正的佛說呢？歐陽首先強調，「須明遞嬗之理」，並對真正的佛說作了比較具體的界定：

(1)二十部小乘皆切實可資研究；

(2)龍樹思想所云一切空者，空其可空，最得我佛之意；

釋題分三：一、佛法（研究境）
　　　　　二、佛法研究（研究行）
　　　　　三、今日之佛法研究（研究者隨分之果）

一、佛法者，其詳可列一表如次。

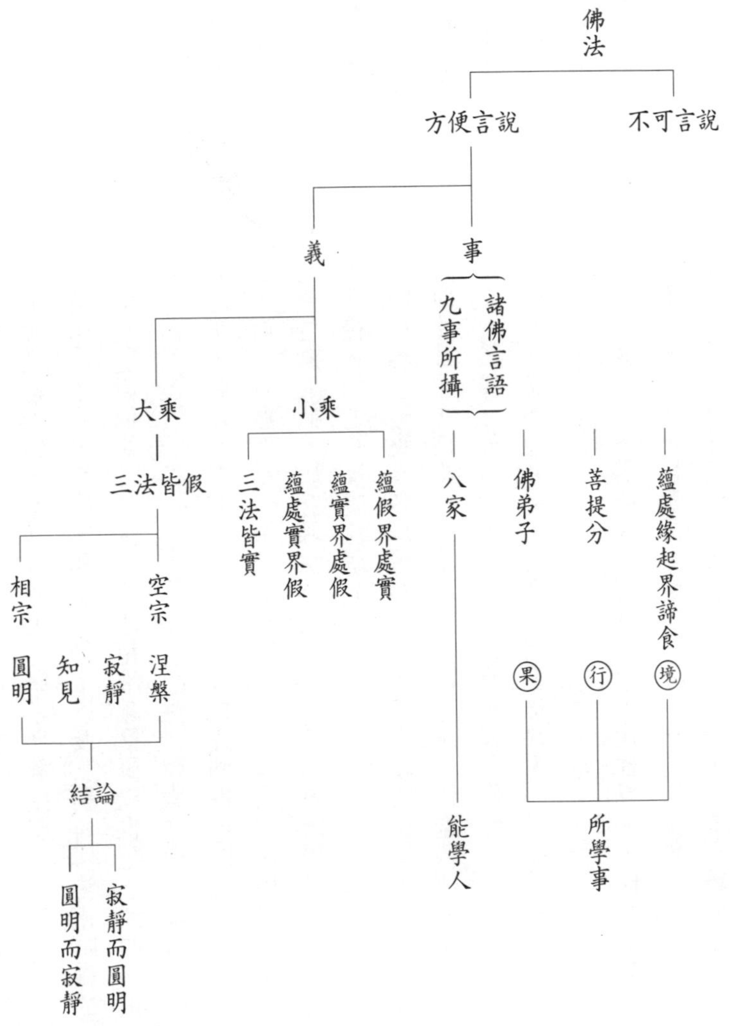

(3)無著使龍樹思想圓滿，故二家缺一不可；

(4)唐人薈萃無著以來各家學說，雖絕響千年，尤其應當努力研索而興絕學。

顯而易見，歐陽對佛說的規定是印度小乘，龍樹、無著之學，以及玄奘所傳法相唯識的思想。他完全排除了中國化了的佛學。這與他終身所致力的法相唯識學研究也是一致的。正如他在一九三九年十一月給張君勱的信中所說：「二十年來，他認識到佛法全體之統緒「曰《般若》、《瑜伽》之教，龍樹、無著之學，羅什、玄奘之文」。從這裏我們也可以看到，歐陽的學術思想不僅以法相唯識爲核心，而且有融大小二乘，融空有二宗，以及排斥中國佛學的鮮明傾向。當然，在這裏歐陽就是要告訴人們，研究佛法首先要以龍樹、無著以及玄奘的思想爲依據，確立萬法唯識等結論，然後才能進行論證性研究。

所謂「知正期之事」才是研究的內容。這裏有整理舊存，其中一是識別真僞，二是考訂散亂；還有發展新資，其中一是借助梵藏原文經典，二是廣採時賢之論。他還特別強調，時賢之論不一定正確，研究者更應當善於檢擇。他舉例說，如法相要義散漫難尋，他正是在過去讀《掌珍論》時，從中而得相宗大概的。又如他發現，大乘雖然不是佛說，但卻是演繹佛說而成，所以又得研究之途徑。

綜上所述，歐陽佛法研究的方法，就是要假借聖言量而爲比量，代替現量，採用種種解析的方法，會通比較，以證明早已確立的、無可懷疑的結論的正確。這種結論後之研究，無疑是缺乏科學根據的。結論正確與否不論，突出的是心理實證過程，既不需要實踐的檢驗，也不需要科學的論證，更不能證僞，與科學的思維方式顯然是背向而馳的。他在〈談內學研究〉中，進一步把這一思想擴展爲「內學爲結論後之研究，外學則研究而不得結論」。外學不得結論顯然不是事實，歐陽崇佛而持之偏見也就暴露無遺了。但是從歷史上看，這種結論後研究的方法，又符合注疏經典的中國學術的實際情況。不過，這顯然不能作爲一種普遍的原則而予以推廣，倒是他所採用的研究的具體措施，簡別真僞，考訂散亂，參酌梵、藏、巴利文原典以及廣採名家之論等，對於學術研究還是很有價值的。可見，歐陽對近代佛教文化復興乃至整個學術的貢獻，不在於他總結的這一理論，或者說原則，而在於由這一原則所引出來的諸多的具體實施的方法。

如果說「結論後之研究」只是歐陽漸對佛法研究中方法論的總結，那麼，「佛法非宗教非哲學」這個命題應當說是歐陽的獨創。而且，這個命題也是建立在方法論的基礎之上。正如其在給章行嚴的信中所說：

> 宗教有結論無研究，哲學有研究無結論，佛法則於結論後而大加研究以極其趣，非待研究而希得其結論。是故，佛法於宗教哲學外而別為一學也。

由此可見，結論後之研究是非宗教非哲學立論的根本。在這一思想基礎上，歐陽系統而又分別比較了佛法與宗教，與哲學的不同。

首先，他力圖以概念分析的方法把它們區分開來，指出，佛法是佛家三寶之一，「法」的範圍最廣，「凡一切真假事理，有爲無爲，都包在內」，而且都是瑜伽所得，瑜伽義爲相應，所以佛法也就是「於事於理，如如相應，不增不減，恰到好處」，並且，「爲正覺者之所證」，「爲求覺者之所依」。通俗地說，佛法既是已被證明了的，放之四海而皆準的真理，也是求真、求覺，即追求真理、實現自我的必由之途和唯一正確的方法。「結論後之研究」顯然也是他規定的佛法的這一性質決定的。

接著他指出，宗教、哲學二字，原係西洋名詞，它們的外延既窄，意義與佛法尤不相同，用以比附佛法，如何能表現佛法之廣大？所以他說：「佛法就是佛法。」

如此界定概念遠不能說明問題，只能說他提出了一個雙遣的或概念循環的命題，表現出他高揚佛法的傾向。所以，歐陽又作了如下比較。

首先，他指出，世界所有宗教，都具備有四個條件，而佛法均與之相反。

(1)凡宗教皆有權威信仰，或一神，多神，或崇拜開創彼教之教主。這些權威主宰賞罰一切人，人便成爲他們的奴僕和附庸。

佛法則依法不依人，如果不合於法，雖則是佛也在所不從。他強調以前諸佛不過是人類的導師和善友，絕無權威信仰可言。爲了說明這點，歐陽不惜引入他始終否定的禪宗的精神，即所謂禪宗祖師有「天上地下唯我獨尊」之語，有「一棒打死與狗子吃」的公案，用以證明佛法反權威的非信仰主義。他還引用心佛衆生三無差別，即心即佛的話，把依法不依人的思想發展成爲以「自心」爲核心的「依自不依他」的觀念，這顯然是他不能不受禪宗思想影響的結果。就此而言，他認爲宗教以權威信仰屈抑人的個性，增長人的惰性，這是宗教與佛法極不相同的地方。

(2)凡宗教必有奉守之聖經，「但當信從，不許討論」，如此以鞏固其教義，也用來把持信徒之信仰。佛法則不然，依義不依語，依了義經，不依不了義經。

事實上，無論是佛教，還是佛法，都有它們信從並奉守的聖經。「結論後之研究」的本身就是要遵循佛的言教，所謂「聖言量」者。從這一點上看應當說佛法同宗教並無差別。但歐陽又分義與語，把經分爲了義與不了義，對「聖言量」作了進一步的解釋，說明佛法所依是實事而不是虛語，是實語盡語而不是權語略語。這種晦澀的辨析，顯然不能令人折服，但他的結論卻是明明白白的：

> 不必凡是佛說皆可執為究竟語，是故盲從者非是，善簡擇而從其勝者佛所贊嘆也。其容人思想自由如此。

簡單地講，佛法反對盲從，對於佛說之經典應當善於揀擇而取其最佳勝者，這正是佛法所鼓勵的，因爲佛法是強調思想自由的。歐陽如此看待佛法，正反映「以己意進退佛說」的時代精神。他否定禪宗，批台、賢，斥《起信》，也都表現這種自由思想。這正是學術研究所必需的，因此與哲學也就趨於同道了。

以「聖言量」作爲結論，這本身就是奉守聖經。歐陽對此有另一番解釋。他說：聖言量「非如綸音詔旨更不容人討論，蓋是已經證論，眾所公認共許之語耳」。猶如幾何定義中的公理，不必討論。換句話說，他要求奉守的是真理而不只是聖經。如此「結論後之研究」與「思想之自由」的矛盾也就在「證論」、「共許」的掩飾下統一起來了。他還說，聖言量是因明中之因、喻，因明說法便是用已成立並共許之因和喻，最終證明未成將立之宗。用通俗的話講，就是用已知的佛說之言教，作爲理論和事實依據，確立論點的正確性，然後予以論證，即證得宗的成立。這還是結論後之研究。然而，他卻認爲以聖言量爲論據的因明學，「純以科學實證之方法以立理破邪，其精實遠非今日之論理學所及，固不必懼其迷信也」。他把因明視作科學實證方法，進而提高佛法的理論地位，尤其藉此區別宗教對聖經的奉守，雖然有一點道理，但畢竟有太多的牽強。

(3)宗教家有必守之信條與戒約，並以此爲他們立教根本；佛法唯一的目的是度諸眾生，共登正覺，所以佛法雖有戒，只是爲了禁外擾，防內奸，以心不亂爲目的，即定之方便。定又是慧的方便，因此佛法的戒律是實現正覺，利物濟生這一目的的方便之方便。他是把佛戒看成是實現目的的手段而區別於宗教的。從這個意義上說，佛戒則是可有可無的，即使不出家，不剃髮、不披袈裟，也能成爲阿羅漢，也可以獲得正覺。

其實，任何宗教和非宗教的戒約，也都只是手段，或者用歐陽的話說是「方便」，而不是目的。只不過許多宗教把他們的戒約看成是信徒們必須遵循、須臾不可或缺的規則。如此從根本和方便的不同說戒，並以此區分宗教和佛法，顯然是一種誤導。不過歐陽的意思重在後者，即佛法可以不持戒，以期與出家落髮的僧人區別開來，這還是有一定道理的，也與他建立居士道場，以居士復興佛學的思想完全相合。

(4)凡宗教家必有信仰，純係感情上的服從，而不容一毫理性之批評；而佛法依自力而不純信他力，反對愚人之盲從，主張智者之樂欲。正如梁啓超說的那樣，佛法的主張是智信而不是迷信，歐陽認爲佛法信無上之菩提，不僅不是宗教的信仰，而且「由信起欲，由欲精進，故能被甲加行永無退轉，是乃丈夫勇往奮進之精神」，與屈己依人的宗教大爲不同。

綜上所述，歐陽就權威、經典、戒律和信仰（其實與一同）四個方面比較佛法與宗教的不同，無論其對概念的理解（比如宗教、信仰等），還是邏輯分析、事實依據諸方面都有不少似是而非、矛盾迭出的地方。尤其是把「聖言量」視爲真理而否定其爲必須奉守的聖經，視佛家戒律爲方便而區別宗教戒約爲立教之本，這些比較不僅不能說明它們的不同，反而使人感到它們的一致。歐陽學術上的偏狹與思辨能力的缺乏，在此也可窺見一二。不過，如果撇開上述不盡合邏輯的比較論證，他的意思則是顯而易見的。正如他所總結的，宗教與佛法，一者尊卑不平，一者平等無二；一者思想錮陋，一者理性自由；一者屈己從人，一者勇往自信，宗教與佛法皎若黑白，絕不能相提並論。由這些話可以看出歐陽的本意是要把佛法置於一個特殊的地位，並把佛法從佛教中凸現出來。實際上他區別的不是宗教，只是佛教，特別是已經淪爲陋俗和迷信的佛教。正因爲如此，歐陽從來只提佛法，而不提，或者很少提及佛教。這是應當特別予以注意的。

單純區別佛法與佛教還不足以突出佛法在世俗社會中的地位，因此歐陽又進一步強調佛法非哲學，因此而與哲學比較優劣。

首先，歐陽認爲哲學「唯一之要求在求真理」，即求事物的本質和事物產生的本源。用哲學的話講就是本質論和本體論。他肯定，哲學家求真理的目的，對於破除迷信是有積極意義的，其正確性也是無可非議的。但是，他又指出，哲學家在破除舊的迷信之後又樹立了一個新的迷信。他說，一部西洋哲學史，在破除有人格的上帝後，又迷信無人格的上帝；破除了獨神論後，又迷執泛神論；或信唯物，或信唯心，否則便主張唯事；如笛卡爾懷疑一切，卻迷信自我；羅素破一切唯心、唯物，又執定一切現象爲真。結果是公說公有理，婆說婆有理，別人的都可破，自己卻沒有立一個不可破的學說服人。在歐陽看來，哲學雖然破除了迷信，卻得不出了一個正確的結論，因此也只能增加許多人不正確的見解。

與哲學不同，歐陽認爲，佛法只是破除執著，一無所執便是佛法。佛法不求真理而隨順真如。這裏歐陽完全是用佛家的觀點來看待世界的。他說：有則不必求，無則不可求，所以說是不求真理；萬物萬事，當體即是，何必外求，所以佛法要破除一切執著，隨順真如，即隨順事物本然之性。他還舉例說明事物不可執著、亦真亦幻的特性：譬如人在夢中，一切皆有，至夢醒時分，了無一物。然而所有真、幻之像，皆不離真如本性，未至真覺，終在夢中；及成佛果，便知當時顛倒有如南柯之夢。所以佛法又要求「息妄」。息妄、破執就能隨順真如。佛法與哲學的不同正在於此。

歐陽的意思是哲學破一立一，有破無立（因爲又立了一個迷信）；佛法破就是立。哲學求真理而不得；佛法破執、息妄而隨順真如本性，佛法自然也就高於哲學許多許多了。其實，歐陽說的只是它們求真的方法的不同，至於說哲學不能獲得一個不可破的學說，儘管也符合實際情況，但是，佛法又何嘗不是如此呢？歐陽當然沒有注意到，或者說不願承認這點。

其二，歐陽指出，哲學所探討的是知識問題，即認識論；包括認識發生、本質和作用等，而認識論的種種主張皆不出計度分別，佛法則不然，它依智不依識，識就是虛妄分別，所以它是反對虛妄分別的。就認識論而言，佛法與哲學是根本對立的。歐陽如此區分哲學與佛法，可以說是切中了要害。

接著，歐陽繼續說明，佛法所依的智有二，一是根本智，親緣真如，一切平等而無分別；二是後得智，緣俗諦而度羣生，所以真妄虛實，世間出世間無所不知。他還說後得智「變依他與識相應」，可知所謂得智實際與識，通俗地說就是與哲學上的認識論大體相近，也是以計度分別認識事物的。歐陽正是依靠後得智建立其法相、唯識學的。他的唯識抉擇也講「二智談後得」，所以他說，「由斯建立法相學，由斯建立唯識學，由斯建立一切方便學」。由此可見，歐陽是把法相、唯識看作佛法的真諦，我們從中也可知，歐陽由於重視認識論、方法論的探究而熱衷於法相唯識之學。所謂方便學，就是世俗的方法，歐陽對後得智的選擇，對法相唯識學的推崇，與哲學的認識論也就只在毫厘之間了。

不過，它們之間還是有一個根本的區別。佛法所依的後得智是由根本智來決定的，這裏有一個確定而不可移易的前提，即第八識阿賴耶含藏一切名言種子，一切知識均產生於此。據此，歐陽肯定地說：「若必談知識之本源唯有佛法爲能知也。」知識的本源，認識的發生都植根於自識即所謂的阿賴耶識之中，這與唯心論實在沒有什麼不同。所不同的只是方法：唯心在於論證，佛法則在於證論。以此而論高下，佛法顯然精緻得多，歐陽自然也就認爲唯佛法爲能知了。

他還從知識的效力、本質區別佛法與哲學。他認爲，從知識的範圍體性而言，不出唯識學謂之的六識（眼、耳、鼻、舌、身、意六識），故不同於獨斷論。認識的實現，靠見、相、自證、證自證四分之互緣，都是依現量而得，即依直覺而非理性，所以「一切真實，一切決定」，這又不同於懷疑論。佛法以一切俱非，故而也不同於調停兩可地積極論。從知識的本質看，歐陽說凡識皆四分合成，無量則無果，無緣不成實，「非于龜毛而生識」，所以不同於觀念論。無見不成識，無自證亦不成識，所以又不同於實在論和現象論。總之，他是採用法相宗四分互緣，轉識成智的方法論來談佛法與哲學區別的。其理論玄奥難解，論説艱澀繁瑣，非幾句話能勾勒清楚，因此，歐陽也説，「欲求精詳，當研唯識」，他的目的就在於説明，探討知識問題的哲學是「無結果之學」，只有依四分而建立的佛法認識論，才是認識事物唯一正確的方法。

其三，哲學是對宇宙的説明；佛法，特別是唯識學只言識，不言宇宙。換句話説，哲學著眼於外，佛學植根於內。歐陽認爲，科學發展至今天，以相對論認識世界，證明一切唯心、唯物、一元、二元乃至建立在原子、電子論基礎上的物質實在論均難以成立，而知宇宙並非實在之物。他説：「今之科學之所要求者唯方程式耳，世界所實有者唯一項一項的事情，非一件一件的物質也。」如羅素之徒，分析心物，但執現象爲實有，而不知本體爲何物。他們離識談境，以境爲有，雖然比起西方舊學説誠見高明，但是與佛法「識有境無」相比，也就相形見絀了。

他以法相唯識的理論，集中表述，世間一切的事物，都是識的相分，即識的變現，山河大地，宇宙時空的本質，也是由第八識阿賴耶所生。所以，宇宙間的萬事萬物離識則非實有，故言「三界唯心，萬法唯識」。據此而談認識論，一切哲學自然都是夢幻之見了。

他說：哲學言認識，但知六識；佛法則有八識、五十一心所，無不洞了。哲學家唯由六識計度；佛法則以正智親知。哲學家模糊兩可；佛法則如如相應，真實不虛。哲學家與宇宙隔之爲二，佛法則與我爲一，哲學不知其所以然，佛法則一唯由我，一唯由識。據此他認爲，哲學或者懷疑一切而陷於迷妄，或者武斷結論而陷於偏執；佛法說依他幻有，圓成實有，遍計俱空，如如相應。總之，哲學的真理只是虛妄之見，佛法之真如卻是親證之實。佛法不僅與哲學不同，而且其優劣簡直在天地之間，因此歐陽的結論是：哲學於地不過此世界，於時不過數十年；佛法則過去，現在，未來三世所共證，無量無邊世界所共許，二者相比，無疑是「以螢火之光當日月之明」。歐陽高揚佛法之情，已經到了用盡一切美好的語言來表述的地步了。

用唯識學的方法判別佛法與哲學的高下，對於平常人畢竟有難以理解的一面，歐陽在給章行嚴的信中，則專門就「智」的內涵區別佛法與哲學、科學。他說：哲學之智或謂先天，或曰經驗。然而先天又是何物？經驗又從何實現，並且歷久不衰？這些是哲學難以解釋的。科學因果律展轉比量，純憑理性，至原子、電子而無他術。佛法則依現量，憑直覺，靠感性，直接把握事物的本質。可以這樣說，現量和比量應用的不同，或者說直覺與理性認識的不同，是佛法區別於哲學、科學的顯著特徵。如此比較，佛法與哲學的區別也就不難理解了。

當然，歐陽漸也承認，佛學與哲學畢竟有相通的一面。如心理學與唯識學中意識中一部分相似（其實何止一部分，梁啓超就斷言，佛法就是心理學）。物理學有與唯識色法中一部分相似，哲學更有與唯識學大多數相通的。可見他對哲學並非完全排斥，至於他說「一切哲學」「唯是說夢」之類偏激的話，只不過是在高揚佛法時的語病罷了。正如他解釋的那樣：宗教家、哲學家皆其兄弟。信仰之誠，是其所敬，求真之心，爲其所愛。只不過他們不得其道，不知其方，也就是說，對於世界的認識，缺乏正確的方法和入門的途徑，所以他感到痛心，而欲以佛法使之歸正。不過，說來說去，歐陽對佛法的偏私是不能否認的。

總而言之，「結論後之研究」和「非宗教非哲學」這兩個命題，既凸現了歐陽對方法論的重視，也表現了他學術思想的特徵。不過也不完全像他說的那樣，視一切宗教家、哲學家爲兄弟，他的佛法非宗教之說，在區別佛法與宗教的時候，顯然有否定出家爲僧的傾向。他就是要把佛法同迷信，特別是同那些望風下拜的僧徒的迷信區分開來，簡單地說就是把佛法同佛教區分開來。但是，佛法非哲學的命題，卻無意於對哲學的否定，儘管他說了很多過頭的話。實際上，歐陽是要通過與哲學的比較而高揚佛法，即突出佛法優越性，絕對正確性，當然也有對近代科學思潮反撥的意思。另外，表現歐陽學術特徵的這兩個命題，既以唯識學爲理論根據，又集中表述唯識學的觀念。

上述與佛教分離，高揚佛法以及以唯識學爲依歸三個方面，則是與其學術特徵直接相關的思想內容。這是他的畢生事業並貫穿在他的學術之中。

另外，還需要說明，在比較中，歐陽對佛法的闡述精審周密，而對宗教和哲學的界定有明顯的不確定性，並持太多的偏見。他對佛法的認識就其思辨性來看應當屬於哲學，但他謂之的結論後研究則顯然是宗教的特徵。可見，佛法還是應當歸於哲學範疇，或者說是宗教哲學範疇。

4 法相唯識分宗

佛教不僅分小乘、大乘，而且分有宗、空宗。中國佛教多傳大乘空宗。唐代以下，有宗唯有玄奘所傳一系，即法相宗，又稱慈恩宗。該宗上追印度無著、世親，中經護法及其弟子戒賢。玄奘西行求法，傳譯《瑜伽》、唯識之學於華夏，而使之得以發揚與光大，法相宗便與其它佛教宗派並稱於世。然而與空宗不同，法相宗專講「識有境無」，並有三性、八識、五十一心所等一整套繁瑣的論證和龐大的思想體系。因其突出的是萬法唯識所變，故又稱唯識宗。又因其保留了太多的印度的特色，每與中國文化心理不合，加之武宗滅佛，法相典籍不存，故僅有玄奘、窺基師弟三數傳而歸於絕迹。明末清初，王船山著《相宗絡索》，法相復興，初見端倪。至清末楊文會搜集古德佚書，法相論疏，也得自海外。學者既窺玄奘本旨，又得歐陽漸與韓清淨之推動，其名相分析，又多與近代實證思潮相合，故法相宗得以在中國復興。歐陽漸著名的法相、唯識分宗之說，雖然不能被大多數人所接受，但它的意義恰恰在於把法相唯識學的研究推向了一個新的階段。

應當承認，玄奘之學借助名相分析，證明萬法唯識的理論，其實是一個問題的兩個方面，正像不能把禪宗分成見性宗和成佛宗一樣，同樣不能把玄奘一系分成法相、唯識。但是，歐陽自三十八歲開始從楊文會學習佛法，四十五歲專究《瑜伽》，四十六歲便提出法相、唯識爲兩個宗派的觀點，四十八歲進一步提出「約觀心門建立唯識義」，「約教相門建立法相義」，系統論述法相、唯識分宗的理論。直到一九三八年，當他六十八歲的時候，又與院友詳談〈辨法相唯識〉之義。可以說歐陽漸終生以法相、唯識分宗爲其學術的主要內容，並以此兼容般若、涅槃的空宗義理以及儒家之學。

當然，藏經近萬卷，佛家宗派林林總總，歐陽獨精《瑜伽師地論》，傾心法相唯識之學，也是應時代之要求和學術發展的自然趨勢，正如章太炎所說，法相宗以分析名相始，以排遣名相終，從入之途，與乾嘉漢學同，用梁啓超的話說即與「科學實證法」相似。而且，近代學術漸趨實事求是的方法，空談心性已大不相適，漢學條分縷析，遠非明儒所能及。科學興起，方法愈加縝密，法相之學與近代學術趨勢完全一致。早已受科學思潮影響而得風氣之先的歐陽漸，在浩如煙海的佛經中選擇瑜伽並致力於法相唯識的研究實在也是自然的事。更何況，禪宗、天台、華嚴、淨土等佛教宗派確實不是純粹的佛教和佛法，而且以高談心性爲特長，所以，歐陽選擇具有更多印度文化特色，比較傾向於實證科學的法相唯識作爲他佛法研究的對象，以此推動佛教文化的復興也就不難理解了。至於他判法相、唯識二宗，突出方法論的研究，自然也基於同樣的文化和社會背景。

一九三八年夏，已遷至江津蜀院的歐陽漸，相繼與渝友、院友辨二諦三性及唯識法相，提出明二諦空宗爲文殊學，三性非空非不空宗爲彌勒學，彌勒學先發揮法相，後創唯識。在《瑜伽師地論》的〈本地分〉中詳詮法相，而於〈抉擇分〉詳述唯識。「是法平等曰法相，萬法統一曰唯識，二事相攝而不可相淆，亦復不可相亂。」

兩年後，在〈釋教〉中，歐陽又強調瑜伽文字應分二門，一曰唯識，二曰法相，「法相糅古，唯識創今。法相廣大，唯識精純，法相結局亦必精微，而歸諸唯識，故總曰唯識學」。這些可以說是他對法相、唯識分宗的總結與概括，而且他還標明法相最終的結局必歸於唯識，這與通常的看法也就沒有什麼衝突了。他還指出，西行求法的玄奘，學法相於戒賢，學唯識於勝軍，集法相唯識於一身。玄奘門下卻又分兩派，一是窺基，二是圓測。這實際上是爲他的分宗之說尋找歷史根據。

首先，他以佛家最基本的理論，也可以說是本體論，即有無之辨，判法相、唯識爲二宗。他辨虛妄分別，提出三性非空非不空爲彌勒學，也是從有、無問題上談法相、唯識的。

在歐陽看來，彌勒學建立於《中邊論》，談一切法與法相，以非空非不空爲宗。非空爲有，非不空爲無，是有、無並舉。後來譯本辨法與法性，以無義說虛妄分別，所以偏重於無，略於談有。歐陽認爲，彌勒學非空非不空的三性理論，與明二諦空宗的文殊學不同，其有無並舉，法相談相的體性，唯識談相的作用，體性是實，作用是實，所以，法相、唯識都談有，而外境是假，故爲無。這既符合佛家「空」的思辨，又從體性、作用方面肯定了有宗的特性，同時也分別了法相和唯識二宗。

與上述相關，歐陽還從事物發生論的不同劃分法相、唯識。他認爲法相宗以緣生理論爲基礎，從事實變化的結果上談相的體性；唯識宗則以緣起論爲基礎，從事物發生的原因談相的作用。所以，八識能變，就是識的變化功能，是唯識；三性所變，即變現的結果，是法相。理義是唯識；事義是法相。如此，緣生——體性——結果——事義是法相。緣起——作用——原因——理義是唯識，法相、唯識的區別也就一目了然了。

不過，歐陽還從概念的外延上區分二宗，他說，法相、唯識雖爲二學，但前者廣於後者。也就是說法相是大概念（種），後者是小概念（屬）。這大概就是他說「相攝而不可相淆」的意思。如此與法相歸諸唯識之說還是一致的，所以，說法相、唯識爲一宗也無不可。分宗之說，歐陽未免有點膠柱鼓瑟了。

可是，在歐陽的眼裏，區別法相、唯識仍然是非常必要的。

他解釋說：所謂「唯」，就是否定心外有境。所謂「識」，就是否定心空。具有上述二義，即唯識、無境，就可以立起非空非不空，或亦有亦非有的唯識法相宗。法相則講遍計施設（常稱遍計所執）、依他分別（依他起）、圓成真實三性，以及相、名、分別、正智、如如五法，也是有無並舉，非有非空，顯然，唯識講的是萬法起源，法相論的是事物的現象。但是從方法論上看，法相談的是方法，唯識講的是結論。所以，歐陽特別強調，唯識是認知，如實法界的一大法門，此如實法界是超現實的，故非世俗理論所能認識。如果不精通唯識，便會陷入虛妄分別之中而不能自拔。區別法相、唯識就是爲了進一步掌握唯識！

法相、唯識分宗，歐陽論述極爲詳盡，引據經論遍及法相經典六十一論，重點在《瑜伽師地論》及其它論疏，即所謂一本十支。具體內容歐陽不斷補充、完善，先後見之於〈百法五蘊論敘〉、〈瑜伽師地論敘〉、〈雜集論述記敘〉、〈瑜伽師真實品敘〉等，均不出上述本體論、發生論，即有無、緣生緣起、體性、作用，結果、原因、事義、理義的範圍。統而論之，摘要如下：

約緣起理建立唯識宗，以根本智攝後得智；約緣生理建立法相宗，以後得智攝根本智。

唯識宗以《瑜伽師地論》爲本，抉擇於《攝論》，根據於《分別瑜伽》，張大於《二十唯識》、

《三十唯識》，胚胎於《百法明門》；法相宗也以《瑜伽師地論》爲本，抉擇於《集論》，根據於《辨中邊》，張大於《雜集》，胚胎於《五蘊論》。所謂本、抉擇、根據、張大、胚胎，實際上指的是法相、唯識所據經典的同異。

對治外小，心外有境，建立唯識義；對治初大，惡取空，建立法相義，直捷地說就是唯識用以矯正心外有境的小乘理論；法相則是否定心空的大乘思想。

談八識變化的功能是唯識；論三性變化的表現是法相。

論有爲無爲一切諸法歸於一識，是唯識義；以一識而開萬法，即識生四諦、五蘊、十八界種種外象，謂之法相義。

了別義是唯識學；如如義是法相學。

唯識言理義；法相明事義。

今論言境獨標五識，故爲唯識，古論阿毗達摩言境多標三法，故爲法相。

唯識學以識攝蘊，蘊亦是識；法相以蘊攝識，識亦是蘊。此攝字很含糊，意即唯識學以識論蘊；法相以蘊明識。

唯識學唯一識，百法明門明一門；法相學則觀無量門。唯識講殊特，阿賴耶獨立無對；法相以平等義，分析名相。

唯識依緣起義，故緣其因而說種子相；法相依緣生義，故就其果而說成就相。或者說，唯識學論阿賴耶種子因相；法相明三性、六塵之果相。

唯識精修觀行，故突出止觀利益；法相諦察相貌，並詳論議，抉擇利益。直接講就是唯識重止觀之行，法相重論議之理。

唯識唯是相應，故非智；法相具言分別，非智莫屬，意思就是唯識重現量，法相用比量。

唯識五不判；法相無不談。

唯識談種，故只論現在；法相談相，有因相、果相，故說過去、未來，而歸於現在。

唯識追求的是無住涅槃，法相則以有餘、無餘涅槃爲其果。

以上所列，是歐陽判法相、唯識爲二宗的具體內容的一部分。其它語言更爲晦澀，義理至爲艱深的內容就不再引述了。統其所論，除依據經典之類一些具體問題外，皆不出前邊所言的範圍。而且從他的思維脈絡上看，法相、唯識還是相即而不可相離的，由此尤其可以看出，歐陽爲法相、唯識分宗，或者說爲創設獨立的唯識學用心之良苦。

不過，歐陽漸法相、唯識分宗之說，除繼其後而主持刻經處的呂澂以外，幾乎沒有人接受，即使他的弟子也不例外。或只舉唯識，包涵法相，如歐陽高足黃懺華所著《佛教各宗大意》；或僅列法相，兼容唯識，如蔣維喬的《中國佛教史》以及湯用彤的著作。其實更多的是法相唯識混用，也有以慈恩宗統稱其名的。表明學術界對其煞費苦心的分宗之說不置可否，而繼續沿襲習慣說法的態度。就連稱贊歐陽這一創見爲「獨步千祀」的章太炎也是法相唯識並稱或互用的。可見，歐陽所致力的法相、唯識分宗的學術研究，雖然挑起近世新舊唯識的論戰，確立了金陵刻經處、支那內學院以及他本人的學術地位，但卻缺乏真正意義上的學術價值，在學術史上也只是一片過眼煙雲。但是，不能否認，它的價值雖不在其本身，卻因此而對法相宗要義條分縷析，探頤索隱，綿密論證，並刊刻、撰著了不可勝數的經疏敘論，使絕響千年的法相唯識之學再度昌明於世；同時，觸發了學人研究法相義理的興趣，引起學術界對佛家名相分析的重視，從而出現了章太炎以莊解佛的法相唯識哲學，熊十力折衷空有二宗的本心本體論，以及梁啓超主以法相，輔之西學的心理分析。可見，近世中國哲學革命，無不與歐陽的法相唯識研究有思想、資料和方法方面的聯繫。法相、唯識分宗的意義、價值，或者說歐陽的貢獻正在於此。

5 唯識抉擇

如果說法相、唯識分宗的本身並沒什麼學術價值，而是在客觀上觸發了法相唯識學研究的熱情並促進了近世哲學思想的革命，那麼，歐陽的唯識抉擇的系統觀念，在他的佛法研究中，特別是在他的方法論的建設中，則占據有顯著的地位，而表現出鮮明的學術性格。

歐陽認爲，法相唯識宗以外的中國佛學，皆不重視方法論的探究。禪宗唯講單刀直入，徹見心性，因而主張不立文字，道斷語言，以沒有方法便是方法，即胡適所言「發瘋就是方法」。其實，這必須建立在接受佛法文字薰染甚久，也可以說是絕對掌握了方法論的基礎之上，而達到的出神入化的境界，才能行之有效，故非常人，也非佛法研究中所能採用。他還指出：禪宗末流，徒拾一二公案而作口頭禪，搔首弄姿，故爲玄奧，未得其精華，反承其糟粕，於禪法也全不知曉。天台、華嚴也不知方便善巧，畛域自封，得少爲足，使佛學也就成了空談心性之學，佛法也就被束之高閣了。歐陽講佛法而少言佛教，既是與中國佛教，特別是望風下拜的寺僧不相混淆的標誌，更是爲了突出方法論研究的重要。他認爲，唯識便是佛學中專講方法論的學問，研究佛法，必以唯識學爲核心，必須進行唯識抉擇。〈唯識抉擇談〉就是其代表之作。

從根本上說，佛教的宗旨在於轉無明而爲正覺，所以歐陽認爲佛法的核心就在於實現這種根本變化的「轉依」，而對「轉依」論說最詳，而實現「轉依」的則是唯識學和唯識。這就是歐陽所說的「必須佛法者，轉依而已矣。所以能轉依者，唯識而已矣」，「行莫妙于般若，學莫精于唯識」，可見，他的學術不是建立在對般若的論證，而是在轉依基礎上對唯識的探究。

轉依的轉，有轉舍，轉得之分，意爲轉我執、法執二障，證得菩提、涅槃二果；依爲八識、真如、生死涅槃之所依。佛家認爲，萬物以因緣和合而生，法相宗據此而言依他起性，八識互依，前六識爲根依，阿賴耶爲共依。有依即有變，即依能變的識，變爲所變的境，進而轉爲所共依的阿賴耶。所以，轉依實際上是識的依與變。通俗地講，所謂轉依就是通過三自性說明人的認識是如何由錯誤到正確，由虛妄到真實的自證過程。歐陽同樣認爲，人的認識正是在上述識的依變中實現的，從而確立了他的唯識學的方法論。

在歐陽的唯識學中，一切事物，都是互相依存，發展變化的，即使是恆常不變的真如之性，也依前六識之緣，在變化中體現出來，或者說也是唯識所變。大千世界中，染淨、見相、因緣、心心所，一切諸法，各個皆有所依，其共依的阿賴耶種子又依六識之根，變六識之境，所以他的結論是萬物皆成於依和變。或者說，就是依具有真如實性的阿賴耶識，變現一切存在。歐陽的唯識抉擇，就是充分論證這一以依變爲內容的自證過程和方法。他説，「唯識詮用義，是一大要旨」，充分反應歐陽重用輕體，以理解行，突出方法論探究的治學特徵。

歐陽強調，研究佛法首先要在佛經中進行抉擇，所以，他每刻印佛典，必作敘文一則，指明其要義所在及研究的方法與要領。他每講唯識，必先講唯識抉擇，把方法論放在首要的地位。民國十一年（一九二二年），支那內學院開學，歐陽即主講〈唯識抉擇談〉。原稿見於《竟無內外學》中，文字簡略。另有聶耦耕記錄的一篇演講稿。後經呂澂校訂，較爲詳細，從中可以看出歐陽漸唯識抉擇的系統思想。他是從十個方面論述這一思想的。

第一，從體用關係上談抉擇——體用談用義。

無爲是體，有爲是用，是中國哲學和佛學的常用命題，從哲學的角度，無論是理學、心學、還是道家之學、禪門之學，大多是重體輕用的。但歐陽選擇用義，即談有爲之用，與其它學説的學術趨向完全不同。他的目的顯然在於突出佛法的用世性及方法論，而不在於對佛教涅槃境界的闡述與論證。這與他的學術宗旨是完全一致的。

爲了説明他對用的選擇，歐陽又以佛家的思辨方式，進一步把體用分成爲體中之體，體中之用、用中之體和用中之用，把他的唯識觀念同名相分析的方法結合起來，即把本體論同方法論結合起來，以凸現其在識本體指導下的認識發生論和方法論。他指出：

體中之體，即一真法界；

體中之用，即二空所顯真如；

用中之體，即種子；

用中之用，即現行。

據歐陽、呂澂的解釋，無爲之體包含有八，即虛空、擇滅、各種真如相等，均是真如，即一真法界。真如顯於人、我二空之境而證知真如，故爲體中之用。種子雖不是真如本體，但是萬法現行的根本，故爲用中之體。一切現行，自然也就是用中之用了。上述四個範疇應當說是歐陽的發明，把真如同阿賴耶識種子分爲體中之體、用中之體也是爲了解決佛學中，特別是法相宗二重本體的矛盾。熊十力對此就有過嚴肅的批判。不過歐陽關於體用的新概念，既是爲了突出用，也有解決體用分離這一矛盾的意思。所以，他側重現行、重視人生和方法，仍然與純粹的經世思想有所不同，他的方法論，他的人生價值的實現，不是傳統的經驗式直言判斷，而是形而上的玄學思辨。談用而不忽略體，現實而又充滿理性，則是歐陽體用觀念的顯著特點。

第二，從境界方面談抉擇——四涅槃談無住。也是從用的角度談抉擇的。

涅槃是佛家的最高境界，佛法又將其分爲四種，即自性涅槃、有餘涅槃、無餘涅槃和無住涅槃。自性涅槃，本有常在，體現真如本性，是涅槃之體，所以是體中之體。無餘涅槃滅盡生死因果而達到佛的境界，故謂體中之用。而且，涅槃爲體，菩提爲用，佛不住涅槃而住菩提，爲度化眾生，立大功德而出現於世，故從菩提方面言，無住涅槃則是用中之體。他還指出，體不離用，用能顯體，以體求體，過則無邊，用而顯體，善巧方便，用當而體現，說的是菩提和無住涅槃方便善巧的關係。所以，歐陽雖然以無餘涅槃爲唯一宗趣，但他的救世思想還是決定他選擇無住涅槃爲其學術研究的一個重點，這也體現了他重用輕體的治學傾向和救亡圖存的歷史使命感。近代思想家，如譚嗣同、章太炎、梁啓超等都講，「我不入地獄誰入地獄」，「地獄不空誓不成佛」，因而獻身救世，也都以無住涅槃爲理想境界。歐陽對無住的抉擇，於時代精神的熔鑄，顯然具有重大的理論意義。

第三，從抉擇方面談抉擇——二智談後得。

智的作用在於認識、了別，其本身就是抉擇，根本智滅諸分別，誠證真如，即所謂見道。但是，根本智只是自悟，而非悟他。後得智稱爲真見，或說一心真見，或說三心真見。三心真見，見一切有情爲假，即內遣有情假，內遣諸法假，遍遣一切有情、諸法假。同時，又以十六相見相輔真見（十六相見指八心觀真如的苦集滅道之法智、法智忍，心觀正智的類智，類智忍）。通俗地講，後得智以真見識別一切事物爲假（我空、法空）而達自悟，並以相見啓迪眾生，有一眾生不成佛，終不取涅槃，屬於悟他。所以歐陽說：「必後得智見乃周圓。」由此可見，選擇後得智顯然是排斥純粹的自悟，而求自悟、悟他，以實現其度人濟世的理想。從體用關係上講，也可以說，根本智見道，是用中之體，作用在於自悟，後得智是用中之用，自悟而又悟他，二智選擇後得，還是對用的抉擇，同樣體現了歐陽著眼於現實世界，以天下爲己任的參與精神。

第四，從事物的本質談抉擇——二諦談俗義。

大千世界，萬事萬物，是有是無，這是佛家認識論需要解決的根本的問題，對此佛家中有真諦、俗諦之分，即佛法對現象世界的認識爲真諦，世俗對現象的認識爲俗諦。歐陽指出，佛家又分空有二宗的不同，空宗是俗諦爲有，真諦爲無；有宗則相反，俗諦爲無，真諦爲有。歐陽顯然是以有宗——法相宗的理論來看二諦的，所以他強調，俗則如幻，故爲無；真諦不空，故爲有。

通常認爲，從世俗的眼光來看，宇宙萬象，皆爲實有，而佛家認爲人我、法我，有情、無情，萬般皆空，所以，俗有、真無二諦之辨，是對俗界、佛界認識論的判析。然而歐陽公開標舉俗無、真有，似乎與上述思想有直接衝突，其實，這並非對佛家空的理論的背離。他所說的俗無不是從世俗的立場認識存在，而是以佛家認識論理解世俗社會的。事實上，他是以「萬法唯識」爲前提，首先確定識有，即真有這個命題，並以此否定現象世界，即所謂俗界如夢幻泡影，故謂之無，進一步突出了佛家空的理論，其不同的地方僅僅在於對識的肯定，這不過是有宗、空宗的區別罷了。歐陽二諦談俗諦的唯識抉擇，顯然不是向世俗認識論的回歸，也不是對「真有」的棄置，而是通過對現象的否定，凸現「識」的唯一存在的地位。歐陽採用的論證方法也是佛家「以遮爲表」，即以否定的形式表示殊特的肯定內容，以及「以用顯體」，「以相爲表」的方法，實際上是通過對名相的分析、否定，而表述識本體的地位。

第五，從認識方法談抉擇——三量談聖言。

通常，認識事物有感覺和推理的不同，用佛法的語言即現量和比量，但佛法認爲，事物的本質，覺悟的境界決非理智可求，只有憑現量取捨，即體悟。然而這種超越通常智慧的「出世現量」，或者叫做真現量，並不是一般人所具有的，因此又以佛說的言教，作爲結論，也作爲一種認識的方法，這就是聖言量。也就是以佛祖已立之論作爲認識的結論，再以符合佛家思維邏輯的思維方式印證這一結論。歐陽漸就是以聖言量作比量，代替現量，作爲他認識論的基本方法，並以此爲根據，證明佛法是結論後之研究的，同樣表現了他對聖言量的選擇。

爲了說明聖言量爲唯一正確的認識事物的方法，歐陽漸又大膽地對現量予以否定。他不僅指出，比量的推理最終將造成誤覺，而且說明，現量有現成、現見和現在三義，前六識雖有這三種功能，但缺乏第八識的恆時現量，而且均依意根，意根有染，所以，雖是現量，仍然是有污染的，是世俗的，也就是不可靠的。基於這樣的認識，所以他的結論是：「五識難緣，恃聖言量」，「意識難知，唯聖言量」，故不以聖言量認識事物，則是「瓶智涸海」，只能管窺蠡測了。

應當承認，歐陽對現量的否定，或者說認識到它的不可靠性，並不是向世俗認識的靠近，而是佛家理論自相矛盾之處在他身上的表現。這裏，歐陽對聖言量的抉擇與前述其它抉擇均不同，更多的表現了一種非世俗化的傾向，而不是偏於入世，重視參與和方法論建立的世俗精神。

第六，從認識發生論談抉擇——三性談依他。

佛說因緣，即以萬物相對、相依而存在，此生則彼生，此滅則彼滅，這就是依他起性。佛家認爲，世俗未破執著，於事物分別計度，爲遍計所執性，其執著爲有，故是假。明白了依他起的道理，便知道事物都是相對而存在，故是幻。只有認知真如實相，非有非無，非空非不空，才是圓成實性。其實，它說的是認識從錯誤到相對正確，到絕對真實的認識過程。法相宗爲了證成「識有境無」的理論，特別重視三性的論述，尤其是依他起性。近代法相宗復興，對三性之論述也就顯得更爲普遍了。歐陽爲了突出唯識的地位，斷言空宗以二諦爲宗，相宗以三性爲宗，並以因緣幻有爲核心，進一步標明三性談依他的思想。他認爲，緣起既非自性，也就通於染、淨的有漏和無漏，所以依他起性是染、淨的樞紐。遍計和圓成實性均依於依他起性，執爲實有即遍計所執性，空其所執爲圓成實性。也就是說，把握依他起性就是把握了認識正確與否的關鍵，選擇依他起性就是選擇了通向正確認識，即實現圓成實性的正確途徑。其三性擇依他也就不難解了。

當然，歐陽對依他的抉擇，而不是對絕對真實的圓成實性的抉擇，固然有違佛家之常例，但這正是由他的學術世俗化的特徵所決定的。他力圖通過對大多數人的認識進行分析，從而引導人們達到常樂我淨的境界，不止是爲了自悟，更重要的是爲了覺他，才選擇依他起性的。章太炎法相唯識哲學體系也是建立在對依他起性的闡述基礎之上，顯然是歐陽三性談依他思想影響的結果，他們的目的皆不在於自悟，而在於爲覺他尋找系統的方法。

第七，從五法體性談抉擇——五法談正智。

事物既然是因緣和合而生，人的認識也是依他而起，所以，萬物萬事也都有所緣和能緣。換句話說，事物都有其變化的根據（所緣）以及變化的功能（能變）兩個方面，或者說是因、果。真如爲所緣，正智即爲能緣；相、名爲所緣，分別則爲能緣，所緣，即根據，爲體，能緣即功能，爲用。歐陽輕體重用，著重於方法論的探究，也就不可能不選擇能緣的正智。正智不僅是出世間的如理之智，而且是世間的如量之智，即與現實社會密切相關之智。所以他說：「詮法宗用，故主正智。」據此，歐陽評《起信論》不立正智種子，於理則失用義，於教則違《楞伽》，違背了唯識宗以用顯體的方法。顯而易見，這還是從用的角度進行抉擇，並依用的觀念，或者說他的法相唯識觀念判析是非的。

第八，從佛法基本理論談抉擇——二無我談法無。

歐陽解釋說，「我」就是佛家說的「執」。萬事萬物皆因緣和合而生，本無主宰，若謂有主宰便是執。「煩惱障存則有人我，障其所知則有法執」。執著便是眾生，執破便立地成佛，佛家大要就是破執二字。既要破人我執，還要破法執，這就是人無我和法無我。歐陽沒有解釋為什麼於二無我中選擇法無，但這是顯而易見的。因為「識有境無」這一命題本身就是對外在世界的否定，人無我則是對「識有」的否定。所以，他突出「法無我」只側重破除法執，以便與他的唯識觀念保持一致。

應當承認，「識有」和「人無我」是法相宗在理論上不可解脫的矛盾。既要確立識的絕對存在的地位，又要承認萬物緣生，皆無自性，不僅物（法）空，而且心（人）空的佛教義理，法相宗從來就沒有做出正面的解釋。對於內識，法相宗只講有，避而不談無，不談破人我執。歐陽對此也是諱莫如深，只說煩惱障存有人我，至於如何破人我執，那是不能說，也不願說的。所以，歐陽對法無的選擇只是出於唯識學的需要，理論上的矛盾也就顧不得許多了。單從他的文章字面上，既看不出他對人無我的揚棄，也看不出像強調「識有」那樣，對人我的肯定。這樣雖然避免了理論上的衝突，但其說理未免有些捉襟見肘的窘迫。

第九，從識的功能談抉擇——八識談第八。這是直接對唯識的論證。

法相宗談八識轉換最詳，也最繁瑣，不可思議之處也多在此。第八識阿賴耶既是能藏，也是所藏，既是認識發生的源泉，事物變化的依據，也是認識的終極對象。萬法唯識，識有境無中的識，實際上專指此識，選擇第八識就是唯識。歐陽對這一抉擇，不僅從八識轉換、依變，說明識的殊特性，而且不惜以大量的筆墨從五個方面論證這一抉擇的根據。

其一，五教十理以及八證而立此識。

所謂五教大意，歐陽完全採用佛家術語，儘管他說是「顯近易知者」，這裏也不宜轉引。他的意思是，一般人甚至包括佛家小乘在內，只知有眼、耳、鼻、舌、身、意六種識，但前五識，各依相應之根，以外觸爲緣（即所謂根、塵生識，或者說觀感器官與外界事物相結合而生識）；第六識待分別而後起，即對前五識所觸之事物進行分別而產生。前五識接受的只是第八識所變，第六識也不含藏發生萬物的種子，因此而知還有第七識。第七識能發生第六識，故爲第六識之根，但是一切染淨功能皆不能依彼恆存，換句話說，它也不是認識的本源和終極，故知必有上述七識外的第八識。只有第八識確立之後，一切染淨，宇宙萬物，六識七識才「皆有依據」。歐陽說：「此蓋大乘法相宗立義最精之處。」如此循環論證，從而說明第八識的存在及其決定性作用，而以八識流變論證萬法唯識，確實是法相宗的孤心發明。歐陽還說：「有部愛樂欣喜阿賴耶，五教外之小教，皆談第八」，進一步證實第八識存在的普遍意義。

所謂十理即：持種心，指第八識爲諸法種子所集起處，故名之心，前六識皆無此功能，故立第八識。異熟心，遍無間斷，前六識常有間斷。有流轉五趣四生，謂之趣生體。前六種只能在現世有執受，不能引發來世緣起，第八識則謂能執受。持壽暖，壽爲命根，暖爲暖觸。壽和暖都要靠識轉，前六識無此功力，唯有第八識能轉。生死心，能使命終不離，恆久常存。二法緣，前六識只能緣名色，卻不能為名色所緣，即非現象界的本體，第八識則含藏一切萬法的種子，故為名色所緣。一切有情生命皆靠食，食有識食，只有第八識含識食，故稱依識食。滅定中無前六識，只有第八識，稱為識不離，第八識持一切染、淨種子；其它識則無，故稱八識為染淨心。

上述十理，華妙難知，還有《瑜伽顯揚》對法八證，多與十理相對應，其中內容，非有深厚的佛學功底，特別是相當程度的法相唯識學基礎，而難以窺其玄奧。不過，簡單地說，歐陽的意思就是，前六識只能感知和了別，是暫時的，個別的，現在的，既不能生成、孕育萬物，也不能促進生命的轉換，只有第八識才具備生成、孕育、轉化、恆常等等本體的功能，只有第八識才能使生命棄染取淨，得以昇華，所以，他才選擇第八識，這與第十抉擇——法相談唯識有些相似，雖然都是以用顯體，借名相分析，根塵生識，進而確立唯識的觀念，但這裏強調的唯識卻是本體，實際上是第八識。而不是唯識學。

其二，以識攝蘊而立第八識。

佛說五蘊，囊括世間一切事物，有色、想、受、行、識。歐陽說，此識是名中識，名色相依之識則是第八識，名中識與相依識互為其緣，法相宗，以蘊攝識，所被極廣，及於二乘，但說六識、五蘊，卻不提阿賴。唯識學以識攝蘊，把相依識，即第八識與五蘊中的識，即名中識區分開來，故立此第八識。

其三，深細不可知之識是第八識。

他舉例說，死生只是寤寐之間，人在夢中，六識雖然不活動，識卻依然存在。這就是八識所持種子的作用。故能使識斷而復續，續則長存。因此而立第八識。

其四，聲聞乘不立此識。從反面説明唯識學對第八識的抉擇。

歐陽説，聲聞乘中不講阿賴耶，而名之爲阿陀那識，事實上此識即第七識末那，受阿賴中深細境所攝。聲聞乘皆不能於一切境智處轉化，即不能轉此識而入於第八。它以第八識爲緣，而表現爲我執，故也稱執識。但在法相宗也有把阿陀那（adana）視爲阿賴耶的，所以，歐陽又引《深密經》云：「陀那識甚深細，一切種子如暴流，我於凡愚不開演，恐彼分別執爲我。」這是把它既作爲含藏種子的第八識，又把它視作生成我執的第七識。大概正因爲阿陀那所具有的兩重性，所以歐陽便引此説明，聲聞乘中無第八識，但有阿陀那識，「若離此識，不易證得一切智智」，唯識學也就非立此識爲第八識不可了。

其五，因大悲而立此識。

歐陽指出，悲則觀衆生百一十苦而起大悲，觀衆生昧於三十二法而起大悲。面對現實世界，悲衆生之苦；從思想上看，悲衆生之昧。所以能如此悲憫衆生，原因在於第八識持一切種，無人，無我，無衆生。心穢則佛土穢，心淨則佛土淨。悲衆生之苦，悲衆生無明，即悲衆生之穢，必須有此第八識，也必須立此第八識。

這也可以與他的悲而後有學的致學思想相互佐證，不過這裏説的不是個人之悲情，而是佛家之悲心、儒家「民胞物與」的憂患意識。

上述五個方面，從理論到現實，從經理到義理，從正面到反面，多角度循環論證第八識的存在，或者説確立的必要性。所謂「萬法唯識」，實際上是唯此第八識。這不僅是法相宗立義最精之處，應當說也是歐陽漸致力最大，研究最深之處。唯識的確立，唯識學核心內容的闡述，皆取決於此。

第十，總體抉擇即法相談唯識。

第八識確立，唯識抉擇自然也就成立。但是抉擇唯識，不等於不談法相，這裏他強調的不是抉擇，而是並存並用的必要性。他指出，性、相如車之兩輪，缺一不可，一遮一表，相輔相成。相無自性，所以必遮（否定），識相應如如，所以必表。「法相賅廣，五姓齊被；唯識精玄，唯被後二」。法相唯識抉擇，只不過在於最終突出識的地位，以引導人們反求自證，膨脹心力，而不是對法相宗的否定或棄置。

總之，如果說唯識學是歐陽漸學術的核心，那麼，唯識抉擇則是其學術思想的重要支柱。法相、唯識分宗固然是聞名遐邇的觀點，但其意義遠不及抉擇之見在歐陽學術思想中的重要性。從這個意義上說，抉擇觀是建立其方法論的指導，也是其佛法研究的主要內容。

需要再次說明，十抉擇中的抉擇，除二無我以外，並非在二者之間的取捨，而是統論二者互融、互攝，相輔相成的關係，在此基礎上突出用和方法的地位，如此以用顯體，以俗無而談真有，由三性而突出依他，名相分析而證成唯識，從而建立他的唯識學（實際上就是通常說的法相唯識之學）以及從現象入手，從用入手的方法論。其中第五抉擇，不談現量而選擇聖言量，固然與其世俗化傾向相左，但他以聖言量作比量，還是體現了他對方法論的重視。

還應當指出，法相唯識之學因爲保留了太多的印度文化色彩，其思維方式與中國傳統心理大不相合，繁難艱深的名相分析，以及超科學的，玄妙難言的第七、八識的設立，尤其難以憑借通常的智慧去理解。歐陽在這些文章中，大概是限於篇幅，或者很可能就是因爲他短於論說，因而缺乏系統的邏輯推理與通俗的概念闡釋，使本來晦澀的宗義，不是變得淺顯，而是變得更加支離，不知所云了。這裏當然也有受佛家循環論證，非邏輯思維的影響。研究歐陽漸的學術思想，這是應當特別注意的。

6 會通儒釋

歐陽漸曾經說過，「病魔生死，儒既無術應我推求，歸根結蒂之終，下手入門之始，亦五里墮霧」，所以，於母親去世之後，便側身桑門而歸心於佛。後來他又說：「漸參死字不下十餘年，今乃于儒門舍生取義忽然開朗，快樂萬分，證之佛說，乃無不合。」從這兩段內容截然相反的話中可以看出，歐陽漸的思想經歷了一個否定之否定的發展過程。他爲了解決生死這一大事，先是由儒入佛，終而會通儒佛。由此也可見，由儒入佛後的歐陽漸，儘管終生致力於法相唯識學研究，但其自幼所受傳統文化的薰陶，修齊治平理想的長期心理積澱，在他的思想中，永遠保留一種剪不斷，理還亂的儒學情結。

有人說，歐陽看到寺院僧尼無德無學，唯衣食住以續其嗣，而他卻又要以佛法振興民氣，救國救民，故不能不融儒家思想而入於佛。這也不是沒有道理的。不過，更應當注意到，佛教自傳入中國以後，由於自身發展的需要，便走上了與中國固有文化融合的道路。以承續道統自居的儒士，既排斥作爲異端的佛教，又汲取思深義密的佛學，作爲其思辨的資料。宋代理學便是儒佛結婚的產物，明代王學更是陽儒陰釋，充分反映了中國知識分子會通儒佛的思想傾向。宋明以下，宮廷山林、碩儒大德，多有公開倡導三教合流的。近代居士佛學興起，佛法主體不在緇衣而在儒士之間，尤其爲儒釋合流創造了更爲有利的條件。作爲金陵一系的佛法，楊文會融三教於前，歐陽漸會通二學於後，這也是學術發展的自然趨勢。可見，歐陽會通儒佛既出於救世濟民的需要，同時，也是由他思想上的儒學情結以及在歷史長河中文化發展的趨勢所決定的。

九一八以後，歐陽又開始轉向對儒家思想的系統研究，並提出了孔佛一致的學術觀點。數年以後，即一九三六年，歐陽著《孔佛概論之概論》，從宏觀上闡述了儒釋一致的思想。《概論》中他首先強調：「佛學淵而廣，孔學簡而晦」，表現了他抑揚孔佛的傾向。但他又著重指出，聖人之學皆在於求心，般若直下明心，儒亦直下明心，他還借李翺〈復性論〉之言，說東海、西海聖人之心無不皆同，以此說明儒佛的一致性。所以，孔也須學，佛也須學，「孔學是菩薩分學，佛學則是全部分學」，從求心而言孔、佛一致，這也是當時文化思潮的共同趨勢，只不過他認爲，儒學是菩薩乘的應世之學，佛學則是涵蓋一切的用滿之體，從思維的深層說明儒佛相通的道理。據此，歐陽從四個方面，論述了儒釋會通的思想基礎。而且他還指出，這四個方面的內容，皆取自二家經典，佛則如大乘各經（除疑僞者）；儒則性道之書如四書、《周易》，文如《詩》、《禮》、《春秋》等。如此可知，歐陽會通儒釋所做的理論準備，也決非其它泛泛而言者可與之比肩的。

首先，歐陽從終極關懷上比較儒、佛相通之處。他說：自韓（愈）歐（陽修）諸文學家誤解清淨寂滅爲消極無物，世界淪亡之義，至今千餘年來仇棄根本。其實，寂爲生命所依之物，即終極關懷的本體。不僅佛家以寂滅寂靜爲涅槃，孔學之道的最高追求「在止于至善」，至善也就是寂滅寂靜之義。他解釋說：「道也，性也，善也，其極一也。善而曰至，無聲無臭」，非滅寂靜又是什麼呢？明其明德，而在止於至善，非歸於寂滅寂靜而歸於何處？所以他反覆指明，古之欲明明德於天下者，我皆令入涅槃而滅度之。

認爲儒佛的終極均歸於寂，可以說是歐陽別具隻眼的解釋。用是運動的，變化的，體是不動不易的，從這個意義上解釋儒家思想不能說沒有一點道理，但似乎總有些勉爲其難。歐陽會通儒釋的用心，由此可見一斑了。

其次，從二者的性能看儒佛的關係，即用依於體義。體用雖不同，但二者不可須臾分離。他說，動非凝然，非凝然者不爲主宰（這裏與其法無我的抉擇中反對主宰義相矛盾，這也是佛學中存在的思維上的矛盾），故動必依於不動，用必依於體，他舉例說，大衍之數五十，其用四十九，餘一不用，與體相應。又如寂然不動曰體，感而遂通即依體啓用，這是佛門常常借用的口頭禪，也被歐陽用來說明用依於體的思想，他的目的就在於證明儒學是用，佛法則是通於儒學之用的體。

不僅如此，歐陽還進一步指出，孔學是依體之用，而佛學則是用滿之體，這又是歐陽自創的新說。他在〈孔佛〉一文中詳細地解釋了這一觀念。他說，一切思慮皆依於一心，心是體便是寂，見一切幻化皆空，即爲見寂，見寂就是用，故心有體有用，寂爲體，智爲用。體用不分，寂智不離。寂而有爲，則是應體之用，應體之用則和體相依，而稱行；有爲的儒家思想，便是一切智智，故稱爲依體之用，如《易》謂之的自強不息，《論語》之水流不舍晝夜，寂然不動爲中，感而遂通爲庸等，依此而達至誠，通於無聲無臭之寂，又是見寂之智，故亦稱應體之用。佛法去障而生智，由智而顯寂，觀一切一無所有而使宇宙大放光明，然後證得清淨真身，故佛法是用滿之體。如是以孔學爲依體之用、應體之用，證明其與佛法這一用滿之體直接相通，會通儒佛也就從體用相依的意義上有了根本的保證。

當然，這裏歐陽也判析了儒佛之差異，但他認爲這種差異不是本質的，正如他在〈孔佛〉中所説，「佛與孔之所判者，判之于至不至，滿不滿也」。也就是説它們的差別只是程度和數量，而不是宗旨和本質。歐陽稱佛爲用滿之體，即指其用之至和滿而已。

既然用依於體，孔依於佛，進一步説也就是孔佛相應不二，這是其三。體用非一，但相依故不可説二。以般若義謂之不二法門，據瑜伽義則是相應善巧。歐陽説，相依故相應於一處，既無孤立之寂（體），亦無獨行之智（用）。所以佛法言涅槃不能就寂詮寂；而須知三德（法身、解脱、般若）相齊相應，須言無住，才能以體起用。儒家言陰陽，不可以乾卦六爻，就陽而詮陽，當然也不可以坤陰而詮陰，即所謂獨陽不長，孤陰不生，這還是體用不可相離之義。不過，這裏歐陽説的是儒、佛自身相應的意思，似乎與儒佛二者之間的關係不大。其實，他的意思是借此説明體用相應，從而證明孔、佛相應，即他所説的「唯有不二法門，唯有相應善巧之可談也」。從中又可以看出歐陽在説理上缺乏邏輯性的不足之處。

最後，歐陽又從價值取向上論説孔佛的一致性，即其謂之的舍染取淨義。轉妄成真，棄染取淨，爲佛家的同趨之途，法相唯識學的轉識成智也是這個意思。所以歐陽説這是立教之原，並指出，無著《顯揚聖教論》，「唯明是義耳」。此說並無新意。但歐陽卻說，「扶陽抑陰，孔學之教」，則是爲了證明儒佛一致性而以佛解孔的創造。他說，「陽，善也，淨也，君子也；陰，惡也，染也，小人也」。如此，儒家倫理完全被納入釋氏淨染的心性學說，儒佛相通也就盡在不言之中了。

爲了說明儒家思想扶陽抑陰，歐陽又取夬垢復剝泰否六卦，顯示卦象「勿用取女」，「陰勢已微……極其力而夬去之」，「君子道長，小人道消」，則泰，「君子道消，小人道長」，則否，從而凸現儒家舍染取淨的價值取向。

歐陽說儒家思想是扶陽抑陰，而且其扶抑即佛家取舍，理論上實在有些牽強。不過，從道德實踐看，說儒家追求內聖外王的君子人格是棄染取淨，也未嘗不可。然而，就此而言學術，任何學理沒有什麼是不相通的。自然，歐陽據此會通儒佛也是言之成理的。

上述四個方面，歐陽從終極關懷，體用關係，價值取向把握儒佛的一致性，從而爲其會通儒佛作理論上鋪墊，這是他與眾不同的地方。就儒佛相通的性質而言，歐陽顯然更多側重於學術思想內核的聯繫，故多談體用、性能、價值及其內在聯繫，而不同於前此以往千餘年來僅僅局限在出世入世、倫理道德、修習方法諸如此類的淺層思維上。所以儘管他常常有說理不清的地方，但他對儒釋匯通的文化觀念，在理論上所做出的貢獻，應當說有更多的創造性思維而超越前古。

從思維深層判析儒佛異同，突出二學的一致性是歐陽學術上的一大特點，但常常又表現出其對二者抑揚的矛盾心理。從總體看，歐陽總是有意識地擡高佛法，但又不時地表現出由儒家思想情結而決定的對傳統的推崇。歐陽認爲，無論佛法之體，儒家之用，基礎全在《中庸》的中！歐陽七十歲著成《中庸傳》，這是他以佛解儒，會通儒佛的代表之作，也是他晚年定論之書。他說：「孔佛之道一也」，「孔佛通，通于此册，一字一句皆有根本」，「孔子真精神必至於是始大披露」，其實也是說釋伽真精神必至於此書始大披露。傳統文化在他心理的長期積澱而形成的儒學情結，至其《中庸傳》問世也就暴露無遺了。

應當承認，歐陽前邊所談的是佛儒作爲體用關係不可分離的一致性，而以「中」爲孔佛的共同基礎，則是從根本上說明它們的同一性。這裏歐陽事實上是在顯揚儒家學說而以「中」爲本體。

他說：

> 喜怒哀樂之未發謂之中，發而中節謂之庸。中即無思無為，寂然不動之謂寂。庸即感而遂通天下之故之謂庸。《莊子》庸也者用也，用也者通也，通也者得也，……寂曰大本，通曰達道，寂而通曰中庸。

歐陽的這段話，以理學家對中庸的解釋爲基礎，參照禪門對《易》言「寂然不動，感而遂通天下之故」的理解，並斷之己意，說明「中」就是無思無爲，寂然不動的本體，就是佛謂之的寂和涅槃，並引述《莊子》言庸就是用，用則通，通而達道，故儒家不言寂而言中庸，其實意思相同。如此，儒家所推崇的最佳美德，或者說最高境界的「中」便成了釋氏所追求的寂和真如佛性了。歐陽還說：「君子素位而行，思不出位。位也者，中庸也。」用「思不出位」來解釋中庸不動之性，如此「六經注我」，同樣是爲了突出「中」的本體地位而與佛家寂靜涅槃相通。所以，歐陽一再強調：「中庸以一言之曰誠，曰寂，曰定；以二言之曰中庸，曰忠恕，曰明德，曰涅槃，曰悲智；以三言之曰費而隱，曰微之顯。及至以無量文言，亦無非闡此一物，而豈有異哉！」把儒家的誠、忠恕、明德等概念，與佛氏寂、定、悲智、涅槃統而用之，並指明它們無非是爲了顯現「中」這一本體的地位而採用的不同名詞而已。由此可見，儒佛不僅一致，而且簡直就要匯通於「中庸」之一家了。

中庸的「中」不僅是未發、思不出位的不動狀態，而且是隱匿的狀態。不動是寂，隱也是寂。歐陽進一步從「中」的體性上說明會通儒佛的根據。他認爲，中即隱，庸自中來，也是隱。《中庸》所言素、隱，素即本，隱則寂，不言本寂而言素隱，所以《中庸》爲素隱之書，其表現仍然是寂滅之象。儒佛相通還是由「中」的體性決定的。

應當指出，儒佛會通的最大障礙，除與忠孝觀念相衝突的無君無父之外，就是寂滅，儒家排佛也多因其灰身滅志。歐陽卻以中庸之「中」爲寂，作爲會通儒佛的根本，雖然其析義精微，可作力排眾議之說，但畢竟還是有點勉爲其難。更何況，孔子是反對素隱這一觀念的。孔子在《中庸》中有言曰：「素隱行怪，後世有述焉，吾弗能之矣。」如此，歐陽之論就難免有違反聖道的嫌疑了。歐陽大概也注意到這一點，所以他一方面批評唐宋以來，儒門都不理解寂滅之義，而欲把寂滅立爲客觀真理。另一方面，他又強調《中庸》是率性之書，率性而誠，誠則贊天地之化育，力圖從進德修業的作用上突出儒佛的一致性。因此他又把誠和佛法的頓、漸相溝通，說「頓之致也曰至誠」，「漸而至誠能變」，意思是說《中庸》的誠，既是佛法的頓悟，又是佛法中漸修所要達到的境界；誠與頓、漸的相通也就是儒佛方法論的相通。體用相通，佛家寂滅之義也就無礙儒家修齊治平之道。在歐陽看來，「中」的寂滅體性，既是會通儒佛之本，同樣也是立天下之大本，修己治人之大本。寂滅與精進的對立也就是這樣被統一起來的。

前面說孔學是依體之用，佛學是用滿之體，這裏又說《中庸》的「中」是體，是立天下之大本，無疑是說儒家的「中」是體中之體，即歐陽謂之的一真法界，至少，也可以說是用中之體，即其謂之的種子了。這就否定了以前所說的佛孔的體用關係，崇佛也就變成了歸儒。歐陽由儒入佛，崇佛抑儒的傾向，至晚年，具體說至《中庸傳》，便又轉向會通二學於儒家的道路。對此崇佛而又歸儒的思想，歐陽曾做了這樣的解釋。他說，佛有結集，有浩瀚之三藏，而儒家經典既焚於秦火，又年復一年的湮滅和屢經篡改，於是孔學失傳，或者說秦漢以後再也沒有孔子的真精神，老師宿儒皆「不能答具體之求」。孔學湮滅無緒，所以只有求諸佛法，若能精內典，嫻般若，文武之道便不會盡墜於地，孔子真精神也就能夠再度輝煌。從這些話看，歐陽研究佛法便成了與儒家絕學的方便。其對佛法的崇仰，對法相的唯識學的專研，最終也沒有解開由傳統長期積澱而形成的儒學情結。歐陽會通佛儒的歸向，則是其學術思想發展的必然趨勢了。

除在本體和思想的層面論述儒佛的一致性以外，以師義貫通儒佛則是歐陽會歸二學於儒門的另一個顯著特點。他說，以先覺覺後覺，這是師義確立的前提。儒家最重視師道，其以師作內院的首訓，也可見其向儒家思想的傾斜。不過，他的潛意識還是要以此而會通儒釋。他強調：

有情之所以為有情，莫不皆有作師之責者在。佛者第一義也，師者第一義也，今而欲作師，是之謂作佛。菩提心者，第一義也，師者第一義也，今而欲作師，是之謂發心。

這就是說，作佛就是作師，作師也就是佛家謂之的發菩提心，師與佛也就沒有什麼差別了。

他還以佛家之規來解釋師義，把師分爲三等，一是如來立聖教者；二是佛之第一弟子曰紹師，傳聖教者；三是以佛法教人的襲師。據此，他解釋說：「師以知見爲體，理亦如是，教亦如是」，故從知見這個問題上看，無論是在哪個階段，哪個層面，師都是立理和教人的根本。儒家尊師，佛家尊佛，其理則一，儒佛相同盡在不言之中。

歐陽進一步指出：師體曰慧，所謂知見。師道曰悲，所謂爲人之學。如此又以知見爲基礎，把師同佛家的慧和悲聯繫在一起，不僅用以會通儒佛，而且也以爲人之學體現他那世俗化的傾向。在他看來，無論是儒師教人明明德於天下，還是佛祖教人覺悟衆生，只要「師道立，則善人多，善人多則國理」。如若師道亡，則自私自利之説興，攘奪壓迫之政行，天下也就永無寧日了。顯而易見，歐陽説師，目的又不只在會通儒釋。

應當看到，儘管歐陽強調，從師的意義上講儒佛是一致的，但他突出師的地位和表率作用，更爲鮮明的意向是以居士佛學取代寺僧佛學，以居士道場取代寺院道場，以師來承擔弘揚佛法的責任。可見會通儒學與佛法，與其排斥出家僧尼的潛意識，是並行不悖的。

另外，歐陽還從平等的意義上溝通儒佛。應當承認，佛法論述平等最詳，有所謂「衆生平等」，「是法平等」之説，而孔子是講「禮」的，「禮」就是承認差別，故孔子言愛有差等。但儒家重視民權，講「博施濟眾」，應當説也包含平等之義。所以，融通儒釋的學者也有從平等的觀念判二氏相一致的。近如楊文會、譚嗣同，就提出「復平等之禮」的口號，直接把兩個具有明顯差異的概念糅合在一起而表現他們促進儒釋合流的思想傾向。歐陽顯然也繼承了楊文會的這一觀念，但他是從不思不慮的本體意義上看待平等的。他説，孔子之所以不違佛義者，在於平等，一陽一陰，無思無慮，無聲無臭，故曰平等。平等也就是涅槃。這又顯示出歐陽著重於理論層面分析的學術特色。他還説：《孟子》心之同然，皆是平等之義。

不過，歐陽談《孟子》，更多的是強調它的氣節觀。他在〈孟子十篇讀〉中就提出，孟子所言「威武不能屈，富貴不能淫」的氣節應當為儒佛所共守。佛家雖然極重生死，以生死為一大事，但在國勢危殆，民心衰弊之今日，也應當以名節事為極大，生死事為極小，從而蘊育至大至剛的浩然之氣，才能夠振聾發聵，振興中華。他在〈毛詩課敘〉中，也呼籲國民在「流血百萬，慘不可言」的環境中，決不可喪失氣節，「今日之亡羊補牢，又他日之未雨綢繆」，只要存此正氣，奮然而起，就能收抗敵救國之功。如此會通儒釋，也只能説是有感於時事而發的。

總之，歐陽會通儒釋的思想，更多地著眼於理論思維的層面，表現出更為濃厚的學術色彩。他那體用思辨、寂智闡釋、舍染取淨、扶陽抑陰種種思維上的分析，儘管也顯出了法相宗繁難艱澀的特點，甚至有概念不清、自相矛盾等缺憾，但他的研究，畢竟為人們提供了一種新的思維方式，無論對於傳統的儒家思想，還是對於佛教義理，或者説對整個中國文化的研究，都具有極大的推動作用和昇華的功能。

參考書目

《竟無內外學》、《內學雜著》、《孔學雜著》、《內學院院訓釋》、《藏要經序》、《藏要論序》、《法相諸論敘》、《中庸傳》、《唯識抉擇談》、《論孟課》、《毛詩課》等　歐陽竟無著，內院蜀院刻本。

《中國佛教史．近世之佛教》　蔣維喬著。

《漢魏兩晉南北朝佛教史》　湯用彤著。

《隋唐佛教史稿》　湯用彤著。

《印度佛學源流略講》　呂澂著。

《中國佛學源流略講》　呂澂著。

《新唯識論》　熊十力著，商務印書館，第三卷第四册。

《中國佛教思想資料選編》　石峻等編，中華書局。

《中國哲學思想史．清代篇》　羅光著。

《中國近代佛學思想史稿》　郭朋著，巴蜀書社。

《晚清佛學與近代社會思潮》　麻天祥著，文津出版社。

《反觀人生的玄覽之路》 麻天祥著，貴州人民出版社。
《國史擬傳》《國史館館刊》。
《人物傳記》《中華民國史資料叢稿》第十四輯。
《中國近代佛教人物志》 于凌波著，宗教文化出版杜。
《法相唯識學》 太虛著，商務印書館。
《太虛大師文鈔》 太虛著，中華書局。
〈歐陽竟無年譜〉《南昌大學學報》（社科），第二十五卷，一九九四年。
章太炎著〈支那内學院緣起〉，《中國哲學》第六輯，一九八一年。
田光烈著〈章炳麟《支那内學院緣起》書後〉，《中國哲學》第六輯，一九八一年。
梅光羲著〈相宗新舊兩譯不同論〉，《海潮音》十二卷四期，一九三一年。

附：部分佛學名詞解釋

1. 三性　亦稱三自性，法相宗的核心觀念。包括遍計所執性、依他起性和圓成實性。前者指執於我、法，而虛妄分別，視一切事物各有差別的世俗認識，是不真實的謬誤。依他起性，指現象界依眾緣而起，即心識派生萬事萬物，故幻化不實。圓成實性，則是在依他起的基礎上，破除人我、法我之執，而顯示真如實性，目的在於證成「唯識無境」的命題。三性實際上指的是人的認識由謬誤，到相對正確，從而進至絕對正確的認識過程。

2. 四分　法相宗和瑜伽行派的基本概念，有相分、見分、自證分和證自證分。相分類似認識對象，見分則與認識主體相近。人之八識的每一識體既具相分（能緣），又是見分（所緣）。認識就是識自體的見分去甄別它的相分，也就是自己認識自己。自證分是對相、見二分進行證知，即對認識進行度量或證明。證自證分是對自證分的再證。如此自我認識，反覆證知，目的同樣在於證成「唯識無境」。這是法相宗特有的思維方式。

3. 現量、比量、聖言量　量乃尺度、標準之意，指判定認識正確與否及其價值的標準。三量是法相宗認識事物的三種不同形式和價值尺度。現量相當於感知，是事物個性或殊特性在認識中的直接映像，如鏡對物，如眼觀色。比量相當於推理，是認知共相，即一般或普遍的思維形式，如見煙知火。因明之宗、因、喻三支作法，即依第六識之比量。聖言量，即以佛説爲判定是非以及認識正確與否的標準。

4.緣生、緣起　一切事物依一定條件而存在並互相轉化、互爲因果，即所謂「諸法因緣生」。緣就是條件。這是佛教世界觀和宗教實踐的理論基礎。二者區別在於：緣起由因立名；緣生則由果立名。

5.有餘涅槃、無餘涅槃　涅槃指斷滅生死而獲得的精神境界。斷生死之因，尚留生死之苦果待滅者，也就是報身尚留世間，謂有餘涅槃。既斷生死之因，又斷生死之果爲無餘涅槃。事實上，現實世界不可能有滅生死之果的，後者實指息妄歸真，實現覺悟的最高境界。

6.根本智、後得智　生一切法樂，出一切功德，即直觀親證佛法所得的無主、客，無一切差別之智，謂之根本智。後得智指運用根本智去分析一切事物，以保障佛法的絕對性和信仰的堅定性。

梁啓超

胡平生　著

目次

梁啓超

一、引言

梁啓超，字卓如，一字任甫，號任公，又嘗自署滄江、飲冰室主人、中國之新民等。清同治十二年正月二十六日（西元一八七三年二月二十三日）生於廣東新會縣，民國十八年（一九二九年）一月十九日歿於北平，享年五十七歲。

梁啓超是近代中國史上一位聲名洋溢的人物。他的一生，跨清、民兩代，其中屬於清朝者三十九年，屬於民國者十八年。他的興趣廣泛，學識淵博，舉凡政治、經濟、財政、教育、文學、史學、哲學、藝術等，均有所涉獵，且能發為宏論，刊行於世。他不僅坐而論道，至必要時，他也能振臂而起，參與實際的政治和社會運動。因此，他的一生顯得多彩多姿，影響也是多方面的。

梁啓超所生長的時代，正值鴉片戰後的數十年，中國在列強競相侵凌下，淪為次殖民地的狀態，所謂瓜分豆剖，亡不旋踵。內部則吏治腐敗、滿漢猜防，財政艱困，民變四起，中國已瀕臨生死存亡的關頭。於是，少數有識之士，蒿目時艱，開始從事各項救國運動。他們深知中國傳統的儒家文化，已不能應付當前的變局，一味地排拒與列強侵略俱來的西方文化，是一種毫無意義的衛道行爲，嚴重地阻礙中國的進步。因此，他們紛紛主張拋掉不必要的自尊，取法西方的長處，使中國早日邁向富強，一湔前恥。在這批致力於中國近代化（即西化）運動的知識分子當中，梁啓超無疑是具有代表性的領導人物，他的熱忱和文采，透過他那常帶感情的筆端，不知打動了多少青年，慨然投入救國運動的洪流，使中國逐漸走上近代化的道路。

二、生平事略

梁啓超一生值得稱述的地方甚多，擷取任何一點，都可以纍辭數萬，編撰成書。但是爲了簡明扼要起見，擬將梁氏的生平，依時間的先後、行事的顯晦，劃分爲五個時期。第一個時期是「少年讀書時期」，自清同治十二年至光緒二十年（一八七三至一八九四年）；第二個時期是「維新運動時期」，自光緒二十年至光緒二十四年（一八九四至一八九八年）；第三個時期是「流亡日本時期」，自光緒二十四年至民國元年（一八九八至一九一二年）；第四個時期是「民國從政時期」，自民國元年至七年（一九一二至一九一八年）；第五個時期是「獻身教育時期」，自民國七年至十八年（一九一八至一九二九年）。

1 少年讀書時期

梁氏出身於廣東農村一個世代書香的小康家庭，祖父名維清，父名寶瑛，皆爲秀才。梁氏自幼追隨祖父、父親讀書，八歲學爲文，九歲即能綴千言，十歲能吟詩，有神童之稱。十二歲中秀才，補博士弟子員，十五歲入廣州學海堂肄業，十七歲參加廣東鄉試，得中第八名舉人，主考官是貴州人李端棻，很賞識梁氏的才學，以妹許配。

光緒十六年（一八九〇年）春，梁氏十八歲，北上至京參加會試，結果落第而歸，途經上海，見到上海製造局所翻譯的若干種西書，並購得徐繼畬的《瀛寰志略》，讀之，始知有五大洲各國，這是梁氏接觸西學的開始。是時，廣東南海縣人康有爲正旅居廣州，因康曾於光緒十四年（一八八八年）在北京以一介秀才〈伏闕上書〉，要求清廷變法，舉國目爲怪物，梁氏在好奇心的驅使下，偕同學海堂同學陳千秋去見康，詎料一談之下，印象深刻對康大爲驚服，即拜康爲師，這是光緒十六年八月的事。翌年（光緒十七年，一八九一年），康曲徇梁、陳的請求，在廣州長興里的萬木草堂開館講學。三年多的萬木草堂生活，迭經康的諄諄教誨，梁氏逐漸摒棄爲時流所推重的訓詁詞章，改習陸（九淵）、王（守仁）心學、史學及西學，這是梁氏一生中最初的大轉變，使他由一介儒生，變成有思想、有抱負的愛國青年。

2 維新運動時期

光緒二十年，梁氏二十二歲。這一年中日甲午戰爭爆發，結果中國海、陸軍大敗，使咸豐十年（一八六〇年）以來爲期三十餘年的「自強運動」毀於一旦，同時，這個慘痛無比的教訓，也證明單祇模仿西方的軍事長技，並不能令中國富強，必須從政治、教育方面作根本的改革。於是甲午戰後，中國知識分子掀起了兩大救亡運動，一爲革命運動，一爲維新運動，後者的領導人，即是有心經世濟民的康、梁師生。

光緒二十一年（一八九五年）春，康、梁由廣東北上至京，參加會試，時李鴻章正代表清廷在日本馬關議和，康、梁見日本強索蠻橫，國事日非，感憤之餘，遂於同年三月運動在北京應試的十八省舉人一千二百餘人、集會於松筠庵，聯名上書清廷，主張拒和、遷都、變法，這就是轟動一時的「公車上書」，雖然康、梁此舉未能挽回馬關議和的敗局，卻充分表達出中國知識分子的愛國情操。同年四月會試揭曉，康得中進士，梁氏則名落孫山。至六月間，梁氏奉康之命在北京創辦《中外公報》（又名《中外紀聞》），日出一張，祇有論說一篇，別無記事，由梁氏執筆，介紹中外大勢，述說歷史掌故，這是北京第一家私人所辦的報紙，也是梁氏從事言論的開始。七月，梁氏又協助康在北京發起「強學會」——第一個由中國人所創辦的學會，以輸入西學爲目標，一時名流顯貴如翁同龢、李鴻藻、王文韶、劉坤一、張之洞、沈曾植等人，都列名會籍。

光緒二十二年（一八九六年）三月，梁氏離京至上海；七月，與黃遵憲、汪康年等創辦《時務報》，由梁氏出任主筆，逐漸嶄露頭角，並且明倡民權，語多激切，不免引起物議，連當時以開明自居的湖廣總督張之洞都指責梁氏文章的悖謬不當，更遑論一般保守的衛道人士。光緒二十三年（一八九七年）六月，梁氏在上海與汪康年、麥孟華等人發起「不纏足會」，同年冬天，又創辦「大同譯書局」、女學堂。旋即接受湖南維新人士譚嗣同、熊希齡等的聘請，辭卻《時務報》主筆的職務，出任長沙「時務學堂」的中文總教習。這年的十月，梁氏由上海動身，前往湖南。

梁氏在長沙時務學堂教書爲時甚短，前後不過三個多月，給予湖南人心的影響卻是十分的深遠。他在時務學堂內不僅借公羊、孟子發揮民權思想，更大談種族問題，並與譚嗣同等人竊印黃宗羲的《明夷待訪錄》、王秀楚的《揚州十日記》，加以案語，秘密散布，傳播革命思想。尤其是時務學堂的學生，都是血氣方剛的青年，親承梁氏的薰陶，態度也都變得十分激烈。這種情形使湖南保守的士紳大爲震駭，遂在王先謙、葉德輝、蘇輿、劉鳳苞、孔憲教、黃自元的領導下，大肆攻擊梁氏及時務學堂，展開清末地方上最大一次的新舊之爭，至「戊戌政變」發生，才告一段落。

光緒二十四年（一八九八年）正月，梁氏因病離湘，赴滬就醫，旋由上海前往北京，襄贊康有爲從事維新運動。時俄國強租旅順、大連，舉止橫暴，梁氏感憤時局，嘗於三月六日與麥孟華聯合各省舉人，上書清廷，請拒俄變法，並協助康在京發起「保國會」，提出保國、保教、保種、保民四大號召。四月二十三日清德宗毅然下詔定國是，緊接著四月二十八日在頤和園召見康有爲，擢用新黨（康黨），「戊戌變法」（亦稱「百日維新」）因而展開。至五月十五日梁氏也首度蒙德宗召見，召見後即賞給六品官銜，辦理譯書局事務，並未重用梁氏，據說這是因爲梁氏在覲見德宗時口齒木訥，不習京腔所致。八月六日舊黨發動政變，軟禁德宗，捕殺新黨。康有爲在政變前一日出京，搭船南下，途中得英國協助，由上海港外換搭英輪，逕赴香港，再經日人宮崎寅藏伴同，由港赴日。梁氏則在政變發生後，得日本駐華代理公使林權助的安排，易服逃離北京，旋由天津乘「大島」號日艦，東渡日本。

3 流亡日本時期

戊戌政變後，梁氏流亡海外達十四年之久。在這段漫長的時間內，梁氏除了偶而前往檀香山、美國、加拿大、南洋、澳洲等地遊歷外，一直定居於日本。戊戌政變前夕的日本，正值明治維新的三十年代，各方面都顯得蒸蒸日上，一片蓬勃的朝氣，特別是大量譯介西書，諸如政治學、經濟學、社會學、哲學、史學等，包羅萬象，梁氏陡然置身其間，大有目不暇給的感覺。梁氏雖然不諳日文，但是赴日以後勤學日文，加上當時日文中漢字頗多，使梁氏在閱讀日譯西書之際，並未遭致太大的困難。這些日譯西書，都是梁氏前所未見的，梁氏的思想領域因之大爲擴充，民權理論也益臻成熟。

光緒二十四年十月，梁氏在橫濱創辦《清議報》，明目張膽，攻擊清廷，態度十分激烈，激烈的程度不下於革命黨人。光緒二十五年（一八九九年）二月，康有爲在日本政府的示意下，離開日本，前往加拿大，旋在加創設保皇會，以保護德宗作號召。康離日後，梁氏如釋重負，與國父　孫中山先生等革命黨人昕夕往還，商談合作，至同年秋天，雙方達成協議，準備合併。事爲康有爲知悉，極端震怒，痛責梁氏，命梁氏剋期離日，前往檀香山主持保皇會事務，梁氏並無背離康有爲的魄力和決心，祇好俯首遵行，與革命黨合併事宜，也因而功敗垂成，未能如願。此後，梁氏爲遷就其師康有爲的保皇主張，與革命黨人的關係日漸疏淡，至光緒二十六年（一九〇〇年）七月，保皇黨唯一的一次起兵勤王行動——「自立軍之役」失敗以後，康、梁與革命黨的仇隙更深，雙方在海外各地展開競爭，相互指罵，已無轉圜的餘地。

自立軍之役失敗後，梁氏自上海搭船前往星加坡，晉謁康有爲，旋應澳洲保皇會的邀請，自印度楞伽島乘英輪前往澳洲。光緒二十七年（一九〇一年）四月，梁氏離澳返日本。同年十一月，梁氏籌備半年之久的「廣智書局」，在上海英國租界內成立，並開始正式營業，這是清季有數的新式出版機構之一，所出版的翻譯圖書，前後多達二百餘種。光緒二十八年（一九〇二年）正月，梁氏在日本創辦《新民叢報》，以接替停刊的《清議報》。是時，中國留日學生增加頗速，據統計，光緒二十八年留日中國學生已達五百人左右，梁氏長沙時務學堂的學生，如蔡鍔（松坡）、范源濂、唐才質、秦力山等，也都在戊戌政變後，相繼東渡日本，投奔梁氏，梁氏運動華僑出資，創辦東京大同高等學校（後改名「東亞商業學校」、「清華學校」）來收容這批學生。光緒二十八年秋，梁氏與日本方面情商，保送蔡鍔、蔣方震（百里）、蔣尊簋（伯器）進入日本士官學校研習軍事，民國以後他們均成爲軍政兩界的風雲人物。光緒二十九年（一九〇三年）春，梁氏赴美洲遊歷，同年夏天返回日本後，言論驟變，而趨於溫和、保守。

光緒三十一年（一九〇五年）七月，中國同盟會在東京成立，革命黨的聲勢大振。同年十月同盟會發刊《民報》，由宋教仁、陳天華、田桐、汪兆銘、胡漢民、劉師培等輪流執筆，倡言革命，主張共和，與梁氏主持的《新民叢報》展開論戰，戰況激烈，直至光緒三十三年（一九〇七年）七月《新民叢報》停刊爲止。是時，自光緒二十九年起，梁氏倡言君主立憲，掀起國內如火如荼的立憲運動，清廷也有意準備立憲，光緒三十三年元旦，康有爲通令各地保皇會自即日起一律改名「國民憲政會」（旋改名「帝國憲政會」），同年九月，梁氏在日本東京組織「政聞社」，派員歸國活動，並發行《政論雜誌》，鼓吹立憲。光緒三十四年（一九〇八年）正月，政聞社由日本遷往上海，同年七月爲清廷所查禁，《政論》也告停刊。宣統二年（一九一〇年）梁氏又創辦《國風報》，至宣統三年（一九一一年）八月，武昌革命軍興，數月之間，各省紛紛獨立，清廷岌岌可危，梁氏乃於同年九月由日本前往奉天（遼寧）活動，欲聯合吳祿貞（出身日本士官學校，曾參加自立軍之役，時任陸軍第六鎮統制）、張紹曾（與吳祿貞同學，陸軍第二十鎮統制）、藍天蔚（陸軍第二混成協協統）等人的軍隊，控制北京，發動政變，擁戴貝勒載濤爲內閣總理，立即召開國會，完成其虛君立憲的理想。九月十九日梁氏抵達大連後，聞悉吳祿貞在石家莊被刺身亡，張、藍也先後解職入京，梁氏的計畫頓成泡影，祇好黯然返回日本。

4 民國從政時期

民國元年（一九一二年）二月十二日，清廷頒布退位詔書，結束其兩百六十八年的統治。是時，康、梁均在日本，感受卻有顯著的不同。實際上自戊戌政變以後，康、梁的思想已經貌合神離，格於師生的關係，梁氏不得不多方遷就康的保皇主張。民國成立，清帝遜位，康哀痛逾恆，遯居日本，以遺老自況，經常藉詩文來抒發他的「故國」之思，進而參與以推翻民國爲職志的復辟活動。梁氏則具有進步思想，鑒於大勢所趨，無法挽回，遂放棄原有的君憲主張，轉與民國共和政治妥協，甚至投身其間，從事各項建設工作。

民國元年十月，梁氏從日本首途歸國，在津、京受到熱烈的歡迎，同年十一月在天津創辦《庸言報》。民國二年（一九一三年）二月正式加入「共和黨」，同年五月與「民主」、「統一」兩黨合併，組成「進步黨」。同年九月進步黨要人熊希齡出組內閣，任梁氏爲司法總長，這是梁氏首次仕宦民國，梁氏頗有心改革司法，但是由於袁世凱對司法所持的消極態度，梁氏本身也缺乏這方面的經驗，加以任期太短（前後祇有半年），終不能有所建樹。民國三年（一九一四年）二月，梁氏改任幣制局總裁，由於幣制局的職權有限，民初財政又極端紊亂，使梁氏在職十月，一無展布。同年六月參政院開幕，梁氏被任命爲參政之一。民國四年（一九一五年）二月又被聘爲總統府政治顧問，並奉派至長江各省考察司法、教育，同年七月梁氏被選爲參政院憲法起草委員會的委員。總計自民國二年九月至四年七月，是梁氏擁戴袁世凱最力的時期，想導引袁氏走上政治軌道，替國家做些建設事業。

民國四年八月，楊度等「六君子」發起籌安會，袁世凱的帝制野心逐漸顯露。梁氏適在天津，知袁氏有意背叛民國，蔑視共和，遂發表〈異哉所謂國體問題者〉一文，駁斥楊度等人的帝制謬論。此文一出，對輿論的影響甚大。進步黨人在梁氏的領導下，集會於天津，密商討袁大計。參與天津密議的進步黨人士，除梁氏以外，尚有蔡鍔、湯叡、蹇念益、陳國祥、徐佛蘇等，其中蔡鍔是梁氏的學生，自日本士官學校畢業後，即返國任職，辛亥革命期間，雲南宣布獨立，蔡被推爲雲南首任都督，民國二年十月奉調入京，先後出任統率辦事處辦事員，將軍府將軍、參政院、經界局督辦等職。因此，梁氏諸人決定利用蔡鍔在雲南的舊部，來作爲討袁的基礎。經過兩、三個月的籌劃佈置，時機漸臻成熟。同年十一月間，蔡鍔很機警地擺脫袁世凱密探的監視，潛離北京，安抵天津。十二月初由天津搭船赴日，再從日本轉往雲南，於十二月十九日抵達昆明，梁氏則於十二月十八日抵達上海。

民國四年十二月二十五日，雲南在唐繼堯、蔡鍔的領導下，通電宣布獨立，組成護國軍，聲討袁氏，揭開護國之役的序幕。蔡鍔旋以雲南護國軍第一軍總司令的名義，率兵進攻四川。民國五年（一九一六年）一月二十七日，貴州獨立，響應雲南。同年二月，廣西將軍陸榮廷兩度派人至上海，歡迎梁氏赴桂共圖大計，於是三月四日梁氏一行七人，自上海出發，三月七日抵香港，三月十一日梁氏與黃羣在港轉搭日船「妙義山丸」，前往越南，準備自越南潛赴廣西。三月十五日廣西宣布獨立，梁氏尚在赴桂途中。三月十六日行抵海防港外，在日商橫山的接應下，偷渡上岸，匿居於帽溪牧場達十天之久，至三月二十七日才抵達廣西邊境的鎮南關，四月四日抵達廣西的首府南寧，與陸榮廷晤面，親身參與護國之役。

四月六日廣東獨立，四月十二日浙江獨立，護國軍迄無統一的領導機構。梁氏早有成立「軍務院」的構想，有關軍務院的組織條例、宣言、文電及告示，梁氏均已草擬就緒，再經過梁氏奔走協調，終獲獨立各省的首肯，於是五月八日軍務院正式成立，院址在廣東的肇慶，推唐繼堯爲撫軍長、岑春煊爲撫軍副長，梁氏、蔡鍔、陸榮廷、呂公望、龍濟光、李烈鈞等爲撫軍。撫軍之下設一政務委員會，綜理一切政務，由梁氏出任委員長。五月九日陝北鎮守使陳樹藩通電獨立，五月二十二日四川獨立，五月二十九日湖南獨立，袁世凱迭遭打擊，於六月六日病死，護國之役遂告一段落，梁氏與蔡鍔也因此役而成爲家喻戶曉的護國英雄。

民國六年（一九一七年）春，大總統黎元洪與內閣總理段祺瑞間的衝突，即所謂「府院之爭」，益形嚴重。適對德外交問題發生，梁氏在京多方斡旋，極力支持段祺瑞對德、奧絕交與宣戰的主張。同年七月一日，張勳趁府院之爭的空隙，演出一幕「復辟事件」，使民國命脈爲之中斷。七月三日段祺瑞在天津附近的馬廠誓師，組成討逆軍，自任總司令，揮兵討伐張勳。梁氏適在天津，躬役其事，出任討逆軍的參贊，起草各項文電。七月十二日討逆軍攻入北京，復辟失敗。復辟要人康有爲避居北京美國公使館，曾撰〈美森院幽居詩〉，其中末首有云：「鴟梟食母獍食父，刑天舞戚虎守關，逢蒙彎弓專射羿，坐看日落淚潸潸。」痛詈梁氏，詩後並附註：「此次討逆軍發難於梁賊啓超」，師生公然反目。其實這次復辟事件是違反當時國情民意的，絕不能與戊戌變法的意義相提並論，康的詈責，不但無損於梁氏的人格，相反地更顯出梁氏對國史的貢獻。

段祺瑞戡定復辟後，重任內閣總理，並發表梁氏爲財政總長。財政部是一個令眾人覬覦的機構，段感念梁氏一年以來的贊助，力排眾議，命梁氏出長財政，引起段系要人徐樹錚、靳雲鵬等的不滿。梁氏在職五月，徐、靳處處予以掣肘，各省督軍對中央的指示也多不奉行。在內外交迫的情勢下，梁氏的財政抱負，自然是無法實現。民國六年十一月段因對川、湘用兵失敗而辭職，梁氏乃藉機下臺求去，從此結束他民國以來的從政生涯。

5 獻身教育時期

民國七年（一九一八年）十二月二十八日，梁氏以北京政府「歐洲考察團」的名義，從上海啓程前往歐洲，隨行的有張嘉森（君勱）、劉崇傑（子楷）、蔣方震、丁文江（在君）、徐新六（振飛）、楊維新（鼎甫）等人。翌年春天，梁氏一行抵達歐洲，先後遊歷英、法、比利時、荷蘭、瑞士、意大利、德國，曾經參觀過西歐戰場、拜訪過柏格森（Henri Bergson）等哲人，至民國九年（一九二〇年）一月二十二日，梁氏一行自馬賽搭船返國，同年三月五日抵達上海。

梁氏自歐遊返國後，對於國家問題和個人事業完全改變以往的方針和態度，決定放棄上層的政治活動，全心全力從事於培植人才的教育事業。在民國九年當中，梁氏進行的教育事業，有承辦上海「中國公學」、組織「共學社」、「講學社」，整頓《改造雜誌》，出版《飲冰室叢著》，並研究佛學，撰有〈印度史蹟與佛教之關係〉、〈佛教之初輸入〉十二篇文章，以及《清代學術概論》、《墨經校釋》等專書。民國十年（一九二一年）梁氏著有《墨子學案》、《中國歷史研究法》兩書，並開始在天津南開大學講學，主講中國文化史。民國十一年（一九二二年）春至北京清華學校講學，十月赴南京東南大學，主講中國政治思想史。著作方面則有《先秦政治思想史》一書，及〈五十年中國進化概論〉等文章多篇。據估計，自歐遊歸來至民國十一年雙十節前夕，梁氏的著述，約有一百萬字左右。

民國十二年（一九二三年）一月，梁氏由南京北返，在天津發起創辦「文化學院」，並有東遊的計畫，但未克實行。是年有所謂「科學與玄學」的論戰發生，梁氏站在玄學一方，撰有〈人生觀與科學〉及〈戰時國際公法〉兩篇文章，此外尚有《陶淵明》、《朱舜水年譜》等書。民國十二年以後，因時局漸亂，梁氏身體又多病，遂長期定居於天津，除了在清華、南開等校授課，便是專心著述。民國十三年（一九二四年）梁氏撰有《戴東原先生傳》、《戴東原哲學》、《近代學風之地理的分布》、《說方志》、《國學入門書要目及其讀書法》等書。民國十四年（一九二五年）經梁氏第四次編定的《飲冰室文集》出版，另撰有《要籍解題及其讀書法》一書。民國十五年（一九二六年）春，梁氏出任京師圖書館館長，是年撰有《中國歷史研究法補編》、《先秦學術年表》、《王陽明知行合一之教》、《荀子評諸子語彙釋》、《漢書藝文志諸子略考釋》等。民國十六年（一九二七年）撰有《中國文化史》、《儒家哲學》、《古書真僞及其年代》、《書法指導》等。

民國十三年九月梁氏的夫人（李氏）病逝，給予梁氏的打擊甚大，情緒一直不佳，再加上北方的軍閥政權日益敗壞，內戰頻興，南方的國民政府卻聯俄容共，使梁氏既憂且懼。梁氏是堅決反對共產主義的，更基於往日與國民黨的恩怨，故當國民革命軍展開北伐而節節勝利之際，他皇皇然不可終日，一度想抵抗，卻苦無力量。民國十六年冬，他在天津擬號召非國民黨的團體，合組新黨，設立「虛總部」，來從事反共（兼反國民黨）。因乏人響應，而未能實現。民國十七年（一九二八年）六月，國民革命軍攻克津、京，梁氏遂辭卻清華研究院的教職，遯居天津租界，九月開始撰寫《辛稼軒年譜》，稿未成而疾病大作，民國十八年（一九二九年）一月十九日逝世於北平協和醫院。

三、思想概述

梁氏一生對於政治的興趣最爲濃厚，民國四年他曾經表示：「吾二十年來之生涯，皆政治生涯也。」並且坦然自承「惟好攘臂扼腕以談政治，政治譚以外，雖非無言論，然匣劍帷燈，意固有所屬，凡歸於政治而已」。故他一生唯以「政談家」自居，可見政治思想是梁氏思想的主流，也是他一生行爲表現的內在動力。

梁氏的政治思想有兩個主要的來源，早期是承乏康有爲的薰陶，流亡日本後多受西洋著述的影響，思想日臻成熟。梁氏一生多變，政治思想也不例外，甚至前後矛盾，不過梁氏的政治思想，在某一個時期內會持續其一定的特色，這種特色與梁氏所處的環境時勢有密切的關連。大致上自光緒十六年至二十四年，梁氏政治思想的特色是革新求變；光緒二十四年至二十九年，是強調破壞；光緒二十九年至宣統三年，是鼓吹君憲，民國元年至六年，是維護共和；現分述如下：

1 革新求變

嚴格而論，光緒十六年以前，梁氏無所謂政治思想，對於國家大事並不關心，祇汲汲於八股制義，想從科舉中脫穎而出，覓取功名富貴，與一般舊儒初無二致。

光緒十六年秋，梁氏拜康有爲爲師，受其薰陶，才逐漸具有政治意識。康夙有革新的意念，在萬木草堂講學時，便對時局十分關注，「每語及國事杌隉，民生憔悴，外侮憑陵，輒慷慨欷歔，或至流涕」，使梁氏等人「振蕩怵惕，懍然於匹夫之責而不敢自放棄自暇逸」。梁氏的愛國心自此大爲開啓。不過影響梁氏最深的，還是康在課堂上講授的「三世之義」，這是清朝中葉以來，以莊存與、劉逢祿、龔自珍、魏源、廖平等人爲主流的今文學派，自中國典籍中發掘出來的救時主張，被康有爲據爲進行政治運動的理論。

三世源出於《公羊春秋》，是指據亂世、升平世、及太平世。康認爲人類社會的演化，是由據亂世至升平世、進而至太平世，有一定的程序。在康的眼中，清末以前爲時二、三千年的中國歷史，是一部據亂之史，因此，康自覺有責任把中國引向升平之世。梁氏深受康的影響，接納三世之說，並加以闡釋推廣，運用到各方面。譬如在政治方面，梁氏認爲「治天下者」有三世，一爲多君爲政之世，二爲一君爲政之世，三爲民爲政之世。多君世又可細別爲(1)酋長之世，(2)封建及世卿之世；一君世可細別爲(1)君主之世，(2)君民共主之世；民政世可細別爲(1)有總統之世，(2)無總統之世。多君係據亂世的政治，一君係升平世的政治，民主爲太平世的政治。上述三世六別，是循序漸進的，不能顛倒混淆。總之，三世之說成爲一種公式，隨處皆可套用，是梁氏革新求變的理論基礎。

三世之說套用於政治方面，蘊含有兩個基本的意義。其一是政治的進化有一定的階段，其二是以民權政治爲最後的歸宿。可見梁氏早期的政治思想，是以進步主義和民權主義爲主要內涵的。在態度上梁氏較康更爲激進，他不以小康（升平世）爲滿足，欲進小康爲大同（太平世）。他認爲孔子是進化主義者、平等主義者、兼善主義者、強立主義者、博包主義者，以及重魂主義者，對孔子推崇不已。清末以前中國始終停滯於小康的局面，是由於孔子微言不傳的緣故，孔子微言的不傳，是與孔子的因材施教有關。在孔學中，《論語》是雅言，談小康之道，屬於普通學問，《易》與《春秋》，涵義深奧，談大同之道，屬於高深學問，而孔門弟子能夠接受孔學真傳的，衹孟子、莊子和荀子三人，莊子、孟子才高，故莊子得了《易》，孟子得了《春秋》；荀子才下，得了《論語》。漢朝以降，荀子的弟子控制了中國政局，尊君權，排異說，謹禮義，重考據，這是中國不進步的癥結所在。爲了振衰起敝，必須求變，而求變的當務之急，便是棄荀學而倡孟學。因此，他演述三世之說，不離孟子的仁政、保民，他倡言民權，也是由孟子學說蛻變而來。

梁氏的求變思想，係以救國爲鵠的。他指責同、光年間爲期三十餘年的「自強運動」，一味模仿西方的器械（堅船利礮），有如「補苴罅漏，彌縫蟻穴」，並非真正變法。他認爲世界進化，是由力趨向於智，近代西方文化，乃智慧發達的結果。因此中國欲求變法自強，當以開民智爲第一要義。如何開民智以求變法自強，即是變科舉、興學校。因此，他強調：

「變法之本，在育人才。人才之興，在開學校。學校之立，在變科舉。而一切要其大成，在變官制。」光緒二十一年至二十四年，他追隨康從事維新運動，諸如發刊報紙、創辦學堂、設立學會、經營書局，主旨即在介紹西學、開啓民智，喚起求變思想。在這段時期內，梁氏由於奔走維新，接設較繁，而對西學稍有進一步的認識，光緒二十一年他擔任北京「強學會」書記時，曾把會中購置的翻譯西書悉數讀過。光緒二十二年他到上海，主編《時務報》。上海是當時西學輸入的中心，所譯述的西書甚多，《時務報》當有購存。是以他在此時撰成《變法通議》與《西學書目表》等。在《西學書目表》中，他選錄「廣學會」出版的書籍共有三十二種，皆爲有關變法的重要著作。此外，梁氏也擔任過英籍傳教士李提摩太（Timothy Richard）的秘書，李提摩太翻譯麥肯西（Robert Mackenzie）的《泰西新史覽要》（*Nineteenth Century—A History*）時，梁氏曾從旁參與中文意見，對於近代西方政治發展的梗概乃有所瞭解，逐漸擺脫三世之說的窠臼，而滲入一些近代西方的政治思想。

2 強調破壞

革新求變是一種溫和而漸進的改革思想，但是自戊戌八月梁氏逃往日本以後，態度上乃由溫和而走向激烈，這種轉變，原因有二。其一，是受戊戌政變的刺激所致。戊戌政變的爆發，使梁氏對於清廷產生極大的惡感。他認爲清朝中葉以降，滿人治國不善，災禍叢生，盜賊蜂起，哀鴻遍野，傷亡枕藉。他舉出十年前山西荒旱，死者百餘萬。鄭州河決，死者十餘萬，每年冬春之交，北地人民死於凍餒的，不下十萬。近十年來，廣東人死於瘟疫的，每年多達數十萬人。以中國之大，每年死於盜賊與迫於飢寒淪爲盜賊而死的，又何止十萬人？如果讓上述種種無意識的破壞持續下去，加上列強的步步進逼，中國將至無藥可救。與其讓無意識的破壞繼續不已，不如施之以有意識的破壞，他強調「今日之中國，積數千年之沈疴，合四百兆之痼疾，盤踞膏肓，命在旦夕也。非去其病，則一切攝滋補榮衛之術，皆無所用，故破壞之藥，遂成爲今日第一要件，遂成爲今日第一美德」。因此，欲求中國的進步，必先從事此種有意識的破壞，隨破壞，隨建設，始能奏效。所以破壞是手段，建設是目的，在態度上是積極而進取的。

其二，是受西方學說史事的影響。梁氏於戊戌政變後東渡日本，西學知識大爲精進，思想領域也大爲擴充。他開始研讀盧梭（Jean Jacques Rousseau）、斯賓諾莎（Baruch Spinoza）、霍布士（Thomas Hobbes）、洛克（John Locke）等人的著作，以及西洋史地，對於意大利的建國運動、法國大革命的成果，極爲嚮往，因此他強調革命，強調破壞，思想趨向激烈。當梁氏初抵日本之際，正值達爾文（Charles Robert Darwin）的進化論風行一時，梁氏深受此進化論的影響，對達爾文「物競天擇，優勝劣敗」的學說推崇備至，認爲「競爭者，文明之母也，競爭一日停，則文明之進步立止」。此後梁氏即喜用進化論來解釋人類歷史的發展，與他所提倡的破壞主義互相呼應。因此，他強調路德（Martin Luther）破壞舊宗教而新宗教產生，培根（Francis Bacon）、笛卡兒（René Descartes）破壞舊哲學而新哲學產生，亞當·斯密（Adam Smith）破壞舊生計學而新生計學產生，盧梭破壞舊政治學而新政治學產生，孟德斯鳩（Baron de Montesquieu）破壞舊法律而新法律產生，哥白尼（Nicholas Copernicus）破壞舊曆學而新曆學產生，都是西洋史上最好的例證，也足以說明唯有競爭、破壞（有意識的破壞），才能進步。

梁氏既熟讀歐洲十八、十九世紀的民主學說，民權觀念乃益臻成熟，光緒二十六年梁氏發表〈自由與制裁〉、二十七年發表〈堯舜爲中國中央君權濫觴考〉等文，均極力讚頌自由，認爲自由民政是世界上最神聖榮貴的政體，並指出「不自由，毋寧死」這句名言，實爲十八、九兩世紀歐美國民所以立國的本原。綜觀歐美自由發達史，其所爭者不外四端，一爲政治上的自由，二爲宗教上的自由，三爲民族上的自由，四爲生計上的自由。就政治上的自由而言，其要義在於國民主政，自治其事。反觀中國數千年來的政治，或爲家族之國，或爲酋長之國，或爲諸侯封建之國，或爲一王專制之國。而秦漢以後的專制政體，無論行暴政或仁政，均與自由民權的精神背道而馳，嚴重地阻礙中國的進步。是以，光緒二十八年梁氏先後發表〈中國專制政治進化史論〉、〈論專制政體有百害於君主而無一利〉等文，痛詆專制政體，不留餘地，甚至疾呼「爲國民者當視專制政體爲大眾之公敵」，必先去之，才能自安。

光緒二十八年梁氏又在《新民叢報》上發表〈新民說〉一文，前四節爲通論性質，後十六節分論公德、國家思想、進取與冒險、權利思想、自由、自治、進步、自尊、合羣、生利與分利、毅力、義務思想、尚武、私德、民氣、政治能力各項，大約可以德、智、體、羣四目概括之。其目的在探求我國國民腐敗墮落的根原，與其他發達進步國家的國民相比較，使我國國民知受病所在，俾能自我惕勵，圖謀振作。梁氏對於中國民族性的種種缺點，毫不保留地予以提出，如缺乏公德，缺乏國家觀念，缺乏權利義務觀念，缺乏進步觀念，缺乏冒險進取精神，缺乏合羣、自由、自治、自尊、尚武精神，缺乏毅力，這些傳統的民族性都應該澈底革新，接受西方民族（尤其是盎格魯·撒克遜人）的優點，以改變中國民族的氣質，抵擋列強的帝國主義。故欲求中國的安富尊榮，新民之道不可不講。不過，新民並非令「吾民盡棄其舊以從人」，新民的要義有二，一爲「淬礪其所本有而新之」，二爲「採補其所本無而新之」。「二者缺一，時乃無功」。

新民與政治的關係極爲密切，一國的主政者和官吏，都是來自民間，若全國盡係低劣的國民，所得的政府與官吏，自無法優秀。因此，政治的隆汚實繫於國民素質的良莠，這是「種瓜得瓜，種豆得豆」的必然結果，所以說：「苟有新民，何患無新制度，無新政府，無新國家；非爾者，則雖今日變一法，明日易一人，東塗西抹，學步效顰，吾未見能濟也。」

由於強調破壞、疾呼新民，梁氏的種族思想也因而大爲熾張。梁氏在亡命日本之初，即不斷撰文攻擊清廷，不過，他所攻擊的對象，是以慈禧太后、榮祿、剛毅等清廷的領導階層爲主，旨在激起國人的公憤，來扶助德宗復位，鼓吹種族革命的文字反而少見了。至光緒二十七、八年間，由於慈禧太后自西安回京以後，仍然沒有變法的誠意和決心，另一方面革命的風潮日益洶湧，部分保皇黨人在對康、梁失望憤恨之餘，紛紛主張革命或脫離康、梁自立，使梁氏心有所感，遂高倡排滿革命，以喚起民族精神，推翻清廷爲目的。光緒二十八年梁氏撰有〈新中國未來記〉，其中有「你想天下那裏有四萬萬的主人，被五百萬的客族管制的道理嗎？」等激烈字句。同年他致書康有爲，更明白表示他決心發揚民族主義，以討滿爲職志，對清廷絕望的心情，於此可見。

3 鼓吹君憲

梁氏首倡君主立憲，是始於光緒二十八年。他在《新民叢報》上發表〈亞理士多德之政治學說〉一文，指出「君民共主之一政體，實過渡時代最妙之法門也。其制固不可久，然在今後數百年間，保持治安，增進公益，道未有善於是者也」。所謂君民共主，就是君主立憲。不過，這時梁氏的政治思想仍然徘徊於共和立憲與君主立憲之間，尚未作一決定性的取捨。

光緒二十九年十月以後，梁氏的言論突然趨向於保守、溫和，前後判若兩人，絕口不提革命、破壞、排滿等激烈字眼；而專心致力於君憲的鼓吹。這項轉變，其根本原因，還是梁氏優柔不定的性格所致。梁氏也坦然自承，由於他太無成見的緣故，往往容易徇物而奪其所守。而且保守性與進取性經常在他心胸中交戰，隨感情而發，所執往往前後矛盾。除此之外，梁氏言論的轉變，尚有如下幾個原因：

第一，是來自康有爲的壓力，迫使梁氏就範。中國社會一向重視師生名分，梁氏既拜康爲師，就道德情理而言，自不能與康公然決裂。康對於梁氏的急進態度，極爲不滿，動輒以書信痛責梁氏，甚至以停止供應梁氏在日活動經費相要脅，梁氏祇有改弦更張，趨向保守。

第二，是梁氏畏懼破壞的心理所促使。光緒二十九年是留日中國學生情緒激昂的頂峯，高倡革命，滋生事端，使梁氏憂心不已，認爲這些激烈學生的行爲，徒自荒廢學業，對國家並無任何好處。何況當時列強環伺，革命一起，混亂也將為之產生，一旦中國自亂於先，列強即可乘機於後，中國乃有滅亡之虞。因此，他反對革命，畏懼破壞，態度也變得比較溫和。

第三，是梁氏遊歷美國之後的感觸所致。光緒二十九年正月，梁氏赴美作為期半年的遊歷，曾親睹美國共和政治下的種種弊端，諸如黨爭的激烈，選舉的舞弊，華僑社會的腐化墮落，使梁氏對於醉心已久的共和政治，大為失望，更由失望而萌生疑懼，遂專心鼓吹比較溫和的君主立憲。

第四，是受西方新政治理論的影響。光緒二十九年前後，梁氏閱讀過德國學者波倫哈克（Bornhak），以及瑞士學者伯倫知理（Bluntschli）的政論著作，這兩位學者在其書中歷數共和政治的缺點，對梁氏的影響很大，為之感嘆再三，更加強了他放棄共和政治的意念。

第五，是受黃遵憲的影響。黃遵憲，字公度，廣東嘉應人，思想開通，曾任清廷駐日公使館參贊，駐舊金山及駐星加坡總領事，後返國擔任湖南長寶鹽法道，兼署湖南按察使，為一著名維新人物。戊戌政變後黃遭開缺回籍，光緒二十八、九年間黃與梁氏書信往返，不下二十餘萬字，黃力主中國國情適合溫和而漸進的君憲政治，對梁氏的影響甚大。

第六，是梁氏與革命派的關係益形惡化，不得不退而自固。光緒二十五年冬，梁氏自日本前往檀香山，高倡「名為保皇，實則革命」，短短半年的時間，便將此興中會的發源地一變而成保皇黨的勢力範圍，招致革命派的交相指責。光緒二十六年七月自立軍之役結束後，梁氏與革命派已積不相容。光緒二十九年閏五月，上海「蘇報案」發生，章炳麟、鄒容等人下獄，沈藎（自立軍將領，與梁氏頗有往還）則同時在北京被捕，杖殺獄中。梁氏認爲沈藎之死，係由《蘇報》諸人談論革命所引起，又以爲「蘇報案」發生，吳敬恆難脫暗通清廷之嫌，因此對革命派人士大爲憤恨，使梁氏與革命派形同水火，有如寇讎。同年夏天梁氏遊畢美洲返回日本，革命派更展開人身攻擊，詆梁氏爲文妖，梁氏不甘示弱，亦予回罵，雙方關係益形惡化。於是舉凡革命派所主張的種族主義、共和立憲、土地政策等，梁氏均大加反對，似乎有意與革命派背道而馳。

光緒二十九年夏梁氏自美返日後，政治思想由十八世紀的自由平等而急轉爲十九世紀的重國輕民，也就是由提倡民權轉而提倡國權。這是因爲他考察日多，見聞愈廣，歷練也益深，加上受伯倫知理的國家主義思想影響所致。他深覺當時帝國主義大起，蔚成風氣，甚至最愛自由的美國，亦不得不驟改其方針，集權中央，擴張政府權力之範圍，以競於外，更遑論其他國家了。中國際此帝國主義充斥的時代，唯有團結境內各民族，一致對外，才能救亡圖存。所以梁氏提出大民族主義的主張，聯合漢、滿、蒙、回、藏，組成一大民族，進而實行帝國政策，以稱雄於世界。爲達到此一高遠的目標，必須把漢族與國內他族之間的小民族主義，暫擱一邊。

光緒二十九年以前，梁氏力倡排滿革命，是所謂種族革命，也就是梁氏所謂的小民族主義。光緒二十九年以後，梁氏不但諱言排滿革命，而且痛詆種族主義，大唱滿漢調和的論調，光緒二十九年梁氏發表的〈政治學大家伯倫知理之學說〉、光緒三十年發表的〈中國歷史上之革命研究〉、以及光緒三十一年發表的〈申論種族革命與政治革命之得失〉，均爲積極反對排滿革命、反對種族主義的重要著作。梁氏並根據構成民族的六項條件：同血系、同語言文字、同住所、同習慣、同宗教、同精神體質，逐一去分析漢人與滿人的關係，認爲漢、滿在語言文字、住所、習慣、宗教方面已完全相同，血統、精神體質方面雖不能遽下斷語，謂其相同，但就歷史淵源及外形而言，彼此實有頗近的關係。故滿人實已同化於漢人，具有構成一混同民族的資格，今後不應再排斥滿人。

梁氏既矢口不談破壞、排滿等激烈字眼，遂反對種族革命，而主張政治革命。據梁氏解釋，種族革命是指民間以武力而顛覆異族的中央政府而言；政治革命是指革新專制而爲立憲而言，無論爲君主立憲，爲共和立憲，都謂之政治革命，其手段宜以要求而勿以暴動。由是可見梁氏所謂的政治革命，實際上是一種溫和而漸進的立憲運動。不過立憲尚有共和立憲與君主立憲的分別，前者便是革命派所主張的民主共和。光緒二十九年以後，梁氏言論遽變，他不僅反對法國式的激烈革命和無限自由，而且對於美國民主共和迅速成長所產生的混亂，也不以爲然。他希望中國能像英國一樣，循序漸進，使國人了解立憲政治的意義，然後由全民的政治運動，一點一滴的去要求，這樣得來的憲政，才可以穩固。因此，他傾心於英國式的君主立憲政治，推崇英國憲政爲世界各國憲政之母，最適於中國國情。

梁氏雖然標榜君主立憲，但是衡量當時中國的條件，他認爲並不能遽行君主立憲，原因有二，一爲人民程度未達最低標準，二爲施政機關尚未整備。故梁氏主張當以「開明專制」作爲立憲的過渡和預備。光緒三十一年他發表〈開明專制論〉一文，指出「由專斷而以良的形式發表其權力，謂之開明專制」。這是梁氏給開明專制一詞所下的定義。在開明專制下的國家，其權力不操於人民而由君主掌握，但是君主的一切施政應以謀人民的福利爲目的。

梁氏認爲由開明專制到君主立憲是國家進步的必然順序，就像革命派主張必須經過訓政才能進入憲政一樣。他倡言開明專制，一則是爲君主立憲作準備，再則是爲了在君主專制政體沒有改變的情形下，勸告清廷從事一些開明的措施。所以他的開明專制主張和君主立憲主張不但不相矛盾，不相衝突，在精神上還是一貫的。

4 維護共和

梁氏自光緒二十九年以後，直到民國建立，他反對共和鼓吹君憲的態度，前後是一貫的。雖然在辛亥革命爆發前後的一段時間中他倡言虛君共和，而實際上虛君共和與君主立憲是名異實同，連內容也完全一樣。

民國建立以後，梁氏的政治思想又有所轉變，最顯而易見的是他放棄了君主立憲的主張，而擁護共和。轉變的原因約可歸納爲下列兩點：

其一，梁氏爲一溫和型的知識分子，凡事不走極端，容易與現狀妥協。前此他主張君主立憲，多少含有一些遷就現狀（清廷實行君主專制）的意味。待民國建立，改肇共和，民主立憲已成定局，君主立憲有如過眼煙雲，與遜位的清廷俱逝，難以挽回。梁氏遂改弦更張，轉與現狀（共和）相妥協。

其二，梁氏對於共和本身並無特深的成見，清末他反對共和，是認爲中國國民沒有做共和國民的資格，在這種情形下，由少數人代爲革命而實行共和立憲，結果還是免不了要變成專制政治。另外梁氏厭惡破壞，對於革命派爲達成共和立憲所採取的激烈手段，深懷戒懼。梁氏認爲國體（君主或共和）的變更是屬於破壞的現象，政體（專制或立憲）的變更是屬於進步的現象。民國以前他反對共和、反對革命，旨在防阻破壞，防阻變更國體。待清廷退位，民國建立，國體變更，破壞已然發生，無法補救。梁氏祇有退而維護既成事實的共和政治，極力避免國體再度變更。何況清末以來，民智漸開，立憲機關陸續成立，如謂中國國民仍然沒有做共和國民的資格，也頗值得商榷。於是民國元年十月梁氏自日本返國，從事政黨活動，採取聯袁（世凱）政策，而與共和妥協，以謀在安定中求改進。

據梁氏分析，民國初年，國內的勢力有三大流派，一爲舊官僚派，一爲舊立憲派，一爲舊革命派。他自己當然是屬於舊立憲派。舊官僚派是保守分子，舊立憲派與舊革命派同屬打破現狀的改革分子，祇是在執行手段上有溫和和急進的分別而已。但是清末以來，立憲派和革命派之間的仇隙已深，武昌起義後，立憲派基於對清廷缺乏誠意的立憲措施諸多不滿，以及避免戰亂擴大蔓延而主動響應革命，與革命派有了短暫的合作。然而革命甫成，革命派即開始排斥立憲派，梁氏等人乃益覺革命派多係暴亂分子，祇堪破壞，難言建設。尤其是革命之後，暴民政治最易發生，暴民政治一旦發生，國家元氣必大受損傷而不可恢復。是以梁氏等舊立憲派不得不暫時與舊官僚派合作，以全力阻遏舊革命派的暴亂和破壞行爲。而所謂舊官僚派的領袖，正是民國的總統袁世凱，由此不難想見梁氏聯袁的用意。

梁氏指責舊革命派爲亂暴社會，同時亦指責舊官僚派爲腐敗社會，這兩種社會都是舊立憲派所企圖打倒的。不過，這兩種社會均有莫大的勢力，舊立憲派實無力與彼二者同時爲敵，梁氏衡量輕重緩急，遂決定與舊官僚派交好，先打倒舊革命派再說。此外梁氏聯袁的另一原因，即是太過於信賴袁氏的能力。他與多數中國人民一樣，對於袁氏抱有兩種相同的看法，其一是在袁氏統治下的中國，能否進步雖不敢斷言，但如無袁氏，則中國的現狀將不能維持，前途堪慮。其二是袁氏的爲人，固然不能令人滿意，而環顧國內一時尚無人能取代袁氏，縱有其人，他的才幹未必優於袁氏。何況中國正處於列強環伺之下，當此存亡絕續之際，有政府終勝於無政府。所以，梁氏認爲對袁氏祇當嚴重監督，不必漫挾敵意。

民國元年梁氏發表〈中國立國大方針〉一文，主張中國應仿照英國，實行政黨內閣。他認爲政黨內閣宜確守三項原則：⑴非國會議員，不能爲內閣閣員。⑵內閣必由國會下院多數黨的領袖來組織。⑶內閣失多數於下院，得解散下院，但再選舉若仍失多數，則例即辭職。如此，內閣既由國會中的多數黨組織而成，則內閣即爲國會的指導者，而國會即爲內閣的擁護者。這是因爲國會的意見，受多數黨牽制，而多數黨的黨員，皆聽命於其首領，而其首領即爲閣員。閣員不過以一黨首領的資格，指導他的政黨而已，而事實上即無異於指導全院（指國會上下兩院）。院中多數黨的議員，亦不過以一黨員資格擁護己黨的首領，而事實上即無異於擁護內閣。故內閣與國會，永遠不會有相猜相鬥的時候，是爲閣會合一，也就是行政權與立法權完全結合爲一。此爲梁氏對於民國共和政治的一大期望。

梁氏倡言政黨內閣，不過他堅決反對一黨專政，也反對小黨分立，至於不黨內閣，他認爲足以形成無責任內閣，萬萬不可採行。他主張政黨內閣必以兩黨爲最優，一黨在朝，得國會的支持，組織強有力的政府；一黨在野，負監督的責任，互相制衡。兩黨在朝在野的位置，端視人民的支持（投票）與否而轉易。他對民國共和政治抱有極大的殷望，不惜交好袁氏，踏上宦途，來實行他的政治理想。詎料袁氏外則喪權辱國，內則私心自爲，意圖變更國體，梁氏爲駁斥帝制，維護共和，乃發表〈異哉所謂國體問題者〉一文，據說原稿中對變更國體有「就令全國四萬萬人中三萬九千九百九十九萬九千九百九十九人皆贊成，而梁某一人斷不能贊成也」的字句，有人勸他說袁氏叛國尚未明顯，初商政見，似不必如此激烈，梁氏乃將此段刪去，其餘各段也改得比較和緩，然後才發表於京、滬各報，可見他維護共和的決心。

他不僅反對袁氏的帝制措施，舉凡一切意圖變更國體的行爲他都予以嚴厲的抨擊，不留任何餘地。民國五年他主持護國討袁期間，毅然發表〈闢復辟論〉一文，指斥遜清遺老的乖行謬論。民國六年七月他又參加段祺瑞的討逆軍，撰寫討伐張勳復辟的通電，都足以證明他反對變更國體維護共和的主張，前後是一貫的。民國七年以後，梁氏雖然放棄上層的政治活動，而致力於文教事業，實際上他對於政治仍未忘情。民國以來他數度捲入政治漩渦，目的是想實現他的政治理想，無奈軍閥跋扈，政客橫行，他的政治理想始終被束諸高閣，未見施行。種種刺激不僅使他悵然退出政壇，而且使他深深覺悟要改良政治，必先提高國民的知識程度，使國民能早日影響政治。所以民國八年至十一年間，他竭力提倡國民運動，俾養成做共和國民的資格，他認爲凡以少數人革命以求政治改革，都不是真正的國民運動，這種方式的運動就是勉強成功，國家政治總不會建立在國民意識之上，到頭來所謂共和民主還是虛假的。總之，民國八年以後的梁氏，一改昔日由上層政治進行改革的初衷，轉而從下層廣大的國民著手，推廣政治教育，務使國民能早日參與政治，以實現真正的民主。

四、著述簡介

根據梁氏好友徐佛蘇在〈梁任公先生逸事〉一文裏估計，梁氏一生的文字，合「著」與「述」兩項言之，約在一千四百萬字內外，實爲世界第一的博學家。儘管梁氏的著述有如汗牛充棟，雜亂零散，但是後人對他作品的收羅整理及編印重刊，的確是不遺餘力。因此，梁氏絕大多數的著作，都能夠留存至今，供世人閱讀研究。在今存的梁氏著作當中，可以將之歸納爲報刊、文集、專書三大類，茲就以這三大類爲綱，把梁氏的著述作一簡要的介紹。

1 報刊類

梁氏一生從事於言論，自光緒二十一年起開始主編報刊，且經常在他主編的報刊上發表文章。這些報刊計有《中外公報》、《時務報》、《清議報》、《新民叢報》、《新小說》、《政論》、《國風報》、《庸言報》、《大中華雜誌》等。如今《中外公報》失傳，其他均獲保存，坊間書局並將《時務報》、《清議報》、《新民叢報》、《國風報》、《庸言報》重刊出版，公諸於世。

•《時務報》（上海）

《時務報》爲一旬刊，每月出三冊，每冊約三萬字。創刊於光緒二十二年七月初一日，至光緒二十四年六月二十一日停刊爲止，共出版六十六冊。《時務報》的宗旨在溝通上下中外的輿情，其內容大致是：⑴廣譯五洲近事，⑵詳錄各省新政，⑶博搜交涉要案，⑷旁載政治學藝要書。《時務報》的文字以譯述爲主，撰文者有麥孟華、章炳麟、徐勤、歐榘甲、李維格、曾廣銓，以及梁氏等人，均係有志於維新的知識分子。

梁氏在《時務報》所發表的重要文章有：〈變法通議〉、〈論報館有益於國事〉、〈論加稅〉、〈西書提要〉、〈西學書目表序例〉、〈論中國積弱由於防弊〉、〈古議院考〉、〈治始於道路說〉、〈戒纏足會敘〉、〈日本國志後序〉、〈試辦不纏足會簡明章程〉、〈說羣序〉、〈記自強軍〉、〈萃報敘〉、〈續譯列國歲計政要敘〉、〈史記貨殖列傳今義〉、〈春秋中國夷狄辨序〉、〈醫學善會敘〉、〈中國工藝商業考提要〉、〈知恥學會敘〉、〈論君政民政相嬗之理〉、〈大同譯書局敘例〉、〈讀日本書目志後〉、〈倡設女學堂啓〉、〈日本橫濱中國大同學校緣起〉、〈湖南時務學堂草約十章〉、〈南學會敘〉等篇。其中〈變法通議〉，約六萬五千字，自序之後，即繼續發表下列各文：⑴論不變法之害，⑵論變法不知本原之害，⑶學校總論，⑷論科舉，⑸論學會，⑹論師範，⑺論女學，⑻論幼學，⑼學校餘論。這種具體的變法議論，一時轟動全國，梁氏文中不僅議論精闢，而且計畫周詳，實爲日後戊戌變法的藍本。

•《清議報》（橫濱）

《清議報》亦爲旬刊，每月出三冊，每冊約四十頁。創刊於光緒二十四年十一月十一日，至光緒二十七年十一月二十一日止，共出版一百冊。梁氏在〈清議報敘例〉中闡明創報的四大宗旨爲⑴維持支那之清議，激發國民之正氣，⑵增長支那人之學識，⑶交通支那、日本兩國之聲氣，聯其情誼，⑷發明東亞學術以保存亞粹。《清議報》的內容計分六門：⑴支那人論說，⑵日本及泰西論說，⑶支那近事，⑷萬國近事，⑸支那哲學，⑹政治小說。第十一冊以後又增加⑴來稿雜文，⑵政治學談，⑶詩文辭隨錄三類。

梁氏在《清議報》發表的重要文章有〈清議報敘例〉、〈論變法必自平滿漢之界始〉，〈論八月之變乃廢立而非訓政〉、〈戊戌政變記〉、〈譯印政治小說序〉、〈論皇上舍位亡身而變法〉、〈紀南海先生出險事〉、〈論變法後安置守舊大臣之法〉、〈論中國宜講求法律之學〉、〈愛國論〉、〈讀春秋界說〉、〈傀儡說〉、〈商會議〉、〈論學日本文之益〉、〈大同學校開校記〉、〈國家論〉、〈國家之政體〉、〈各國憲法異同論〉、〈動物談〉、〈論西后宜自籌安全之策〉、〈瓜分危言〉、〈自立會序〉、〈紀年公理〉、〈論內地雜居與商務關係〉、〈論支那宗教改革〉、〈論商業會議所之益〉、〈讀孟子界說〉、〈論中國當知自由之理〉、〈亡羊錄〉（一名〈丙申以來外交〉）、〈論支那獨立之實力與日本東方政策〉、〈論中國與歐洲國體異同〉、〈東京高等大同學校公啓〉、〈飲冰室自由書〉、〈論美菲英杜之戰事關係於中國〉、〈論剛毅籌款事〉、〈少年中國說〉、〈國民十大元氣論〉、〈呵旁觀者文〉、〈論近世國民競爭之大勢及中國前途〉、〈汗漫錄〉、〈上粵督李傅相書〉、〈上鄂督張制軍書〉、〈論今日各國待中國之善法〉、〈中國近十年史論〉、〈立憲法議〉、〈十種德性相反相成義〉、〈過渡時代論〉、〈滅國新法論〉、〈中國史敘論〉、〈維新圖說〉、〈國家思想變遷異同論〉、〈堯舜爲中國君權濫觴考〉、〈南海康先生傳〉、〈清議報一百册祝辭並論報館之責任及本館之經歷〉等篇。

梁氏在《清議報》發表的言論遠較《時務報》激烈，一面抨擊清廷的腐敗，慈禧的禍國，一面揄揚德宗的聖明，爲保皇派張目。更替戊戌六君子作傳，讚美他們爲變法而犧牲的精神，並刊載他們的遺著，如譚嗣同的《仁學》，經梁氏整理後，在《清議報》初次發表。

•《新民叢報》（橫濱）

《新民叢報》爲半月刊，每月一日及十五日出版，一年二十四册，每册約五至六萬字。光緒二十八年一月一日創刊，至光緒三十三年十月十五日停刊，共出九十六册。其創設的宗旨是取大學新民之意，想從教育方面著手，以維新國民公德。其內容則每年的分類不同；而且分類十分細密，包括圖畫、論說、學說、學術、政治、兵事、生計、地理、教育、法律、宗教、實業、史傳、小說、文苑、青年思想、時局、哲理、科學、國聞短評、中國近事、談叢、輿論一般、雜俎、答問、海外彙報、餘錄、專件、新刊介紹、日俄戰紀、雜纂、譯述等類。

爲《新民叢報》撰稿的，將近有百人左右，如梁氏、蔣智由、馬君武、黃與之、麥孟華、蔣方震、蔡鍔、徐佛蘇、章炳麟、徐勤、韓文擧、歐榘甲、楊度、康有爲等，而梁氏的文字仍佔二分之一以上，最少亦有二百五十萬字。梁氏在《新民叢報》發表的重要文章有〈新民說〉、〈近世文明初祖二大家學說〉、〈地理與文明之關係〉、〈論民族競爭之大勢〉、〈論教育當定宗旨〉、〈論學術勢力左右世界〉、〈論立法權〉、〈飲冰室自由書〉、〈天演學初祖達爾文之學說及其傳略〉、〈亞洲地理大勢論〉、〈中國地理大勢論〉、〈保教非所以尊孔論〉、〈匈牙利愛國者噶蘇士傳〉、〈意大利建國三傑傳〉、〈中國專制政治進化史〉、〈中國學術思想變遷之大勢〉、〈泰西學術思想變遷之大勢〉、〈新羅馬傳奇〉、〈張博望班定遠合傳〉、〈世界上廣東之位置〉、〈歷史上中國民族之觀察〉、〈青年之墜落〉、〈日人侮我太甚〉、〈敬告我國民〉、〈進化論革命者頡德之學說〉、〈民約論鉅子盧梭之學說〉、〈利樂主義泰斗邊沁之學說〉、〈論政府與人民之權限〉、〈民權答問〉、〈政治學學理摭言〉、〈國家思想變遷異同論〉、〈生計學學說小史〉、〈近世第一大哲康德之學說〉、〈法理學大家孟德斯鳩之學說〉、〈釋革〉、〈敬告當道者〉、〈論專制政體有百害於君主而無一利〉、〈近世第一女傑羅蘭夫人傳〉、〈論俄羅斯虛無黨〉、〈俄羅斯革命之研究〉、〈世界將來之大勢〉、〈余之生死觀〉、〈現政府與革命黨〉、〈中國殖民八大偉人傳〉、〈鄭和傳〉、〈趙武靈王傳〉、〈斯巴達小志〉、〈雅典小傳〉、〈學生軍〉、〈愛國學社與教育界之前途〉、〈朝鮮亡國史略〉、〈二十世紀之巨靈托辣斯〉、〈中國貨幣問題〉、〈外資輸入問題〉、〈哀西藏〉、〈嗚呼榮祿〉、〈廢科舉問題〉、〈教育政策私議〉、〈論佛教與羣治之關係〉、〈英國殖民大臣張伯倫〉、〈美國大統領羅斯福〉、〈俄國大藏大臣域特〉、〈開明專制論〉、〈中國歷史上革命之研究〉等篇。梁氏的〈新民說〉由《新民叢報》刊出，雖前後立論有急進與溫和之不同，當時中國知識分子的轉變，蓋多受其影響而至。

•《新小說》（橫濱）

《新小說》是一種月刊，創刊於光緒二十八年十月十五日，至光緒三十一年九月止，共出十册（號），除第一至第三號按時出版外，其餘則間隔兩月或三月不等。梁氏在《新小說》第一號發表〈論小說與羣治之關係〉，認爲小說有不可思議的力量支配人道，所以，「欲新一國之民，不可不先新一國之小說」。故而新民是他創辦《新小說》的目的。

《新小說》的內容有論說、歷史小說、政治小說、科學小說、哲理小說、傳奇小說、箚記體小說、地方戲本、世界名人逸事，借寓小說體例，來談論政治問題。梁氏在《新小說》上發表的文章並不多，祇有〈論小說與羣治之關係〉、〈新中國未來記〉、〈世界末日記〉、〈俠情記〉等數篇，但均爲動人之作。

•《政論》（東京、上海）

《政論》亦爲一種月刊，係政聞社的機關報，創刊於光緒三十三年十月，第一期在日本東京發行，第二期以後，隨政聞社遷往上海，光緒三十四年七月清廷查封政聞社，《政論》亦告停刊，前後共出十期。內容分演講、論著、記載、社說等類，梁氏以憲民的筆名在《政論》上撰文，惟篇數甚少，重要的祇有〈政聞社宣言書〉、〈政治與人民〉、〈世界大勢及中國前途〉、〈中國國會制度私議〉等，旨在鼓吹立憲。

•《國風報》（上海）

《國風報》爲旬刊，每月出三册，每册一百餘頁，約八萬字。創刊於宣統二年元旦，至宣統三年六月二十一日停刊，共出五十二期。《國風報》報館設於上海，梁氏居日本遙領，內容分諭旨、論說、時評、著譯、調查、記事、法令、文牘、談叢、文苑、小說、答問、圖畫、政學淺說等十四門，以梁氏發表的文字爲最多。

《國風報》的命名，係襲自《詩經．國風》而來。梁氏認爲「國風之善惡，則國命之興替所攸繫也」，故欲以文字來改變幾千年來怯懦因循的國風，是以《國風報》乃以「忠告政府，指導國民，灌輸世界之常識，造成健全之輿論爲宗旨」。梁氏以滄江的筆名在《國風報》發表言論，措詞溫和，且多半在鼓吹憲政，與國內生氣蓬勃的立憲運動，遙相呼應。重要的文章有〈立憲九年籌備恭跋〉、〈憲政淺説〉、〈國風報敘例〉、〈論各國干涉中國之動機〉、〈諮議局權限十論〉、〈地方財政先決問題〉、〈讀農工商部籌借勸業富籤公債摺書後〉、〈論幣制頒定之遲速繫國家之存亡〉、〈立憲政體與立憲道德〉、〈國會期限問題〉、〈論地方稅與國稅之關係〉、〈官制與官規〉、〈城鎮鄉自治章程質疑〉、〈各省濫鑄銅元小史〉、〈國民籌還國債問題〉、〈論國民宜亟求財政常識〉、〈再論國民籌還國債〉、〈中國古代幣制考〉、〈論請願國會當與請願政府並行〉、〈軍機大臣署名與立憲國之國務大臣副署〉、〈中國國會制度私議〉、〈幣制條議〉、〈論中國國民生計之危機〉、〈米禁危言〉、〈論直隸湖北安徽之地方公債〉、〈公債改制之先決條件〉、〈論政府阻撓國會之非〉、〈爲國會期限問題敬告國人〉、〈節省政費問題〉、〈資政院章程質疑〉、〈政治與人民〉、〈中國外交方針私議〉、〈外債平議〉、〈中國最近市面恐慌之原因〉、〈責任內閣與政治家〉、〈敬告中國談實業者〉、〈讀十月初三日上諭感言〉、〈論資政院之天職〉、〈外官制私議〉、〈評一萬萬元之新外債〉、〈亙古未聞之預算案〉、〈國會開會期與會計年度開始〉、〈評新官制之副大臣〉、〈硃諭與立憲政體〉、〈國會與義務〉、〈評資政院〉、〈敬告國人誤解憲政者〉、〈中俄交涉與時局之危機〉、〈責任內閣釋義〉、〈中國前途之希望與國民責任〉、〈立憲國詔旨之種類及其在國法上之地位〉、〈內閣果對於誰而負責任乎〉、〈內閣是否代君主負責任〉、〈論對內與對外〉、〈利用外資與消費外資之辨〉、〈國民破產之噩兆〉、〈政黨與政治上之信條〉等篇。

其中〈中國國會制度私議〉一文，約十萬一千字，是梁氏的精心鉅作。全文依章、節、款、項、目的順序排比分類，計有三章、七節、十一款、二十六項、十四目，對於國會的性質、組織、及職權論列詳明，爲立憲運動提供了最佳的藍本。

•《庸言報》（天津）

梁氏於民國元年十月自日歸國，十二月一日即創刊《庸言》於天津，內容分爲通論、專論、雜論、講演、名著、外論、雜譯、史料、隨筆、談藝、文錄、說部、國聞、外紀、日記、法令、摭言、附錄十八門。每月原定兩期，間有改爲一期或兩期合併出刊，至民國三年六月，共三十期。

《庸言》係舊立憲派人士的言論刊物，擔任撰述的除梁氏而外，另有吳貫因、周善培、周宏業、林紓、林長民、夏曾佑、徐佛蘇、梁啓勳、麥孟華、麥鼎華、陳衍、湯覺頓、張嘉森、張謇、嚴復、羅惇曧、藍公武、黃遠庸等人，均爲一時名士。梁氏在《庸言》發刊詞中指出庸之意義有三：一是訓常，「言其無奇也」；二是訓恆，「言其不易也」；三是訓用，「言其適應也」，《庸言》就是本著上述三義去發揚，梁氏創辦《庸言》的目標，於此可見。

梁氏在《庸言》所發表的重要文章計有：〈國性篇〉、〈政策與政治機關〉、〈省制問題〉、〈鄙人對於言論界之過去及將來〉、〈中國立國大方針〉、〈中國道德之大原〉、〈罪言一：名實〉、〈治標財政策〉、〈論國務院會議〉、〈論審計院〉、〈政治上之對抗力〉、〈專設憲法案起草機關議〉、〈憲法之三大精神〉、〈國際立法條約集序〉、〈歐洲政治革進之原因〉、〈罪言二：鼎革〉、〈罪言三：才難〉、〈敬告政黨及政黨員〉、〈說幼稚〉、〈軍事費問題答客難〉、〈罪言四：獎惡〉、〈同意權與解散權〉、〈暗殺之罪惡〉、〈一年來之政象與國民程度之映射〉、〈共和黨之地位與其態度〉、〈癸丑禊集詩〉、〈多數政治之試驗〉、〈進步黨調查政費意見書〉、〈進步黨之政務部特設憲法問題討論會通告書〉、〈革命相續之原理及其惡果〉、〈國會之自殺〉、〈進步黨擬中華民國憲法草案〉、〈幣制條例之理由〉、〈述歸國後一年來所感〉、〈整理濫紙幣與利用公債〉、〈銀行制度之建設〉等。

•《大中華雜誌》（上海）

梁氏自《庸言報》之後，即未再創刊報章，民國四年一月上海中華書局發行《大中華雜誌》，與梁氏訂三年契約，請其擔任總撰述之事。實際上梁氏忙於國事黨務，所謂總撰述不過掛名而已。《大中華》爲月刊性質，梁氏在其上所發表的文章並不多，大半是討論中外時局的撰述，重要的有〈歐戰蠡測〉、〈中日最近交涉平議〉、〈中日時局與鄙人之言論〉、〈解決懸案新要求耶〉、〈外交軌道外之外交〉、〈交涉乎命令乎〉、〈中國地位之動搖與外交當局之責任〉、〈再警告外交當局〉、〈示威耶挑戰耶〉、〈中國與土耳其之異〉、〈實業與虛業〉、〈作官與謀生〉、〈吾今後所以報國者〉、〈復古思潮平議〉、〈大中華發刊辭〉、〈傷心之言〉、〈痛定罪言〉、〈政治之基礎與言論家之指針〉、〈袁世凱之解剖〉等。

•《西政叢書》

梁氏所輯，共有一百十一卷三十種，光緒二十三年上海慎記書莊石印本。這套叢書，大部分爲譯本，極少數爲國人的著作。全書共分八類：史誌類有《希臘志略》、《羅馬志略》、《德國合盟紀事本末》三種；官制類有《德國議院章程》一種；學制類有《肄業要覽》、《西國學校》、《西學課程彙編》三種；公法類有《佐治芻言》、《公法總論》、《中國古世公法》、《陸地戰例新選》四種；農政類有《農學新法》、《農事論略》、《蠶務圖說》、《紡織機器圖說》四種；工政類有《工程致富》、《考工記要》兩種；商政類有《富國養民策》、《保富述要》、《生利分利之別》三種；兵政類有《法國海軍職要》、《德國軍制述要》、《自強軍洋操課程》三種；雜著類有《英法政概》（劉丹庭著）、《日本雜事詩》（黃遵憲著）、《日本新政考》（顧少逸著）、《適可齋記言》（馬建忠著）、《南海先生四上書記》（康有爲著）、《庸書》（陳熾著）、《續富國策》（陳熾著）、《中外交涉類覈表》、《光緒通商綜覈表》九種。

2 文集類

梁氏曾自署飲冰室主人，因此他的文集遂以飲冰室爲名。《飲冰室文集》始印於光緒二十八年，由何天柱負責編纂，係編年體，所收爲梁氏三十歲以前，《時務報》至《清議報》時期的作品，由上海廣智書局出版。何天柱字擎一，爲梁氏及門弟子，其時正擔任廣智書局的經理；第二次是光緒三十一年六月印於日本東京金港堂，國內由上海商務印書館發行，以文體分類，每題下注寫作年分，仍出何天柱之手；第三次亦係光緒三十一年，由廣智書局出版；第四次是在民國四年，由上海中華書局重印，亦爲分類體；第五次是在民國五年，由商務印書館出版，名曰《飲冰室叢著》，收《新民說》、《德育鑑》等凡十三種；第六次是在民國十四年由梁廷燦編訂，採編年兼分類，共五集八卷，上海中華書局出版，梁廷燦字存吾，爲梁氏之侄，別著有《歷代名人生卒年表》（民國二十二年商務版）；第七次是在梁氏病逝以後，由梁氏在北平的知友發起，推林志鈞（字宰平，福建閩侯人，曾任司法部司長，北平研究院研究員）負責整理梁氏的遺稿，並訂定已經印行的諸集，編成《飲冰室合集》，民國二十五年由上海中華書局出版。

在上述諸集中以《飲冰室合集》的蒐羅最爲完備，其體例是以編年爲主，分爲文集與專集兩大類，文集有十六册（四十五卷），並附詩、詞、題、跋、壽、序、祭文、墓誌等；專集有二十四册，收專著一百零四種，並附梁氏門人的筆記等。文集所載錄的梁氏著述，民國以前長篇大論的文章極多，絕大部分是梁氏在《時務報》、《清議報》、《新民叢報》、《國風報》等報刊上發表過的，如〈變法通議〉、〈瓜分危言〉、〈論中國與歐洲國體異同〉、〈中國史敘論〉、〈論中國學術思想變遷之大勢〉、〈新史學〉、〈生計學學說沿革小史〉、〈中國法理學發達史論〉、〈論中國成文法編制之沿革得失〉、〈外資輸入問題〉、〈開明專制論〉、〈外債平議〉、〈中國國會制度私議〉等。民國以後則萬言以上的鉅作已不復多見，除部分發表於《庸言報》、《大中華雜誌》的文章外，其他重要的有〈外交方針質言〉（參戰問題）、〈政局藥言〉、〈余與此次對德外交之關係及其所主張〉、〈反對復辟電〉、〈代段祺瑞討伐張勳復辟通電〉、〈外交失敗之原因及今後國民之覺悟〉、〈國民自衛之第一義〉、〈主張國民動議制憲之理由〉、〈軍閥私鬥與國民自衛〉、〈復張東蓀書論社會主義運動〉、〈政治運動之意義及價值〉、〈對於北京國民裁兵運動大會的感想〉、〈致吳子玉（佩孚）書〉、〈代黎元洪等致吳子玉書〉、〈無槍階級對有槍階級〉、〈外交歟內政歟〉、〈哀告議員〉、〈教育與政治〉、〈科學精神與東西文化〉、〈五十年中國進化概論〉、〈歷史統計學〉、〈護國之役回顧談〉、〈人生觀與科學〉、〈戴東原哲學〉、〈近代學風之地理的分布〉、〈談判與宣戰〉、〈致段執政書〉、〈我們怎樣應付上海慘殺事件〉、〈滬案交涉方略敬告政府〉、〈民國初年之幣制改革〉、〈王陽明知行合一之教〉等，均爲民國六年以後的作品。

專集方面多係梁氏的專著，計有①《戊戌政變記》、②《自由書》、③《中國四十年來大事記》（一名《李鴻章》）、④《新民說》、⑤《張博望班定遠合傳》、⑥《趙武靈王傳》（附〈李牧傳〉）、⑦《袁崇煥傳》、⑧《中國殖民八大偉人傳》、⑨《鄭和傳》、⑩《匈加利愛國者噶蘇士傳》、⑪《意大利建國三傑傳》、⑫《羅蘭夫人傳》、⑬《新英國巨人克林威爾傳》、⑭《波蘭滅亡記》、⑮《斯巴達小志》、⑯《雅典小史》、⑰《朝鮮亡國史略》、⑱《越南小志》、⑲《越南亡國史》、⑳《朝鮮滅亡之原因》，㉑《日本併吞朝鮮記》（附朝鮮對於我國關係之變遷）、㉒《新大陸遊記節錄》（附錄一〈記華工禁約〉；附錄二〈夏威夷遊記〉；附錄三〈遊臺灣書牘〉）、㉓《歐遊心影錄節錄》、㉔《中國之武士道》、㉕《中國國債史》（附〈埃及國債史〉）、㉖《德育鑑》、㉗《王荊公》、㉘《管子傳》、㉙《雙濤閣日記》（附隨筆二則：〈張勤果公佚事〉、〈孫文正公飾終之典〉）、㉚《歐洲戰役史論》、㉛《清史商例初稿》、㉜《國民淺訓》、㉝《盾鼻集》（附錄有：〈從軍日記〉、〈國體戰役躬歷談〉、〈五年來之教訓等多則〉）、㉞《清代學術概論》（原題《前清一代思想界之蛻變》）、㉟《老子哲學》、㊱《孔子》（附〈世界偉人傳〉第一編孔子）、㊲《子墨子學說》（附〈墨子之論理學〉）、㊳《墨經校釋》、㊴《墨子學案》（附錄一〈墨者及墨學派別〉，附錄二〈墨子年代考〉，附錄三〈墨經通解敘〉）、㊵《老孔墨以後學派概觀》（附〈先秦諸子表〉）、㊶《歷史上中國民族之觀察》（附〈史記匈奴傳戎狄名義考〉、〈春秋夷蠻戎狄表〉）、㊷《中國歷史上民族之研究》、㊸《太古及三代載記》（附〈三苗九黎蚩尤考〉、〈洪水考〉、〈古代民百姓釋義〉）、㊹《記夏殷王業》（附〈論後代河流遷徙〉、〈禹貢九州考〉、〈又禹貢九州考〉）、㊺《春秋載記》（附〈春秋年表〉、〈周代列國併吞表〉）、㊻《戰國載記》（附〈戰國年表〉）、㊼《地理及年代》（附〈最初可紀之年代〉）、㊽《志語言文字》（附〈運用文字之技術〉）、㊾《志三代宗教禮學》（附〈原擬中國通史目錄〉、〈原擬中國文化史目錄〉）、㊿《先秦政治思想史》（一名《中國聖哲之人生觀及其政治哲學》，附〈先秦政治思想〉）、(51)《中國佛法興衰沿革説略》（附〈佛教大事年表〉）、52《佛教之初輸入》（附錄一〈漢明求法説辯僞〉，附錄二〈四十二章經辯僞〉，附錄三〈牟子理惑論辯僞〉）、53《印度佛教概觀》、54《佛陀時代及原始佛教教理綱要》（原題《印度之佛教》，附〈説無我〉）、55《佛教與西域》、56《又佛教與西域》、57《中國印度之交通》（亦題爲《千五百年前之中國留學生》）、58《佛教教理在中國之發展》、59《翻譯文學與佛典》、60《佛典之翻譯》（附錄〈佛教典籍譜錄考〉）、61《讀異部宗輪論述記》、62《説四阿含》、63《説「六足」「發智」》、64《説大毗婆沙》、65《讀修行道地經》、66《那先比丘經書》、67《佛家經錄在中國目錄學之位置》、68《見於高僧傳中之支那著述》（附錄一〈大乘起信論考證序〉，附錄二〈佛教心理學淺測〉，附錄三〈支那内學院精校本玄奘傳書後——關於玄奘年譜之研究〉，附錄四〈大寶積經迦葉品梵藏漢文六種合刻序〉）、69《讀書分月課程》、70《作文教學法》、71《國學入門書要目及其讀書法》（附錄一〈最低限度之必讀書目〉，附錄二〈治國學雜話〉，附錄三〈評胡適之的「一個最低限度的國學書目」〉）、72《要籍解題及其讀書法》、73《中國歷史研究法》、74《中國之美文及其歷史》、75《中國近三百年學術史》、76《先秦學術年表》、77《莊子天下篇釋義》、78《荀子評諸子語彙解》、79《韓非子顯學篇釋義》、80《尸子廣澤篇呂氏春秋不二篇合釋》、81《淮南子要略書後》、82《司馬談論六家要指書後》、83《史記中所述諸子及諸子書最錄考釋》、84《漢書藝文志諸子略考釋》、85《漢志諸子略各書存佚真僞表》（附〈考諸子略以外之現存子書〉）、86《中國文化史》、87《圖書大辭典簿錄之部》、88《佳人奇遇》、89《新中國未來記》、90《世界末日記》、91《俄皇宮中之人鬼》、92《劫灰夢傳奇》、93《新羅馬傳奇》（附〈俠情記傳奇〉）、94《十五小豪傑》、95《桃花扇註》、96

《陶淵明》（附《陶集私定本》）、97《朱舜水先生年譜》、98《辛稼軒先生年譜》、99《中國歷史研究法》（補編）、100《荀子正名篇》、101《中國考古學之過去及將來》、102《書法指導》、103《儒家哲學》（附《讀書示例——荀子》）、104《古書真僞及其年代》，共一百零四種，堪稱洋洋大觀，令人讚嘆不已。

《飲冰室合集》而外，他如《飲冰室政治論集》（上海廣智書局，一九〇三年出版）、《飲冰室財政論集》（同上）、《梁任公近著》（上海，民國十一年）、《梁任公學術講演集》（上海商務印書館，及河洛出版社）、《梁任公文集》（香港三達出版公司）、《梁啓超文集》（臺南綜合出版社）、《梁任公先生最近言論集》等，均係彙集梁氏的散篇文章及言論成書，所蒐文章的數量遠不能與合集相比擬。

3 專書類

所謂專書，也就是指梁氏著述的單行本，最早的是光緒二十七年（一九〇一年）及其以後幾年間由上海廣智書局所印行的，計有《現今國家大勢論》、《飲冰室自由書》、《中國魂》、《近世歐洲四大政治家》、《康南海》、《中國之武士道》、《美國華工禁約記》、《新民說》、《中國國債史》、《李鴻章》、《意大利三傑傳》、《中西偉人傳》、《鄭成功傳》、《中國六大政治家》、《十五小豪傑》（梁氏所譯）、《新大陸遊記》、《新地理》等。

民國十年上海商務印書館又出版梁氏《清代學術概論》一書，民國二十五年中華書局出版

《飲冰室合集》，將前此所出版的單行本均蒐羅於合集之中。遷臺後臺灣中華書局編有《飲冰室叢書》，其中《飲冰室文集》仍爲十六册，《飲冰室專集》則縮爲精裝十册，計四十三種，另有《先秦政治思想史》、《中國近三百年學術史》、《清代學術概論》、《盾鼻集》、《國史研究六編》、《近代學風之地理的分佈》、《中國歷史研究法》、《德育鑑》、《戊戌政變記》、《飲冰室詩話》、《新大陸遊記節錄》等單行本，共四十二册。

梁氏著述的單行本以臺灣中華書局所出版的爲數最多，他如臺灣商務印書館、文海出版社亦間有出版。梁氏的單行本唯一未收入《飲冰室合集》的是《讀西學書法》一書，約刊行於光緒二十四年，係書評性質，對每部譯書，加以評介並列有西學書目，計翻譯書籍一百五十二部，國人著作三十三部，由此可見戊戌前後西學輸入的梗概。梁氏的《讀西學書法》因年代已久，至今坊間罕見，據云香港羅元一教授藏有此書，彌足珍貴。另文海出版社出版由沈雲龍先生主編的《近代中國史料叢刊》，內有梁氏所撰《護國之役電文及論文》一書，係轉錄自《盾鼻集》，名異實同，不能視爲兩書。文海尚影印有《康有爲評之梁任公詩蹟手稿》一書，民國五十四年三月臺北中華藝苑社影印梁氏手寫之《南海先生詩集》，係康有爲之孫康保延所藏，均可由此一睹梁氏的書法真蹟。

五、結語

梁啓超一生思想屢變，政治立場也常常流轉不定，難免招致世人的批評。不過，他的民權政治主張是不變的，在清末他反對專制，至民國他依然反對專制。為了實現他的一貫主張，他不惜數度捲入政治漩渦，與主政者攜手合作。他熱情洋溢，持論精闢，但是缺乏果斷的魄力，以及縱橫捭闔的手段，再加上受官僚、軍閥爭權奪利的客觀環境所限制，以致於他的政治理想始終未能企及。

梁氏在政治上、學術上固然經常改變，甚至不惜以今日之我與昔日之我挑戰。但是從另外一個角度來看，未嘗不是一種進步，這種進步大體上是與時代的潮流暗相契合的，尤其清末民初的數十年間，是中國思想轉變急劇的時期，梁氏的言論卻能推陳出新，一直為大眾所喜愛，足見他不是閉門造車、故步自封的落伍者，他勤於自我反省、勇於改過的精神，是令人激賞的。

梁氏自認於政治一途，得意者少，失意者多，這當是指他的政治理想而言。實際上他一生不乏值得稱述的事功，像清末的戊戌變法，民四、民五的討袁護國，民國六年的戡定復辟，他都躬與其事，功在國家，足稱不朽。此外，他的言論在中國思想界亦有舉足輕重的影響，特別是大力介紹西方的知識文物給昧於外情的國人，啓迪了民智，使中國步向近代化的坦途，值得一提的是梁氏於光緒二十八年所發表的《新史學》，打破了中國幾千年來的傳統觀念，爲史學界開創了新的境界，貢獻至爲重大。

民國成立以後，梁氏漸由西化論者轉爲國家主義者，強調國家至上，一心一意想建立一個新中國。民國八年他歐遊歸來，對於歐洲戰後呈現的貧困混亂，大生感觸，認爲這是物質文明極度發展的惡果，失望之餘他開始重新評估西方的文化。故當五四運動時期，他不贊成全盤西化的論調，因爲西方的文化已在沒落之中。五四以後，共產思想在中國逐漸流行，梁氏對社會主義本無興趣，對於走國際路線、講求階級鬥爭的共產主義尤乏好感。民國十年中共成立後，梁氏的反共態度益發堅決。基於往日的恩怨，他對於國民黨的聯俄容共政策有著嚴厲的批評，他憂心如焚，想盡辦法，抵制共產，卻天不假年，齎志以歿。

總之，梁啓超是生長在大時代當中一位出類拔萃的人物，他不僅學識豐富，才華過人，而且關心國事，勤於著述，能坐而論道，也能起而實行，他一度是中國思想界的領導者，更是中國走上近代化道路的開拓者，經他拔識的人才，或受他影響的青年，不知凡幾。如今我們緬懷先哲，對於梁氏一生的偉大成就，不禁興起無比的讚歎和敬意。

參考書目

《飲冰室合集》　梁啓超著，林志鈞編，上海中華書局，民國二十五年初版，共四十冊。

《梁任公先生年譜長編初稿》　丁文江編，臺北世界書局，民國四十七年七月初版，共七八六頁。

《梁啓超與清季革命》　張朋園，《中央研究院近代史研究所專刊》之十一，臺北，民國五十三年初版，三四五頁。

《梁啓超的民權與君憲思想》　孫會文，《臺灣大學文學院文史叢刊》之二十二，臺北，民國五十五年初版。

《梁啓超的思想》　宋文明，臺北水牛出版社，民國六十二年五月再版，一六八頁。

《梁啓超與近代報業》　賴光臨，臺灣商務印書館《人人文庫》之六二九，民國五十七年四月初版，一三五頁。

《梁啓超》　毛以亨，臺北華世出版社，民國六十四年十月初版，一四三頁。

《梁啓超與胡適》　陳晉，自刊本，民國五十七年四月初版，二二九頁。

《梁蔡師生與護國之役》　胡平生，《臺大文學院文史叢刊》之四十四，民國六十五年六月初版，一二三二頁。
《康有爲與梁啓超》吳澤，上海華夏書店，民國三十八年再版。
李守孔〈梁任公與民初之黨爭〉，《新時代》三卷六期，頁二一—二六，民國五十二年六月。
黃得時〈梁任公與國民常識學會〉，《東方雜誌》復刊一卷三期，頁六六—七三，民國五十六年九月。
黃得時〈梁任公論學詩及治學〉，《傳記文學》十一卷六期，頁四六—四九，民國五十六年十二月。
黃得時〈梁任公遊臺考〉，《臺灣文獻》十六卷三期，頁一—六八，民國五十四年九月。
黃寶實〈梁任公年譜長編初稿糾謬〉，《民主評論》十二卷八期，民國五十年四月。
張朋園〈梁啓超〉，《中國文化綜合研究》，頁一二七—一四六，臺北中華學術院，民國六十年十月初版。
張朋園〈梁啓超之迎拒虛無主義〉，《大陸雜誌》三十八卷八期，頁一七—二一，民國五十八年四月。
張朋園〈維護共和：梁啓超之聯袁與討袁〉，《中研院近代史研究所集刊》第三期下册，民國六十一年十二月。
張朋園〈梁啓超——一個知識份子的典型〉，《大學雜誌》六十一期，頁一六—二〇，民國六十二年一月。
張朋園〈梁啓超與五四時期的新文化運動〉，《國立中央圖書館館刊》新六卷一期，頁一—一五，民國六十二年三月。
張朋園〈梁啓超的「國務大臣」志氣及其對於民初財政司法外交的影響〉，《食貨月刊》復刊三卷七期，頁三〇一——三二四，民國六十二年十月。
張朋園〈梁啓超對社會主義的認識及中國現代化的見解〉，《食貨月刊》復刊三卷九期，頁四五〇—四七二，民國六十二年十二月。
張朋園〈梁啓超在民國初年的師友關係〉，《師範大學歷史學報》第三期，頁一八七—二一〇，民國六十四年五月。
陳聖士〈論梁啓超的政治思想與政治生涯〉，《中華學報》二卷二期，頁九一——一二八，民國六十四年七月。
彭澤周〈關於康梁亡命日本的檢討〉，《大陸雜誌》四十一卷八期，頁一——一三，民國五十九年十月。
彭澤周〈梁啓超與日本大同高等學校〉，《大陸雜誌》四十三卷二期，頁二六—三八，民國六十年八月。
彭澤周〈論賀重昂與梁啓超〉，《大陸雜誌》四十四卷五期，頁一—七，民國六十一年五月。
張良澤譯（增田涉原著）〈梁啓超逃亡日本始末〉，《大陸雜誌》三十七卷十一、十二期合刊，頁六〇—六八，民國五十七年十二月。
胡平生〈梁啓超與湖南時務學堂〉，《幼獅月刊》二十九卷二期，民國六十三年二月。
胡平生〈梁啓超與討袁護國〉，《臺灣大學歷史系學報》第二期，頁一八五—二〇七，民國六十四年六月。
戴君仁〈梁啓超〉，《中國文學史論集四》，頁一二三九—一二四八，民國四十七年四月。
劉鳳翰〈梁啓超著《戊戌政變記》〉，《幼獅學報》二卷一期，頁一—四一，民國四十八年。
亓冰峯〈清季梁啓超的言論及其轉變〉，《幼獅學誌》第四期，民國五十四年十二月。
宋慈裦〈梁啓超傳〉，《國史館館刊》一卷四期，香港龍門書店影印本，民國三十七年十一月。
丘　峻〈雲南起義與梁蔡師生〉：《民主潮》四卷十九期，民國四十三年十二月。
汪榮祖〈梁啓超新史學試論〉，《中研院近史所集刊》第二期，頁二二七—二三六，民國六十年六月。
羅炳綿〈梁啓超對中國史學研究的創新〉，香港，《新亞學報》十卷一期，頁一四五—二六八，民國六十年十二月。
江勇振〈期待另一個梁啓超——綜評四本有關梁啓超的著作〉，《師大歷史學報》第二期，頁四三七—四五四，民國六十三年二月。
康虹麗〈論梁任公的新史學和柳翼謀的國史論〉，《幼獅學誌》十卷二期，頁一—二〇，民國六十一年六月。
周億孚〈梁啓超先生著作考〉（上）（中），香港，《珠海學報》第七期，頁二三五—二七一，民國六十三年四月；第八期，頁三四—九六，民國六十四年一月。
黃順二〈梁任公的社會思想〉，《社會學刊》第九期，頁一一一—一三二，民國六十二年七月。
梁容若〈讀梁任公著《朱舜水年譜》〉，《大陸雜誌》七卷九期，頁一〇—一三，民國四十二年十一月。
陳漢光〈梁啓超與臺灣及其影響〉，《再生》十八—十九期，頁一四—一八，二三—二五，民國六十二年一—二月。
程文熙〈張君勱先生與梁任公先生〉，《再生》十八期，頁三九—四〇，民國六十二年一月。
鄭天栻〈梁任公先生對民國之貢獻〉，《再生》十八期，頁二五。
龐景隆〈梁任公先生《新民說》概觀〉，《再生》十八期，頁二六—三〇。
景　安〈梁任公與譚嗣同的交誼〉，《再生》二十期，頁一三—一五，民國六十二年三月。
陳少廷〈梁啓超對臺灣知識份子的影響〉，《大學雜誌》六十一期，頁九—一五，民國六十二年一月。
李昌奇〈令人懷念的梁任公先生〉，《再生》十八期，頁三四—三六，民國六十二年一月。
魏曼特〈梁任公的佛學研究〉，《再生》十八期。
郭湛波〈梁啓超的時代及其思想〉，《輔仁大學哲學論集》第二期，民國六十二年六月。
胡秋原講，黃信信記〈一個偉大的民族主義者梁啓超〉，《中華雜誌》一一七期，民國六十二年四月。
郭壽華〈梁啓超的政治學術思想與日本〉，《廣東文獻》二卷四期，頁四七—五三，民國六十一年十二月。

劉岱曦〈梁任公「三保」「三無」辯〉，《反攻》九十九期，頁二一，民國四十三年一月。
羅耀軫〈康梁師生關係〉，《教師之友》十四卷一期，頁五—六，民國六十二年一月。
劉太希〈梁任公與徐志摩〉，《中國文選》六十四期，頁二二七—二三一，民國六十一年八月。
林光灝〈紀念梁啓超百歲誕辰〉，《廣東文獻》三卷三期，頁三一—三六，民國六十二年九月。
趙豐田〈維新人物梁啓超〉，《天津大公報》，民國十八年二月二十一日。
李達生〈我看梁任公〉，《大學生活》七卷二十三期，頁一五—二二，民國五十一年四月。
梁實秋〈記梁任公先生的一次演講〉，《大學生活》二卷九期，頁五〇—五一，民國四十六年一月。
楊雲萍〈梁任公的林公畫像贊〉，《臺灣風土》一八八期，民國四十三年十一月。
張其昀〈梁任公別錄〉，《思想與時代》第四期。
張其昀〈悼梁任公先生〉，《史學雜誌》一卷五期。
吳其昌〈梁任公別錄拾遺〉，《思想與時代》十三期，貴州，民國三十一年八月。
素癡（張蔭麟）〈近代中國學術史上之梁任公〉，《天津大公報》，民國十八年二月二十一日。
繆鳳林〈悼梁卓如先生〉，《史學雜誌》一卷一期。
劉子健〈國史上之梁任公〉，《中央週刊》五卷二十一期。

陳伯莊〈談梁任公先生〉，《思想與時代》第十三期。

陶元珍〈懷梁任公〉，《新中國評論》二十四卷二期，民國五十二年二月。

《中國政治思想史》蕭公權，第六冊，頁七三三—七八〇，中華文化出版事業委員會，民國四十三年八月初版。

《中國近代思想史論》王爾敏，作者自刊本，民國六十六年四月初版，五六六頁。

《晚清政治思想史論》王爾敏，自刊本，民國五十八年九月初版，三一二頁。

《近五十年中國思想史》郭湛波，香港龍門書店翻印本。

《晚清五十年經濟思想史》趙豐田，臺北華世出版社，民國六十四年十二月初版，三二〇頁。

《近代二十家評傳》王森然，臺北文海出版社，《近代中國史料叢刊》第九十輯，頁一八九—二一〇，係梁啓超先生評傳。

《清末革命與君憲的論爭》亓冰峯，《中研院近史所專刊》之十九，民國五十五年十二月初版。

《中國民主思想運動史》周弘然，臺北帕米爾書店，民國五十三年七月初版，四三八頁。

《中國報學史》戈公振，臺灣學生書局影印，民國五十三年再版。

《文學十家傳》梁容若，臺中東海大學，民國五十五年八月初版，頁三五三—四〇六專論梁啓超。

Levenson, Joseph R.: *Liang Ch'i-Ch'as and the Mind of Modern China.* Harvard University Press, 1953. pp. 256.（臺北虹橋書店翻印，一九七〇年）

Chang Hao（張灝）: *Liang Ch'i–Ch'as and Intellectual Transition in China. 1890–1907.* Harvard University Press. 1971. pp. 342.（臺北虹橋書店翻印，一九七三年）

Huang, Philip C.（黃宗智）: *Liang Ch'i–Ch'as and Modern Chinese Liberalism.* University of Washington Press. 1972. pp. 231.

Wang, Y. C.（汪一駒）: *Intellectuals and the West, 1872–1949*, University of North Carolina Press, Chapel Hill, 1966. pp. 557.（臺北虹橋書店翻印，一九七一年）

馬一浮

鄭大華 著

目次

馬一浮

一、生平事蹟

1 紹興一神童

馬一浮，浙江紹興上虞長塘鄉後莊畈人，乳名錫銘，幼名福田，後改名爲浮，字一浮，別號湛翁，取《楞嚴經》：「如湛巨海，流浮漚起滅亢從」之義，晚號蠲叟，或蠲戲老人，取《法華經》：「蠲除戲論」之義，一生還用過「憂生」、「耕餘」、「太淵」、「一佛」、「藏用」、「被褐」、「聖湖居士」、「宛委山人」、「服休」、「聖湖野老」、「夕可老人」、「綏山老衲」等筆名和別號。

西元一八八三年（清光緒九年）二月二十五日，馬一浮出生於四川成都。其時他父親馬廷培正游宦四川，爲仁壽縣知縣。廷培是一個典型的儒家仕宦學者。清咸豐十一年，因他伯父蘭舫公在四川仁壽縣廷尉職上戰死，死後無嗣，他以序宜爲後過繼給蘭舫公爲嗣子。入川後，他先是究心經世學，凡法制、條例、刑名、錢穀及掌故民物，無不精通。後來被四川敘州府知府招爲幕僚，不久即擢昇爲四川潼川府通判，最後調任爲四川仁壽縣知縣。爲官期間，他勤政清廉，聲名卓著，深得老百姓的愛戴。後因生母倪太恭人去世，上司未准回籍治喪，而悲念陰鬱，遂辭官回到杭州。那一年馬一浮才有六歲。廷培有孩子四個，前三個皆爲女孩，男孩僅馬一浮。爲了使兒子能榮祖光宗，他對一浮的教育十分嚴格，經常告誡兒子要讀史通經，深究儒家的義理之學。如他告誡兒子說：「立身制行之道，約之以不苟二字。不苟，即主敬也。事事不苟，然後能事事體察，以深其條理，主敬窮理，一以貫之，非有二也。」這些告誡對馬一浮日後研究儒家義理之學，並成爲一代儒宗，是大有影響的。

馬一浮自幼聰敏，勤奮好學，有神童之稱。他三歲開始在母親何定珠的教育下認字讀書，五歲即能吟詩對句，八歲能作詩，九歲能誦讀《文選》、《楚辭》，到十歲時，已能出口成章。據說，他十歲那一年，母親患疾，自知不起，爲了考考兒子的才學，看他將來能否有大的出息，一天，她指著庭前盛開的菊花，命兒子作五言律詩一首，並限麻字韻。馬一浮未加思索，應聲而就，詩云：

我愛陶元亮，東籬采菊花。
枝枝傲霜雪，瓣瓣生雲霞。
本是仙人種，移來處士家。
晨餐秋更潔，不必羨胡麻。

母親聽後十分高興，認爲他長大必能作詩，但又覺得幼年出句竟似不食人間煙火，只怕一生「少福澤耳」。這就是文壇盛傳的馬一浮的「神童詩」、「菊花詩」。此事不久，母親病故。他父親爲了使馬一浮能得到名師指點，特地爲他延聘了一位很有聲望的老舉人鄭墨田先生來家教讀。但沒多久，這位鄭老先生即提出辭職。他父親以爲是兒子不聽管教，惹老師生了氣，或是家人怠慢了老師，經再三盤問，才知道孩子的才智非凡，在某些方面已超過老師，老師自感不能勝任，又怕耽誤人家子弟學業，所以自請辭館。他父親開始不信，親自試教後，才相信兒子果然穎悟異常，所讀書籍能過目不忘，不禁暗暗稱奇，自嘆弗如。從此，他不再爲兒子延師，聽任自學。

一八九八年（清光緒二十四年），不滿十六歲的馬一浮奉父親之命，赴紹興縣城參加縣試。當時，他父親已患病在身不能陪往，特意托了一位身強力壯又懂事理的鄉親結伴趕程。馬一浮的家鄉長塘離紹興縣城有四十里之遙，由於當時交通落後，一無汽車，二無輪船，如要乘埠船，還需要先走十八里的旱路。這是馬一浮第一次出遠門，他人又長得矮小，走不多遠就走不動了，而要趕上那趟班船，不走又不行，最後只好苦了那位鄉親：「騎在我的頭上趕路吧。」據資料記載，參加縣試的有好幾位日後都成了知名人物，如魯迅兄弟，竺可楨的哥哥等。考試的結果，馬一浮竟獨占鰲頭得了個全縣第一名。本來馬一浮就有「神童」之稱，這一下更是名聲鵲起，其闈卷被人謄抄，廣爲流傳。當時紹興有一位名叫湯壽潛的社會賢達（湯後來是著名的立憲派領袖，辛亥後嘗做過浙江第一任都督，南京臨時政府的交通總長），看到流傳中的闈卷不禁拍案稱奇，大爲讚賞，認爲馬一浮日後必成大器，於是，挽人執柯，將長女許配給他。這樣，馬一浮就成了湯壽潛的東牀快婿，受業門生。

大概是福禍相依的緣故，馬一浮成爲湯家的東牀快婿不久，家庭便迭遭不幸，先是二姐一病不起，接著是父親病辭人間，父親病逝後的第二年，妻子又魂歸西天。妻子死時馬一浮才二十歲。也許是這一連串的不幸對他的打擊太大，也許是他對妻子的感情太深，此後馬一浮沒有再娶。他曾告訴那些勸他續弦的親朋好友說：「孔子的子孫是濂、洛、關、閩，而不是曲阜的聖衍公。」所以馬一浮一生沒有子嗣。

2　發憤苦讀書

其時，經過戊戌變法的洗禮，新學在中國逐漸興起，爲了探究新學，接受新知，一八九九年馬一浮與湯壽潛的另一受業弟子謝無量一同赴上海學習英文、法文和拉丁文。

一九〇一年，他與謝無量、馬君武共同創辦了一份名叫《二十世紀翻譯世界》的雜誌。介紹西方思想文化，以期喚起民眾，振興中華。一九〇三年，馬一浮因迭遭喪姐、喪父、喪妻的不幸，思圖遠遊。當時正好清政府駐美使館留學生監督公署，需聘一位既懂中文又懂英文和拉丁文的秘書，馬一浮便報名應聘。是年六月，他東渡太平洋，到設在美國北部聖路易斯城的留學生監督公署走馬上任。在美國的一年多時間裏，除主辦留學生監督公署中文文牘和兼任萬國博覽會中國館的秘書外，馬一浮把大部分精力和時間都花在了接受新知上，他如饑似渴地閱讀亞里斯多德、斯賓塞、黑格爾、赫胥黎、達爾文、孔德、盧梭、但丁、拜倫、莎士比亞和馬克思等人的著作，從他的日記來看，他讀過的書有《亞里斯多德政治學》、《拜倫詩》、《佛教原理論》、《日耳曼社會主義史》、《賓塞爾倫理學原理》、《達爾文物種由來》、《孔德傳》、《狄摩斯諦尼演説集》、《但丁詩》、《莎士比亞集》等，並用英文翻譯了《日耳曼之社會主義史》、《露西亞之虛無主義》和《法國革命黨史》。這期間，他還買了兩本《資本論》。實際上，早在出國之前他就聽説馬克思寫有一本《資本論》，而在當時的中國是不可能買到的，所以他一到美國就時時留意。有一天他正患感冒，帶病到一家「約翰書店」去買書，竟不想書架上有一本英譯版的《資本論》。他大喜過望，立即買了下來。在日記中他寫道：「昨日，吃種種之藥，吃一塊之麵包，吃半杯之飯，都不覺好惡。晚來，臉痛略減，蚤起，又甚，奇哉！下午，得英譯本馬格士《資本論》一册。此書求之半年矣，今始得之，大快，勝服仙藥十劑！余病若失矣！」後來，他又買了一本德文版的《資本論》。

一九〇四年五月，馬一浮攜帶他買的兩本《資本論》經日本回國。當時，謝無量、馬君武都在日本留學，他們勸馬一浮也留下來，馬一浮便在日本西京逗留了半年，向一位名叫烏隆謙三的日本友人學習日文，於是年十一月才與謝無量一起回到祖國。據杭州師院的趙士華女士研究，馬一浮帶回的《資本論》是進入我國的第一部馬克思的著作。後來，馬一浮將他帶回的兩本《資本論》，英文版的送給了謝無量，德文版的送給了當時上海的「國學扶輪社」。

馬一浮回到祖國後，還是繼續他的讀書生活，先是與謝無量在鎮江焦山海西庵隱居了一年，刻苦研讀西學，期間曾翻譯西班牙文學名著《唐·吉訶德》，題爲《稽先生傳》，刊於上海《獨立周報》上，筆名「被褐」。後又一人在杭州西湖廣化寺借居了三年，天天到廣化寺附近的文淵閣借覽《四庫全書》。據說，文淵閣所藏的《四庫全書》共有三萬二千七百多冊，馬一浮基本上借閱一過。正因爲馬一浮學習勤奮，讀書殊多，所以他的好友弘一法師（即李叔同）曾告訴弟子豐子愷說：「馬先生是生而知之的。假定有一個人，生出來就讀書，而且每天讀兩本（他用食指和拇指略示書之厚薄），而且讀了就會背誦，讀到馬先生的年紀，所讀的書還不及馬先生之多。」（見豐子愷《桐廬負暄》）。幾年的廣閱博覽，大大豐富了馬一浮的國學素養，這也就爲他日後弘揚中國傳統文化，闡發儒學義理之學，打下了堅實的學術基礎。

儘管馬一浮自美回國以後閉門謝客，潛心讀書，然而作爲一個愛國青年，他仍時刻關注著國家的命運，民族的前途。其時，孫中山領導的反清革命運動正日益高漲，風起雲湧。馬一浮雖然沒有參加任何革命團體，但他對反清革命運動持理解和同情的態度。一九〇七年，秋瑾、徐錫麟二烈士因反清革命被清政府殺害後，他悲憤異常，並揮筆寫了一首題爲〈悲秋四十韻〉的排律詩，聲討滿清政府，悼念革命烈士，相信烈士的鮮血不會白流。「隱霧來玄豹，神飆動赤虬」，兩位烈士倒下了，但會有更多的像「玄豹」、「赤虬」那樣的革命志士起來與清政府鬥爭，推翻清政府。辛亥革命後，浙人改葬徐錫麟遺骸於孤山之陽，馬一浮爲之特撰〈烈士徐君墓表〉。

正如馬一浮所信念的那樣，烈士的鮮血沒有白流，統治中國長達二百六十多年之久的滿清政府終於被辛亥革命推翻。一九一二年一月一日成立了以孫中山爲臨時大總統的南京臨時政府，與馬一浮有世誼的蔡元培在臨時政府中擔任教育總長一職。蔡元培走馬上任後，即致函馬一浮，邀請他來教育部任秘書長，襄助部務。本來馬一浮當時正潛心於祖國傳統文化之學，對做官毫無興趣，但念及自己不僅與蔡有世誼之交，而且彼此還很傾慕，於是勉強答應了蔡的邀請，到南京任職。但他到任不滿三周，就因不善官場應酬而提出辭職。他對蔡元培說：我這個人不會做官，只會讀書，不如讓我仍回西湖去讀書吧。辭職回到杭州後，他身居陋巷，潛心讀書。後來蔡元培出長北京大學，又邀請他擔任北京大學文科學長，但馬一浮未加思索，即以「古聞來學，未聞往教」八字回電辭之。一九三〇年，陳百年繼任北大校長，因傾慕馬一浮的道德文章，幾次函電邀請他到北大任教，也被一浮婉言辭謝。幾乎同時，他還謝絕過浙江大學校長竺可楨的幾次邀請。

從一九〇四年十一月，他自美經日本回國，到一九三七年抗日戰爭全面爆發這長達近三十三年的時期內，除民國元年擔任過三個星期的教育秘書長外，馬一浮基本上是隱跡林下，潛心讀書治學。回國的第一年他讀的主要是西書。然而從第二年即一九〇五年底起，他則轉爲讀中國古書，凡中土九流百家之學，漢宋經師論、文史詞章、小學雜記，無不涉獵。其間還致力過訓詁考據之學，但不久就覺悟其非，認爲即使訓詁嚴密，考據精確，於自己身心及民風政教了無干涉。大約在一九一七年前後，馬一浮讀書的興趣又發生變化，從廣閱博覽轉爲主要讀佛道二氏經典，自一九一七年到一九二七年，這十年間，他幾乎通讀過「三藏十二部」等佛學著作和《老子》、《莊子》等道家著作。到了一九二七年前後，他又覺得「禪」是閒名，大可束閣。性是實德，必須親證，與其涉獵二氏之學，還不如「歸而求之六經，取法宋賢」。於是他讀書興趣再次發生變化，從佛道二氏經典變爲主要讀儒學經典，尤其是對儒家六經開始做認真地研究。馬一浮雖然身居陋巷，不求聞達，但隨著他學業日進，名聲也因而大著，加上他爲人寬厚耿直，因而深得學術界的推重和敬慕，當時海內學者來西湖質疑問難者是絡繹不絕，來者莫不爲馬一浮的博學通治所嘆服。一些著名學者如梁漱溟、熊十力、馬寅初、湯用彤、朱光潛、李叔同、蘇曼殊等都和他磋切過學術，並與他保持著深厚友誼。

3 講學與刻書

一九三七年「七七事變」的槍聲，打破了馬一浮平靜的讀書治學生活。抗戰初期爲避戰爭烽火，他攜帶書籍萬卷由杭州南遷，先居桐廬，後轉開化，不久因日寇進逼，怕書籍遺失，乃致函時在江西吉安的浙江大學校長竺可楨，請他代謀爲所攜書籍找一妥善的椽寄之處。竺可楨收函後，即飛電馬一浮邀請他以大師名義到江西泰和浙大講學。在當時已走頭無路的情況下，馬一浮不得已改變初衷，接受了竺可楨的邀請，於一九三八年春節後不久到了泰和。

馬一浮在泰和講的內容是國學。他以張載「爲天地立心，爲生民立命，爲往聖繼絕學，爲萬世開太平」四句教爲宗旨，系統闡述了他的「六藝論」和「義理名相論」（「義理名相論」在泰和沒有講完）。聽講的除文科的學生外，還有包括竺可楨在內的各系教授，如文科教授梅迪生、張其昀，理科教授蘇步青都聽過他的講學。他講學的時間不分星期，是「逢五」進行，即每月的五號，十五號和二十五號，風雨無阻。爲什麼要「逢五」上課呢？他解釋道：「定五號爲講期自有義在。十即是一，故數窮於九，而五居中。皇極位次於五，亦是此理。」在此期間，他還應竺可楨的請求，爲浙大創作了校歌歌詞。是年六月，浙大舉行畢業典禮，馬一浮應邀在典禮上向畢業生發表演講，鼓勵學生要樹立「抗戰必勝，正義必申」的堅定信念。馬一浮在泰和共講了十一講，後來講稿輯成爲《泰和會語》，公開問世。

馬一浮在江西泰和大約住了半年之久。一九三八年八月，贛北戰事日緊。爲避日鋒，浙大師生於是月十三日起，分批乘卡車西行，經湖南衡陽遷往廣西宜山。馬一浮沒有隨浙大師生一起走，而是南行過大庾嶺，入廣東，走水路到廣西柳州，再乘車北上到桂林，與舊友馬君武（時任廣西大學校長）及弟子豐子愷、吳敬生相聚，到十二月二十五日，他才離開桂林，到了宜山，繼續他的浙大講學。馬一浮在宜山共講了九講，其主要內容是講他在泰和沒有講完的「義理名相論」。他在宜山講學的講稿，後來輯成爲《宜山會語》，與《泰和會語》一道合刻出版。

馬一浮雖因形勢所逼而接受了竺可楨的邀請，以大師名義到浙江大學講學，但其內心深處則對大學制度抱有成見，認爲在大學制度下，學生「務求多聞，則義理非所尚，急於用世，則心性非所先」，不能造就符合儒家理想的人才。這也是他所以三番五次地拒絕到北大、浙大任教的原因之一。故此，他到浙大不久，即在給弟子劉伯閔等人的通訊中，流露出想離開浙大，另找一處山水勝地，創辦一所古典式的書院講學的願望。劉伯閔是國民黨CC系的幹將。他於是將馬一浮的這一願望告訴了CC系首領、時任教育部長的陳立夫。陳又將它轉告給了國民黨總裁蔣介石。蔣對馬一浮的道德文章早就心存敬仰，加上其時國難當頭，需要網羅各方人才，以樹立自己禮賢下士的形象，他便指示教育部向行政院提出議案，經院會通過，以行政院長孔祥熙的名義，向正在宜山講學的馬一浮發出邀請電，除表示敬慕之意外，恭請他主持擬議中的書院，並告訴他，政府「已撥定基金」，作爲書院經費。於是，一九三九年春節前夕，馬一浮離開宜山，到了戰時中國的首都重慶。在離開宜山時，他曾作〈將去宜州留別諸講友〉詩一首，向浙大告別，詩中寫道：「故國經年半草萊，瘴鄉千里歷崔嵬。地因有礙成高下，雲自無心任去來。丈室能容師子坐，褒斜力遣五丁開。苞桑若繫安危計，綿蕝應培禹稷才。」

經過一段時間的籌備，一九三九年八月，書院宣告成立。書院設置董事會，由國民政府教育部聘請屈映光、陳其采、陳布雷、葉楚傖、周鍾岳、陳果夫、壽毅成、沈尹默、邵力子、謝無量、熊十力、劉伯閔、賀昌羣、趙堯生、梅迪生、張曉峯、梁漱溟、朱鐸民、況敬仲等爲董事，屈映光爲董事長，陳其采爲副董事長，劉伯閔爲總幹事。董事會又聘請馬一浮爲主講並總攝書院事務。書院經費，除蔣介石撥三萬元專款作爲建院基金外，另由教育部和四川省政府每年給預定額補助。書院設在四川省樂山縣烏尤山的烏尤寺，根據馬一浮的建議，稱爲復性書院。爲什麼要稱爲「復性書院」？馬一浮對此曾在〈書院名稱旨趣及其簡要辦法〉中作過說明，他說：書院，在古代的時候以地名命名，如鵝湖書院、白鹿洞書院等等，進入近代以後開始出現以義命名的現象，如詁經書院、尊經書院等等皆是，今如果以義命名，可命名爲復性書院。因爲「學術，人心所以紛歧，皆由溺於所習而失之，復其性則同然矣。復則無妄，無妄即誠也。又堯舜性之，所謂元亨，誠之通，湯武反之，所謂利貞，誠之復。自誠明，謂之性，自明誠，謂之教。教之爲道，在復其性而已矣，今所以爲教者，皆囿於習而不知有性。故今揭明復性之義，以爲宗趣」。從馬一浮的上述説明中可以看出，復性書院與一般的學校或研究院不同，它實質上是宋明時期的書院在現代的新版。

是年九月十五日，復性書院正式開講。本來按照馬一浮的計劃，書院應開設「四學」，即「玄學」、「義學」、「禪學」和「理學」，並擬請謝無量講「玄學」，熊十力講「義學」，肇安法師講「禪學」，「理學」則由他本人擔任。但不料謝無量和肇安法師婉言謝絕，熊十力雖然接受了邀請，但開講不久，即因對書院規制發生意見而離開書院。不得已，馬一浮只好獨自承講六經大義，其講稿後來被輯爲《復性書院講錄》。

馬一浮在復性書院只講了四個學期，就因爲不滿當道者所爲而停止了講學。事情是這樣的：一九四一年上半年國民政府教育部要書院填報講學人員履歷及所用教材備核。馬一浮對此事十分憤慨，嚴辭拒絕。因爲在書院正式創辦之前，他在寫給教育部的〈書院名稱旨趣及其簡要辦法〉中明確提出：「書院之設，爲專明吾國學術本原，使學者得自由研究，養成通儒，以深造自得爲歸。譬之佛家之有教外別傳。應超然立於學制系統之外，不受任何限制。書院爲純粹研究學術團體，不涉任何政治意味。凡在書院師生，不參加任何運動。」教育部當時不僅對此表示同意，而且還明確表示，對馬一浮「始終以賓禮相待」，彼此不存在隸屬關係。故此，在收到教育部要書院填報講學人員履歷及所用教材備核的通知後，馬一浮即致書教育部，責以違背當時「以賓禮相待」的諾言，並決定辭去講席，專事刻書。後經陳立夫和書院董事會的一再挽留，他才勉強答應再講半年。一九四一年十二月三十一日，他寫了一篇《告書院學人書》，表示自一九四二年一月起，書院「將以刻書爲職志」，「以便寓講習於刻書」，「庶使將來求書稍易，不患無書可讀」。

爲了籌集刻書經費，馬一浮於一九四二年初寫了一篇〈蠲戲老人刻書啓事〉和一首〈神助篇〉的詩，向四方友朋宣布他將「鬻字刻書」的心願，他同時向董事會表示，將以筆潤「易饘粥」，不受書院一粟一幣。經過一段時間的鬻字，加以朋友和弟子們的自動捐助以及他本人的平時積蓄，共籌集到刻書資金二萬多圓。馬一浮對刻書工作非常重視，他曾多次對弟子們說：「多刻一板，多印一書，即是天地間能多留一粒種子。」他並親自起草了〈復性書院擬刻諸書簡目四種〉，其中擬先刻《羣經統類》四十二種，《儒林典要》三十六種，《文苑菁英》二十種，《政典先河》十六種。除此，他還擬有計劃地組織編刻《諸子會歸》，從周秦、兩漢、魏晉以迄隋唐、宋代等諸子，凡一百十四家六百二十七卷的古書。雖然由於經費和人力的限制，實際上在馬一浮的主持下，復性書院先後只刻了《羣經統類》和《儒林典要》等叢書共二十八種，三十八册，但在當時的條件下，編刻這麼多的書也是相當不容易的。馬一浮的刻書爲保存祖國傳統文化作出了巨大貢獻。

一九四五年八月十五日，日本宣布無條件投降，中國人民經過八年的浴血奮戰終於取得了抗日戰爭的徹底勝利。翌年五月五日，國民政府還都南京。二十日馬一浮也自重慶乘飛機經上海回到闊別八年多的杭州。這時，復性書院也遷移到了西湖的葛蔭山莊。本來他打算就此離開書院，但經復性書院董事會的再三挽留，他不得已同意仍以書院主講兼總纂的名義繼續刻書。然而同時表示，不受書院敬脩，其薪金全部捐作刻書資金。如此，他又主持復性書院刻書工作約一年半之久，直到一九四八年初，他才離開復性書院，結束了長達近十年的半講學半刻書的生活。

4 「落日下崦嵫」

一九四九年十月一日，大陸易幟，中華人民共和國成立。翌年馬一浮應弟子蔣蘇庵之請，遷移到花港蔣莊居住。一九五二年四月，出於對馬一浮的敬仰，時任上海市市長的陳毅，在浙江省文教廳廳長劉丹的陪同下，輕車簡從，到蔣莊拜訪了馬一浮。據說，陳毅拜訪之先，曾在上海向沈尹默問過馬一浮之爲人。沈告訴陳毅，「其人其學，純正博大，近世學者，實罕甚匹。泰山北斗，可敬可佩」。陳還問過謝無量。陳先是向謝學舊體詩，謝介紹說學詩應向馬一浮學，但去時必須師禮事之。所以拜訪那一天，陳毅特穿了一件長褂，以示對馬一浮的尊重（見《中國當代理學大師馬一浮》第一八七頁）。經過長時間的暢談，馬一浮深爲陳的學識、人格所感動，並視陳爲知己，從此他成了陳的老朋友。在事後不久的一首〈贈陳毅同志〉的詩中他寫道：「不恨過從簡，恆邀禮數寬，林栖便鳥養，與誦驗民歡。皁帽容高臥，緇衣比授餐。能成天下務，豈能一枝安。」陳毅的這次訪問，對馬一浮的影響很大，使他改變了終身不仕的初衷，而同意出任公職。這次訪問不久，他被聘爲上海市文物保管委員會委員，翌年三月又受聘爲浙江省文史館首任館長。一九五四年後歷任第一、三屆政協全國委員會特邀委員，第四屆全國政協委員，中央文史研究館副館長。

在大陸領導人中，周恩來對馬一浮也很敬重。一九五七年他在陪同前蘇聯國家元首伏羅希洛夫到杭州參觀訪問時，曾和伏羅希洛夫一起到蔣莊探望馬一浮，並和他一起合影留念，稱他爲「中國現代唯一的理學家」。馬一浮每次到北京參加全國政協會議，周恩來都要對他坐什麼車，住什麼房間乃至房間裏的暖氣、窗帘等一一過問。爲了使他能安度晚年，周曾多次指示浙江省領導，要從各方面照顧好馬一浮。一九六三年是馬一浮八十生辰。爲了表彰他對保存和發揚中國傳統文化所作出的突出貢獻，在當時大陸財政十分困難的情況下，周恩來特批撥一萬圓人民幣專款作爲馬一浮的生活保障。正因爲得到了周恩來的關心和保護，所以馬一浮是一九四九年後留在大陸的老一輩知識分子中仍然堅持自己的學術觀點，而未受到政治批判的少數幾個人之一。

一九六六年，大陸開展所謂「文化大革命」。在這場「史無前例」的人類大災難中，馬一浮也未能倖免。他被紅衛兵扣上「反動學術權威」的帽子，趕出蔣莊，其畢生收藏的古書、文物和字畫被投進火海，化爲灰燼。經此劫難，馬一浮的身心受到極大損害，他終於一病不起，於一九六七年六月二日在杭州與世長辭，享年八十有五。他病重住院期間，自知臥床不能再起，曾在病床邊，以欹斜的筆迹，費力寫下了他最後一首絕筆詩〈擬告別諸親友〉，其詩曰：

乘化吾安適，虛空任所之。
形神隨聚散，視聽總希夷。
漚滅全歸海，花開正滿枝。
臨崖揮手罷，落日下崦嵫。

二、思想來源

從上一章對馬一浮生平事蹟的介紹可以看出，他一生主要是讀書治學。馬一浮讀書治學過程可分爲幾個階段，即：一八九九年前是學習古文，應試科舉；一九〇三年後留學美國、日本，一段時間裏研究過西方文化；自一九〇五年起開始廣閱博覽中土文獻，並致力於訓詁考據之學；一九一七年時覺悟其非，而轉爲深入究研諸子百家之說，尤其是佛道二氏之學；但到一九二七年前後又感到二氏之學有精有粗，有得有失，皆不足備義理大全，盡心性之大用，於是始折而返求儒家，深契六經。從此，爲發掘、整理和闡釋儒家思想而貢獻了全部精力，直至去世。所以，有的人以「博道諸子，精研老莊，深探義海，妙悟禪宗，返求六經」來概括他一生讀書治學的過程。馬一浮雖然先後研究過西方文化、佛道二氏之學和儒家思想，尤其是儒家六經，但他研究西方文化的時間很短，前後僅只兩三年，西方文化對他的思想並沒有產生過什麼大的影響，對他思想產生過大的影響的主要是儒家思想，其次是佛道二氏之學。儘管他於一九二七年前後就已從深究佛道而轉爲深究儒家，成了一位儒家思想的發掘、整理和闡釋者，然而由於他深究二氏之學達十年（一九一七—一九二七年前後）之久，受其影響很大，所以實際上二氏之學和儒家思想一樣，仍是他思想的一個來源，他後來研究、闡釋儒家思想，其方法是以儒學融會佛道，同時又以佛道論證儒學。因此，有人評價他的學說是融貫儒釋道。當然在儒釋道這三個思想來源中，儒家思想是其主幹。如果借用中國傳統的哲學範疇「體用」來表示，儒家思想是體，佛道思想是用，佛道思想在馬一浮這裏是爲論證儒家思想服務的。下面我們就馬一浮的三個思想來源作一介紹。

1 佛家思想

馬一浮一生寫的佛學論著不多，而這些不多的佛學論著也因戰火人禍而大部分散佚，現在輾轉遺留世間的只有少數短文，如〈十二等觀〉、〈頌箴銘〉、〈童蒙箴〉，以及他爲寺院高僧所作的塔銘傳記，如〈重修禪峯禪師塔銘〉，〈昭慶同戒錄書後〉，〈虎跑定慧寺五百應真造像石刻後記〉，〈楞嚴正脈科會序〉、〈楞嚴開蒙小引〉、〈唐高僧鑒真法師贊〉、〈香積佛智禪師傳〉、〈重刻連池大師戒殺放生文序〉、〈旭光宅記〉、〈印光法師文鈔序〉、〈弘一律主衣鉢塔銘記〉、〈萬慧法師塔銘〉等。據馬一浮的遠房侄兒、杭州師範學院馬一浮研究所副所長馬鏡泉教授介紹，最近他們在整理馬一浮遺著、遺稿時，發現了一篇重要的反映馬一浮早年佛學活動的論文和一部未出版的著作手稿。

這篇論文的題目叫做〈般若會約〉，是馬一浮一九二四年在杭州組織般若學會時寫的。全文分爲「一標名字；二明宗趣；三攝誨眾；四推善友；五示軌法；六顯行布」。並在文末的附言中闡明了成立該學會的宗旨，強調「本會係以個人自由意志，本于正當宗教之趨向，爲純粹道德哲學上之集合，不含何等政治社會之意味，不受任何方面權利的干涉，爲現今世界共和國法律所共許，故無呈請官廳立案之必要」。此文的後面，還附有一份馬一浮起草的〈因社刻書啓〉，對「因社」作了具體解釋：「因者，對革爲言，由今之俗蔽於革，而不知因，爲一類。蔽於不善，因而不知革，復爲一類。雖或革或因等蔽也。今欲解蔽，乃在善因。善因者，未有不能損益者也。《論語》曰：『殷因于夏，周因于殷』。《孟子》曰：『爲高必因丘陵，爲下必因川澤。學而不因聖賢之道，非學也。』《中庸》曰：『天之生物也因材而篤明聖人之爲故非能取而與之，因其所固有而已。』以佛義言，則自覺爲了因，覺他爲緣因，法不無因，故從緣起。」故取名因社。馬一浮在解釋了因社緣起後，對印書之分門別類作了具體介紹。

馬一浮的這部未出版的著作手稿，名叫《法數鈎玄》，這也是至今發現的他的唯一一部佛學專著。「法數」是佛經的術語，意指法門之數，如謂三界、五蘊、五位、七十五法、四諦、六度、十二因緣等。「鈎玄」是簡明扼要，深入淺出地解釋深奧玄妙的道理的意思。顧名思義，馬一浮的這部佛學專著，是要簡明扼要，深入淺出地解釋佛經的術語法數的奧妙。全書共分五卷。

第一卷解釋佛經的「三十七道品」：四念處、四正勤、四如意足、五根、五力、七覺支、八正道。何謂四念處？念謂能觀之慧處，即所觀之境，觀身不淨，名身念處。觀受是苦，名受念處。觀習無常，名心念處。觀法無我，名法念處。何謂四正勤？正謂無邪，勤謂不怠。已生惡，令永斷，未生惡，令不生。已生善，令增長，未生善，令得生。何謂四如意足？一爲「欲如意足」。欲者，向慕企求之意。是說凡修習一切善法，若無樂欲之心，事必難遂，而求之真切，如饑似渴，必能成就所願。二爲「念如意足」。念者，一心專注之謂。是說行者如不專注，不能入理，即有所入，亦易退失，而專念之人，所願必得成就。三爲「精進如意足」。不雜曰精，無間曰進。是說一心觀理，使無間雜，則凡所修習，皆得成就。四爲「思維如意足」。不思不得，是說凡細心析理，必用思維，心不馳散，不走作，所謂置心一處，無事不辦，如是修習，皆得成就。何謂五根？根者喻如草木，根深則枝葉繁茂。五根，即信根、精進根、念根、定根、慧根。如是五根，爲人道根本，所生一切無漏善法，故爲修習之要。何謂五力？即信力、精進力、念力、定力、慧力。由上述五種善根增長，故能發生力用，如人舉重，久刃增強，能勝鈞石，如車船發動機，其力愈大則載重愈多。何謂七覺支？即擇法覺支、精進覺支、喜覺支、除覺支、舍覺支、定覺支、念覺支。破迷曰覺。行者善根力增長，自然具此七種覺，照了分明，不生迷惑。何謂八正道？即正見、正思維、正語、正業、正命、正精進、正念、正定。通達無礙曰道，遠離邪曲曰正。由五根、五力、七覺支漸次增進，能證實智，故爲正道。第一卷還解釋了「三解脫門」（空解脫門、無相解脫門、無作解脫門）、「三德三身」（法身德、般若德、解脫德、法身、教身、化身）、「翻三染成三德」（翻法身成法身德、翻煩惱成般若德、翻結業成解脫德）、「常樂我淨四德」（常德、樂德、我德、淨德）、「二乘四倒」（常計無常、樂計非樂、我計無我、淨計不淨）、「四諦」（苦諦、集諦、滅諦、道諦）、「十二因緣」（無明、行、識、名色、六人、觸、受、愛、取、有、生、老死）等問題。

第二卷內容，按天台四教儀，解釋了「五停心」（多貪眾生不淨觀、多瞋眾生慈悲觀、多散眾生數息觀、多痴眾生因緣觀、多障眾生念佛觀）、「八種惡覺」（貪覺、瞋覺、惱覺、親里覺、國土覺、生死覺、族姓覺、輕侮覺）。還按佛遺教經，解釋了「八大人覺」（少欲覺、知足覺、寂靜覺、正念覺、正定覺、精進覺、正慧覺、天戲論覺）、「十信」（信心、念心、精進心、慧心、定心、不退心、護法心、迴向心、戒心、願心）、「十住」（發心住、治地住、修行住、生貴住、方便具足住、正心住、不退住、童真住、法王不住、灌頂住）、「十行」（歡喜行、饒益行、無瞋恨行、無盡行、離癡亂行、善現行、無著行、尊重行、善法行、真實行）、「十地」（歡喜地、離垢地、發光地、焰慧地、難勝地、現前地、遠行地、不動地、善慧地、法雲地）、「般若十喻」（如幻、如焰、如水中月、如虛空、如響、如乾闥婆城、如夢、如影、如鏡中緣、如化）、「楞伽五法」（名、相、妄想、正智、如如）、「楞伽三自性」（遍計所執性無自性性、依他起性無自性性、圓成實性無自性性）、「楞伽二無我」（人無我、法無我）。

第三卷內容，按瑜伽師地論，釋「二煩惱」（根本煩惱、隨煩惱）。按天台教義，釋「見思二惑」（見惑、思惑），「三止三觀」（三止：體真止、方便隨緣止、離邊分別止。三觀：空觀、假觀、中觀）。按法華文句，釋「四安樂行」（身安樂行、口安樂行、意安樂行、誓願安樂行）、「四悉檀」（世界悉檀、爲人悉檀、對治悉檀、第一義悉檀）。按華嚴經隨疏演義鈔，釋「四食」（段食、觸食、思食、識食）。按涅槃經玄義，釋「三種三修」（邪三修、劣三修、勝三修）。

第四卷內容，按圓覺經，釋「四大」（地大、水大、火大、風大）。按金光明經文句記，釋「四微」（色微、香微、味微、觸微）。按大莊嚴經，釋「五蘊五喻」（色如聚沫、受如水泡、想如陽焰、行如芭蕉、識如幻事）。按法華文句，釋「四難」（值佛難、說法難、聞法難、信受難）。按諸經要集，釋「四不可得」（常少不可得、無病不可得、長壽不可得、不死不可得）。按法界次第，釋「四攝法」（布施攝、受語攝、利行攝、同事攝）。按增一阿含經，釋「四事供養」（衣被、飲食、臥具、醫藥）。按雜阿含經，釋「三明」（宿命明、無眼明、漏盡明）。按法界次第，釋「六神通」（無眼通、無耳通、他心通、宿命通、身如意通、漏盡通）。

第五卷內容，按法界次第，釋「五蓋」（貪欲蓋、瞋蓋恚蓋、睡眠蓋、掉悔蓋、疑蓋）。按翻譯名義集，釋「十纏」（無慚、無愧、嫉、慳、悔、睡眠、掉舉、昏沉、瞋忿、覆）。

就上述內容來看，馬一浮的《法數鈎玄》可以說是一部佛學百科全書。他認爲，佛學的內容雖然廣博，但千言萬語，概而言之不外兩事，即「所破者爲感染執著，虛妄分別，此皆習心；所顯者爲真如涅槃，此即本心」。而習心亦就是儒家所說的私欲或己私，又名人心；本心，亦就是儒家所說的天理、良知、明德，又名道心。他研究佛學的目的，就是爲了探明如何才能保持本心，而去掉習心。

馬一浮所以認爲佛家的習心，即儒家的人心，佛家的本心，即儒家的道心，這是他根據自己的「儒佛互攝說」得出的結論。「儒佛互攝說」是他的主要佛學思想。他認爲：「從本源上看，儒佛等是閑名，孔佛所證，只是一性，果能洞轍心源，得意忘象，則千聖所歸，無不一致。」故此，他提出「菩提涅槃是一性，堯舜孔佛是一人」之說。也就是說，自心源而言，儒佛沒有什麼區別，既然在心源上儒佛沒有什麼區別，因此兩家學說也就可以互攝。這一思想他在〈與蔣再堂論儒佛〉一文中曾作過詳細闡述。他指出：「六藝之言，顯於此土。三藏之奧，演自彼天。法界一如，心源無二。推其宗極，豈不冥符。果情執已亡，則儒佛俱泯。」所以，「前賢以異端屏釋，古德以外道判儒」的做法，都是不對的，都是「考之未盡周密」的草率之舉。正確的做法是「觀其會通」，儒佛互攝，「若定以儒攝佛，亦聽以佛攝儒」。而儒佛互攝，則「須以本迹二門辨其同異」。因為迹異，故緣起有殊；本同，故歸致是一。就迹，則不奪二宗；依本，則不害一味，如果迹同，則二俱不成。如果本異，則一亦不立。「今雙立儒佛，正以同本異迹故。存迹以明非，即就本以明非。離則不失于二，不違于一，是以儒佛得並成也。」

在闡述了儒佛所以應該互攝的理由後，馬一浮又以佛的五教（小乘教、大乘始教、終教、頓教、圓教）與儒的六藝（即六經：《詩》、《書》、《禮》、《樂》、《易》、《春秋》）進行對比，以進一步說明儒佛是迹異本同，彼此可以互攝。比如，他指出，《詩》次風雅頌，正變得失，名繫其德；自佛教言之，即是彰依正之勝劣也。《書》敘帝王伯，虞夏商周，各以其人；自佛教言之，即是示行位之分圓也。《春秋》實併《詩》、《書》二教，推見至隱，撥亂反止，因行事加王心；自佛教言之，即是攝末歸本，破邪顯正，即俗明真，舉事成理也。終頓之義，亦可略攝於茲。然此是迹異門。迹中有本，本同故可攝。唯以其迹，則不見有攝義。若《易》

與《禮》、《樂》，則是本同門，本中亦有迹，本同故迹泯。唯以其本，故不見有不攝義。舉例而言，樂主和同，即是平等一心。禮主別異，即是差別萬行，萬行不出一心，一心不違萬行，故有禮不可無樂，有樂不可無禮。禮樂皆得，謂之有德。此即攝圓教義。樂由中出，故靜不動，真常湛寂之本也。禮自外作，故文不壞，功德業用之相也。樂者，天地之和，禮者，天地之序。和，故百物皆化，無量世界海，佛身悉充徧，所謂化也。序，故羣物有別，一塵一毛端，各各現刹土，所謂別也。這就是圓教義。《大學》明德新民，止於至善，先後有宗，是《禮》教義。依性説相，即性之相也。《中庸》大本達道，一於至誠，天人合言，是《樂》教義。會相歸性，即相之性也。《大學》攝終，《中庸》兼頓，合即成圓。故先儒雙提二篇，以顯聖道。樂由天作，禮以地制，明於天地而後能興禮樂。天地者，法象之本，乾知大始，即表心真如，所謂一大總相法門體也。坤成作物，即表心生滅，生出一切法能攝一切法也。終頓圓三教併用此義。乾坤成列而《易》行乎其中，性相交融而覺周於無際。體用一源，顯微無間，故聖道而得而立，佛法由是而現。天道、地道、人道，一也。苦身法身，煩惱般若，結業解脱，一也。此爲圓教義。《禮》、《樂》統於《易》，猶終頓該於圓。《禮》、《樂》以人道合天地之道，猶一心開二門，終頓准之。《易》以天地之道昌人道，猶以一法界總收一切法，圓教准之。儒家的「仁者見之謂之仁，智者見之謂之智，百姓日用而不知」，「繼之者善，成之者性」，「易無方無體無思無爲而崇廣業，開物成務，原始反終，窮神知化」之言，亦即佛家的「衆生心中悉有如來智慧」，「從初發心便成正覺」，「以言乎遠則不靜，以言乎邇則靜而止，寂而常感，感而常寂」之語。孔子嘆《易》之德「非天下之至精至變至神，其孰能與于此」，猶如華嚴之稱「大方廣矣」。

〈與蔣再堂論儒佛〉一文寫於一九一八年，其時，馬一浮正潛心深究佛道二氏之學。儘管自一九二七年前後起他由深究佛道二氏之學轉爲深究儒家六藝，但他的「儒佛互攝說」則沒有因他研究興趣的改變而改變。也正是從「儒佛互攝」這一思想前提出發，他在江西泰和、廣西宜山講「六藝論」和「義理名相論」，在四川復性書院講儒家羣經大義時，採取的是以儒融佛，又以佛證儒的進路，這並且構成了他學術方法上的一大特點。

2 道家思想

和他研究佛家思想一樣，馬一浮研究道家老莊之學所花的功夫和精力也相當不少。一九二〇年他以佛釋道，寫過一部《老子道德經注》。後因病中輟，共注釋了三十章，沒有注完。他後來在著稿前作了一小記，介紹此書的寫作經過：「此庚申年避署所作。以老子義，印合般若方等。於禪則與洞山爲近。觸言玄會，亦似通塗寥廓，無有塞礙。後以病緣中輟，不復措意。雖老氏之旨，未必如斯，理既冥符，言象可略。如遇懸解之士，亦可相與解頤耳。」他也以佛學對莊子的《逍遙遊》和《齊物論》作過詳述，定名爲《莊子箋》，後也因病中輟，沒有寫完。據馬鏡泉先生介紹，馬一浮在這兩部沒有寫完的遺稿中，對道家老莊之學有比較全面的評述。但遺憾的是，筆者未見到這兩部未出版的遺稿，不知道馬一浮在其中究竟寫了些什麼。就筆者所了解的情況而言，在已公開發表或出版的馬一浮的論著中，專論道家思想的文章只有一篇〈論老子流失〉，此文作爲附錄收錄在《泰和會語》之中。

馬一浮在此文的一開頭就指出：「周秦諸子以道家爲最高，道家之中又以老子爲最高，而其流失亦以老子爲最大。」所謂「流失」，是指對儒家六經（馬一浮稱之爲「六藝」，即《詩》、《書》、《禮》、《樂》、《易》、《春秋》）的流失。馬一浮的一個基本觀點，是認爲儒家的六藝是孔子之教，我國固有的一切學術皆出於此，包括道家在內的其他諸子與六藝的關係，猶如《莊子．天下》中所講的「道術」與「方術」的關係，「方術」（諸子）既出於「道術」（六藝），又是對「道術」（六藝）的流失（關於馬一浮的這一基本觀點，詳見第四章「六藝論」）。

在馬一浮看來，老子出於六藝的《易》，因爲《易》以道陰陽，故長於變。而老子對愛惡相攻而吉凶生，遠近相取而悔吝生，情僞相感而利害生的道理觀之最熟，故常欲以靜制動，以弱勝強。比如老子說：「重爲輕根，靜爲躁君」，「反者道之動，弱者道之用」。其宗旨就在退處無爲，自立於無過之地，以徐待物自變。馬一浮以爲老子的這種「絕不肯傷鋒犯手」的處世之道，「真是全身遠害第一法門，任何運動他決不參加，然汝任何伎倆他無不明白」。禪師家有一則機語，問：「二龍爭珠，誰是得者？」答曰：「老僧只管看。」老子的態度便是如此。他看世間一切有爲只是妄作，自取其咎，淺陋可笑。所以他對一切皆採取超然的態度，看汝顛撲，安然不動，令汝捉不到他的敗闕，不奈他何。以佛家判之，這是有智而無悲，以儒家判之，這是不仁。老子宣揚失道而後有德，失德而後有仁，把仁義看得甚低，同時又極力推崇自然，認爲道是天然之徒，天是道之徒。然而他自己卻極端收斂，自處卑下，既宣稱自己有三寶，「曰慈，曰儉，曰不敢爲天下先。慈，故能勇；儉，故能廣，不敢爲天下先，故能成器」。又提出，「曲則全，枉則直，窪則盈，敝則新。明道若昧，進道若退，夷道若纇」。前者說的是「弱者道之用」，後者說的是「反者道之動」。由此可見，老子「於《易．象》『消息盈虛，無平不陂，無往不復』之理，所得甚深」。

馬一浮進一步指出，老子雖然出於「六藝」的《易》，並深得《易．象》的「消息盈虛，無平不陂，無往不復」之理，但他對「六藝」的流失也最多，這主要表現在他的「權謀術數」上。馬一浮認爲，老子的「權謀術數」有兩個特點，一是「棄聖絕智」，看低眾人；二是「無爲而無不爲」。比如他說：「古之善爲道者，非以明氏，將以愚之」；「取天下，常以無事；乃其有事，不足以取天下」；「將欲翕之，必固張之；將欲取之，必固與之」。由於「棄聖絕智」，看低眾人，因此他對眾人不甚愛惜，公開主張「以百姓爲芻狗」。芻狗者，縛芻爲狗，不是真狗。這是說百姓極其無知而可任意踐踏宰割。由於「無爲而無不爲」，所以他雖不自主張，也不反對你與他不同，任他總比你技高一著，你不能出他掌心。就此而言，儘管老子不像後世權謀家那樣，「以任術用智自喜」，機及「深知智數之卑」，這是他「深遠」於權謀家之處。然而「其所持之術」又與後世權謀家十分接近，二者之間沒有什麼根本不同。稍後於老子的法家如商鞅、韓非、李斯之流，就是「竊取」了老子看低眾人，「以百姓爲芻狗」的主張，認爲「眾人太愚而可欺」，於是「參刻寡恩」，擡出一個法來壓倒羣眾，想用法來樹立一個至高無上的權威，使人人皆入他彀中。故此，馬一浮指出：「法家之不仁，不能不說老子有以啓之。」而這也正是老子之「流失」。

老子爲什麼得《易》最多，而「流失」也最大呢？馬一浮認爲，「老子的病根所在只是外物，他真是個純客觀大客觀的哲學，自己常立於萬物之表」。這與孔子之道不同。孔子講萬物一體乃是將萬物攝歸到自己性分內，「成物即是成己」。而老子則言聖人無私，故能成其私。「明明説成其私，是己與物終成對待，其所以失之也。」正因爲孔子是「成物即是成己」，而老子是「己與物終成對待」，所以老子講「萬物並作，吾以觀其復。夫物芸芸，各復其根」。孔子則説：「聖人感人心，而天下和平，觀其所感，而天地萬物之情可見矣。」「作復」是以物言，「恆感」是以心言。老子連下兩其字，是在物一邊看；孔子亦連下兩其字，是在自己身上看。其言「天地萬物之情可見」，是即在自己恆感之理上見的，不是離了自心恆感之外，別有一個天地萬物。老子説「吾以觀其作復」，是萬物作復之外，別有一個能觀之我。

以上是馬一浮〈論老子流失〉一文的主要內容。就其主要內容來看，馬一浮對道家老莊之學的評價，與對佛家的評價有所不同。他認爲佛學與儒學在心源上沒有區別，「法界一如，心源無二」；而道家則出於儒家之「六藝」，是六藝的支流。佛學與儒學是「本同迹異」，所以佛儒能並得而成，而道家則是六藝的「流失」，在心術的發源處，就偏向了外物一邊，「其流弊不可勝言」。故此，在儒佛關係上，他提出「儒佛互攝説」。而在儒道關係上，他則主張「六藝統諸子」，其中包括道家的老莊。

馬一浮雖然對道家老莊之學的評價與對佛學的評價有所不同，但他認爲在周秦諸子中以道家老莊之學爲最高。所謂「周秦諸子」當然不包括儒家在內，因爲在馬一浮看來，儒家與周秦諸子不屬於同一層次，儒家是源，諸子是流，包括老莊在內的周秦諸子都出於儒家六藝，是儒家六藝的「流失」。故此，馬一浮講周秦諸子中以道家老莊之學爲最高，不是說道家老莊之學比儒家高，而是比墨家、法家、名家、陰陽家、農家等其他各家高。應該說馬一浮的這一見解是站得住腳的。實際上在先秦諸子中，除儒家外，真正對後世中國的思想文化產生重大影響，並與儒學、佛教一起成爲中國傳統文化之主要代表的只有道家學說。馬一浮認爲周秦諸子中，所以以道家爲最高，這是由於道家出於儒家六藝的《易》，而「《易》爲六藝之原，《十翼》是孔子所作，一切文理之所從出，亦爲一切義理之所宗歸」（《泰和會語．義理名相一：理氣——形而上之意義》）。和道家不同，其他諸子如墨家、法家、名家等則大都出於六藝的《禮》。因此，與周秦其他諸子比較，道家「體大觀變最深」（《泰和會語，論六藝賅攝一切學術》），其思想内涵也最豐富。

3 儒家思想

在介紹馬一浮的儒家思想之前，有一個十分重要的問題須先回答，這就是馬一浮是不是現代新儒家或稱當代新儒家？對此，海峽兩岸學者的分歧頗大，就筆者看到的材料而言，臺灣學者在介紹或研究現代新儒家人物及思想時，從未將馬一浮納入其中，而大陸不少學者則認爲馬一浮是現代新儒家的中堅，一九九五年北京中國廣播電視出版社出版了一套由天津南開大學方克立教授主編的《現代新儒學輯要叢書》，其中就有一本《馬一浮新儒學論著輯要》。

筆者認爲要回答馬一浮是不是現代新儒家的問題需作三步論證：第一，什麼是現代新儒家？第二，現代新儒家具有那些共同思想特徵？第三，現代新儒家所具有的共同思想特徵在馬一浮身上是否同樣具備？如果是肯定的回答，那麼，馬一浮就是一位現代新儒家；如果是否定的回答，那麼馬一浮就不能算爲一位現代新儒家。

所謂現代新儒家，是區別於宋明新儒家和先秦原始儒家而言的一個概念。雖然作爲同一（思想）學派，無論是現代新儒家，還是宋明新儒家，抑或先秦原始儒家，都具有強烈的憂患意識和使命感，強調「修己安人」和「內聖外王」，但是由於時代的更迭以及由此而引起的社會問題的不同，他們又有著各自的性格特徵和思想內容。先秦原始儒家身當我國奴隸社會向封建社會過渡的大變革時代，面臨的是周文隳墮，禮崩樂壞，儒法道墨諸說並起，學派的創始人孔子及其後學子思、孟子諸人，統承三代以來文化傳統，首先奠定了儒家的仁義之學，努力開發人心的內在根源，肯定道德的資源和判斷力爲人性所本有，開創了道德的形上世界，從而使內聖外王之道有了超越的根據和內在的源頭。

宋明新儒家處於我國封建社會已進入其後期發展階段的歷史時代，面臨的是佛老衝擊，人倫頹廢，高度集中的封建專制主義制度急需一套與之相適應的意識形態。其代表人物二程、朱陸、王陽明儘管存有理學與心學的分野，然其宗旨都在弘揚儒學，維護先秦原始儒家的正統地位，他們援佛入儒，批判地吸取和運用佛教精深的思維理論，對「性」與「天道」問題作了深入細緻地探討，充分揭示和發揮了個人存在的道德主體，確立起一套個人的修煉工夫，並肯定儒家的「倫理精神象徵」，建立起了哲學、倫理、政治三位一體的博大精深的思想體系。

現代新儒家作爲一個文化哲學流派出現和形成於本世紀二、三十年代，面臨的是西學東漸，傳統文化日益瓦解，因「道德迷失」、「存在迷失」和「形上迷失」引起的「意義危機」嚴重等問題，其代表人物圍繞如何認識和處理中學與西學，傳統與現代，西化與現代化的關係和西化派、馬克思主義者展開過激烈的論爭。儘管海峽兩岸學術界對馬一浮是不是現代新儒家的看法頗不一致，但都認爲梁漱溟、熊十力、張君勱、馮友蘭等人是現代新儒家的代表人物。這些人雖然在學術途徑上各有殊異，然而作爲一個學派羣體，他們有著共同的思想特徵。

(1)以儒家文化爲中國文化之正統和代表，在儒家文化中又特別服膺宋明新儒學，視儒家的道德理想和宗教精神爲人類最高的文化成果，具有放之四海而皆準的普遍價值。

(2)具有「爲往聖繼絕學，爲萬世開太平」的強烈使命感和道德憂患意識，力圖接承儒家孔孟、程朱陸王之「道統」，重建儒學的價值統，使儒學繼第一期（先秦）和第二期（宋明）發展之後，在當今獲得第三期發展。

(3)視中國之歷史文化爲一精神實體，強調對歷史文化的研究應具有同情和敬意的態度，反對把歷史文化作爲「國故」加以「客觀和冷靜」的分析，認爲這只能重建傳統文化的外觀而無法把握深藏於其中的精神道德意義。

(4)不反對發展科學，但反對科學主義對人生本質的全面理解和對豐富的文化生命的肢解割剖。他們把人分爲官能體和精神體，把世界分爲自然領域與人事領域，把萬有分爲現象界和形上真實界，認爲科學在官能體、自然領域和現象界有用，而於精神體、人事領域和形上真實界則毫無價值。只有「直覺」才是溝通主觀與客觀、精神與官能、人事與自然的橋樑，他們相信科學主義包含的功利主義會使人性喪失，過度的行動主義會破壞人與自然的和諧。

(5)他們主張「援西學入儒」，「儒化、華化西洋文化」，用儒學來會通消融西學，重建以中國儒家文化爲本位、爲主體的新文化系統。

就馬一浮來看，上述現代新儒家所共同具有的思想特徵，他基本上是具備的。

首先，他具有「爲往聖繼絕學，爲萬世開太平」的強烈使命感和道德憂患意識。他泰和講學首先講的就是張載的「爲天地立心，爲生民立命，爲往聖繼絕學，爲萬世開太平」這四句教，並希望聽課諸生依此立志，做一個堂堂正正的人。後來在〈復性書院緣起敘〉一文中，他更明確表示要以「繼絕學，廣教化」爲自己的一生使命。從而使「洙泗之業晦而復明，伊洛之緒絕而復續」。可以說他爲實現自己的一生使命而貢獻出了畢生精力。

其次，他以儒家文化爲中國文化之正統和代表，認爲儒家六藝是孔子之教，爲中國文化的根本，其他諸學都不過是儒家六藝的支流而已。故此，他主張重新楷定國學名義，以儒家六藝來代替國學。在儒家文化中他又特別服膺宋明新儒學，他講「六藝論」，講「義理名相論」，依據的就是宋明新儒學的思想原則。

第三，他提出以儒家六藝賅攝一切學術，其中也包括西來學術，所謂「賅攝」，也就是包含攝取、融會的意思，因此，以儒家六藝賅攝西來學術，不過是現代新儒家，「援西學入儒」，「儒化、華化西洋文化」的主張的不同表述而已。就實質而言，馬一浮與梁漱溟等人一樣，文化取向上也是一位儒家文化本位論者。

第四，他也反對用所謂科學方法整理和研究中國傳統文化，尤其是儒學，認爲科學方法大致由於經驗推想觀察事相而加以分析，雖其淺深廣狹所就各有短長，但同爲比量而知則一，或因苦思力索如鼷鼠之食郊牛，或則影響揣摩如猿狙之求水月。所以儘管科學方法較勝理論組織饒有思致可觀，然它只能重建傳統文化之外觀，而無法理解深藏於其中的精神道德意義，「以視中土聖人始條理，終條理之事，雖霄壤未足以爲喻」（《爾雅臺答問》一卷）。故此，當一位姓張的求學者給他去信，表示「欲建立大同文化系統，用科學方法研究儒學」，馬一浮即在回信中明確表示反對。

既然馬一浮基本具備了現代新儒家所共同具有的思想特徵，因此，我們完全有理由得出結論：馬一浮是現代新儒家。實際上早在三、四十年代，人們就將馬一浮和另外兩位現代新儒家的代表人物梁漱溟、熊十力稱之爲儒家「三聖」。三人不僅學術見解基本一致，私人關係也非常親密，經常在一起磋切學術，他們的學生也是彼此交流，同拜三人爲師。他們之間的深厚友誼是現代中國學術界的一段佳話。

馬一浮不僅是現代新儒家，而且在現代新儒家中，他的思想很具有自己的特色。

我們在前面已經指出，服膺宋明新儒學是現代新儒學的思想特徵之一。然而在宋明新儒學內部存在著程朱理學與陸王心學的分野。究竟是服膺程朱理學，還是服膺陸王心學，現代新儒家的選擇是不同的。梁漱溟、熊十力等人選擇的是陸王心學。梁漱溟在《東西文化及其哲學》中就認爲，孔子是中國文化的創造者，孔子之後能繼其真精神者爲孟子，孟子之後能繼其真精神者爲王陽明，王於「孔子的人生態度頗可見矣」。而對於程朱他則非議頗多，認爲他們「不甚得孔家之旨」，因此，他對儒家思想的詮釋遵循的就是陸王心學，而不是程朱理學的思想進路。但和梁漱溟、熊十力等人相反，馮友蘭選擇的則是程朱理學。馮曾公開聲明，他創立的「新理學」哲學體系，是「接著」程朱而不是陸王講的。

既不同於梁、熊，也不同於馮友蘭，馬一浮則主張調和程朱陸王。他在《爾雅臺答問》中明確指出「程朱陸王豈有二道，見性是同垂語稍別者，乃爲人悉檀建化邊事耳」。這也就是禪語所講的「雲月是同，溪山各異」。他並批評那些強調程朱與陸王不同的「俗儒」，是「不明古人機用，妄生同異」，「自己全不曾用力」，搞不清楚宋明新儒學的「源流」，而只知道信口雌黃，「瞎漢臟誣古人」。既然程朱陸王沒有二道，因此在他看來，就不應當「取此捨彼」，於程朱與陸王之間有所選擇，而應「不分朱陸」之學，將他們同視爲「百世之師」（《爾雅臺答問》一卷）。我們在後面將會看到，馬一浮講「六藝論」，講「義理名相論」，既不是「接著」程朱講的，也不是「接著」陸王講的，而是接著程朱陸王一起講的，具有超越程朱陸王分歧的顯明特徵。

馬一浮不僅主張調和程朱陸王，而且還主張調和今古文之分。他認爲「今古文之分乃是說經家異義，於本經無與，今文出日授，古文出壁中，偶有異文，非關宏旨」。比如，他舉例道，《易》用費氏，《詩》用毛氏，如果硬說京孟梁丘齊魯韓勝於費、毛，其義就不具。《論語》今用張侯本傳，魯論而兼齊說，古論與魯論同無齊論「問王、知道」二篇義，亦無關今古文，更不可分。《周禮》決非劉歆所能造，古文《尚書》亦非梅賾所能僞，即出纂輯亦必有依據。《春秋》左氏公羊的解釋分異最大，但本經異文亦不多見，故此只要「以經爲主」，今古文之見即可泯沒。在馬一浮看來，大抵今文家爲博士之學，古文多爲經師之學，家法者即《漢志》所謂安其所習，毀所不見。實際上，今文家亦有情義，古文家亦有駁處，反之亦然。所以，治經應觀其通，以義爲主，今古文並用，而不可偏執所謂家法。他並批評清代經學家今古文各立門戶的做法，「多不免以勝心私見出之，其述雖多，往往乖於義理」（《爾雅臺答問》卷一）。

馬一浮主張調和程朱陸王、今古文之分，還反映了他的一個基本思想，即儒家「義理之學最忌講宗派，立門戶，所謂同人於宗吝道也」（同上）。所以在現代新儒家中他是最少宗派門戶之見的學者，無論是程朱，還是陸王，是今文，還是古文，只要適用，都可以作爲他的思想來源。

以上我們主要討論了馬一浮是不是現代新儒家的問題，以及他新儒學思想的特色。至於他對儒家思想的研究，他研究儒學思想所得成果（著作）的主要內容，以及他的「六藝論」和「義理名相論」，我們將在以下幾節中加以介紹，此不贅述。

三、主要著作

馬一浮已經出版的著作可分爲兩大類：一類是思想學術著作，一類是詩詞著作。他的思想學術類著作有：⑴《泰和會語》一卷。版本有王子餘印的紹興活字本；吳敬生等刻的桂林本，沈敬仲等刻的樂山本。⑵《宜山會語》一卷，版本有沈敬仲等刻的樂山本，即《泰和宜山會語》合刻本。兩書均爲一九三八年間馬一浮在江西泰和和廣西宜山浙江大學講學之講稿，在内容上具有連續性。⑶《復性書院講錄》六卷，有復性書院刻書處刻的木刻本，有臺灣廣文書局、復學社兩種影印本。該書是一九三九年九月十五日至一九四一年五月二十五日，馬一浮在四川樂山復性書院講學的講稿。⑷《爾雅臺答問》一卷，續編六卷，有復性書院刻本，臺灣廣文書局影印本，該書正編收錄馬一浮答覆院内外學人的書札共五十三篇，續編除答書外，還收錄了馬一浮平時對學生的示語和批語。以上四書，是馬一浮的思想學術類的代表作。⑸《濠上雜著初集》（包括《太極圖說科判》、《太極圖說贅言》以及《爾雅臺答問補編》二卷），復性書院木刻本。

馬一浮不僅是一位思想家，還是一個大詩人，據不完全統計，他一生創作的詩詞約有三千一百餘首。一九四九年前創作的詩詞已整理出版，共四種，一九四九年後創作的詩詞正在整理出版之中。他出版的四種詩詞著作是：(1)《蠲戲齋詩前集》二卷，復性書院木刻本。該書收錄的是馬一浮於抗戰以前創作的詩作，除少部分可以考知其創作的年代外，其餘大部分已無法次第。就可以考知其創作的年代的作品看，最早創作於一九一三年。(2)《避寇集》一卷，復性書院木刻本。該書收錄的是馬一浮於抗戰初期，爲避戰火而由杭州到桐廬、開化，再到江西泰和、廣西宜山，沿途「親見亂離」而「觸境遇境」有感之詩作。他的好友謝無量在爲此書所作的序中，對馬一浮的詩作予以了很高的評價，認爲「繇詩亡以事，寥寥千載」，能得「詩人之正者」，唯馬一浮一人而已。(3)《蠲戲齋編年集》八卷，復性書院木刻本，該書收錄的是馬一浮於一九四一年至一九四八年之間創作的詩作。其中一九四一、一九四二年兩年作品來自弟子們平日抄錄，無法次第，故別爲一卷，置於最後，而以一九四三年的詩作爲正式編年之始。馬一浮在〈自序〉中對該書詩作自視甚高，認爲「如使文字猶存，不隨劫火俱盡，六合之內，千載之下，容有氣類相感，遙契吾言，而能通其志者，求之斯編而已足。庶無間於遐邇，可接於神明。雖復毀棄煙滅，靡有孑遺，夫何恨焉」。(4)《芳桂詞》一卷，附於《避寇集》後。該書是馬一浮的唯一詞集。作品均有年代，最早的是一九一七年，最晚的是一九四七年，共計三十二闋。後來臺灣自由出版社將以上四種詩詞著作，合影印爲《蠲戲齋詩集》出版。徐復觀爲之作序，他在序中對馬一浮的詩作推崇備至，寫道：「凡是看到馬先生所作的詩的人，只要稍有這一方面的修養，便不難承認他是當代第一流乃至第一人的手筆。」

下面我們就《泰和宜山會語》、《復性書院講錄》和《爾雅臺答問》這幾種馬一浮的思想學術類的代表作的內容作一介紹。

1《泰和宜山會語》

該書是《泰和會語》和《宜山會語》的合刻本，而《泰和會語》和《宜山會語》如我們已經指出的那樣，是馬一浮一九三八年期間以大師名義在浙江大學講學的講稿。馬一浮在《泰和宜山會語》卷端題識中自稱：「浮平生杜門，雖亦偶應來機，未嘗聚講。及避寇江西之泰和，始出一時訓問之語。其後逾嶺入桂，復留滯宜山，續有稱説，皆倉卒爲之，觸緣而興，了無次第。始吾鄉王子餘見《泰和會語》，曾以活字本一印於紹興，吳敬生、曹叔謀、陶賜芒，詹允明爲再印於桂林，旋已散盡。今羈旅嘉州，同處者皆故舊，沈無倦、詹允明、何懋楨諸君及從遊之士烏以風、張立民、賴振生、劉公純諸子復謀醵資，取泰和、宜山會語兩本而鋟諸木，且爲校字，欲以貽初機之好問者，刻成而始見告。」馬一浮作此〈題識〉時已任復性書院主講，這裏所説的「取泰和、宜山會語兩本而鋟諸木」，指的就是復性書院刻刊的《泰山和宜山會語》合刻本。因復性書院地處四川樂山，樂山古稱嘉州，故又稱《泰和宜山會語》合刻本爲嘉州本。

《泰和會語》內容有：引端；論治國學先須辨明四點；橫渠四句教；楷定國學名義：國學者六藝之學也；論六藝賅攝一切學術；論六藝統攝於一心；論西來學術亦統一於六藝；舉六藝明統類是始條理之事；《論語》前末二章義；君子小人之辨；義理名相一：理氣——形而上

之意義；義理名相二：知能。

在「引端」中，馬一浮指出，他來浙江大學講學的意義，在於使聽講諸生於吾國固有之學術，得一明瞭之認識，然後可以發揚天賦之知，能不受環境的陷弱，對自己完成人格，對國家社會乃可以擔當大事。故此，他希望聽講諸生能樹立一種信念，「信吾國古先哲道理之博大精微，信自己身心修養之深切而必要，信吾國學術之定可昌明，不獨要措我國家民族於磐石之安，且當進而使全人類能相生相養，而不致有爭奪、相殺之事」。他並再三強調：只有樹立了上述信念，然後才可以講國學。

在「論治學先須辨明四點」中，馬一浮指出，欲治國學必須辨明以下四點，方能有入：(1)國學不是零碎斷片的知識，是有體系的，不可當成雜貨；(2)國學不是陳舊呆板的物事，是活潑潑的，不可目爲古董；(3)國學不是勉強安排出來的道理，是自然流出的，不可同於機械；(4)國學不是憑藉外緣的產物，是自心本具的，不可視爲分外。由明於第一點，應知道本一貫，故當見其全體，不可守於一曲；由明於第二點，應知妙用無方，故當溫故知新，不可食古不化；由明於第三點，應知法象本然，故當如量而說，不可私意造作，穿鑿附會；由明於第四點，應知性德俱足，故當向內體究，不可徇物忘己，向外馳求。這亦可以說是馬一浮對中國傳統文化的基本態度。

在「橫渠四句教」中，馬一浮希望聽講諸生暨起脊樑，猛著精采，依張橫渠的「爲天地立心，爲生民立命，爲往聖斷絕學，爲萬世開太平」四句教立志，做一個堂堂正正的人。因爲「須知人人有此責任，人人具此力量，切莫自己誘卸，自己菲薄，此便是仁」。他並且對四句教的理義作了闡解。所謂「爲天地立心」，他指出：蓋人心之善端，即是天地之正理，善端即復，則剛浸而長，可止於至善，以立人極，便與天地合德。「故仁民愛物便是爲天地立心，天地以生物爲心，人心以惻隱爲本。」所以學者之事，莫要於識仁、求仁、好仁、惡不仁。所謂「爲生民立命」，他指出，聖人吉凶與民同患，未有眾人皆憂而己獨能樂，眾人皆危而己獨能安者。儒家說萬物一體，也即是說萬物同一生命，若人自扼其吭，自殘其肢，自剜其腹，而曰吾將以求生，決無是理。所以學者立志，應具有「須是令天下無一物不得其所，方爲圓成」的氣象，「此乃是爲生命立命也」。所謂「爲往聖繼絕學」，他指出，聖學不是別的，即是義理之學，此義理不爲堯存，不爲桀亡，在聖不增，在凡不滅，只是因人爲氣習所拘蔽，不肯理會，遂成衰絕，其實人皆可以爲堯舜。故學者立志，應當確信聖人所學而至，尤其在當今人欲橫流之時，要除卻人心晦盲，「必須研究義理，乃可以自拔於流俗，不致戕賊其天性」。所謂「爲萬世開太平」，他指出，學者須知孔孟之言，政治其要，只在貴德而不貴力。然而孔孟有德無位，其道雖不行於當時，而其言則可垂法於萬世。所以張載只說開而不說致，因爲致是現實之移，開則期待之謂。只要人們遵照六經所陳之治道去做，天下太平就必有實現之一日。他進而認爲，如果將六經所陳之治道，與今日所推崇的西方富國強兵的政論「比而觀之」，則知碔砆不可以爲玉，蝘蜓不可以爲龍，其相去何啻霄壤之別。故此他強調指出：「中國今方遭夷狄侵陵，舉國之人動心忍性，乃是多難興邦之會，若曰圖存之道，期跂及於現代國家而止，則亦是自己菲薄。」

在後面的內容中，馬一浮首先闡述了他的「六藝論」，接下去講了他的「義理名相論」。如果說「六藝論」是馬一浮的學術文化觀，那麼「義理名相論」則是他的哲學思想。由於日寇侵犯，浙江大學南遷，他的「義理名相論」在泰和沒有講完。關於馬一浮的「六藝論」和「義理名相論」，因爲後面闢有專章予以評介，於此故不贅述。

除了上述這些內容外，《泰和會語》還附錄有〈論老子流失〉、〈贈浙江大學畢業諸生序〉和〈對畢業諸生演詞〉三篇文章。〈論老子流失〉的內容，我們在上一章中已作過介紹，此不贅述。在〈贈浙江大學畢業諸生序〉中，他勉勵大學畢業生們但求無負其所學，而不期於必用，斯在己者重而在人者輕，無失志之患而有進德之益，在艱苦蹇難之中，養成剛大弘毅之質。在〈對畢業諸生演詞〉中，他指出，國家生命所繫實繫於文化，而文化根本則在思想。從聞見得來的是知識，由自己體究能將各種知識融會貫通成立一個體系爲思想。人生的內部是思想，其發現於外的是言行，思想是體，言行是用。他要求學者須具有「認識過去」，「判別現在」和「創造未來」的三種力量，要認識到「吾國家民族方在被侵略中，被侵略者正是一種現實勢力」，但「勢力是一時的，有盡的，正義公理是永久的，是必申的」，從而樹立公理必能戰勝勢力的信念，並以此「爲行爲之標準」。

《宜山會語》內容有：說忠信篤敬；釋學問；「顏子所好何學論」釋義；續義理名相一：說視聽言動；續義理名相二：居敬與知言；續義理名相三：涵養致知與止觀；續義理名相四：說止；續義理名相五：去矜上；續義理名相六：去矜下。主要是接著講泰和講學沒有講完的「義理名相論」。

和《泰和會語》一樣，《宜山會語》也附錄有一篇文章：〈擬浙江大學校歌〉。先是在泰和講學期間，馬一浮應浙江大學校長竺可楨之請，爲浙江大學作了一首校歌歌詞。歌詞共三十六句，分爲三段，其全文如下：「大不自多，海納江河。惟學無際，際於天地，形上謂道兮，形下謂器。禮主別異兮，樂主和同。知其不二兮，爾聽斯聰。」「國有成均，在浙之濱。昔言求是實，啓爾求真。習坎示教，始見經綸。無曰己是，元日遂真。靡革匪因，靡故匪新。何以新之，開物前民，嗟爾髦士，尚其有聞。」「念哉典學，思睿觀通。有文有質，有農有工，兼總條貫，知至知終。成章乃達，若舍之在鎔。尚亨於野，無吝於宗。樹我邦國，天下來同。」由於歌詞中用語多出於經，馬一浮既怕不曾讀經的大學生們因不知來歷，而不明其意義，又耽心制譜之師於此歌詞不能「深具了解」，從而使所安聲律與詞中意旨不相適應，於是他「不避迂妄，略爲注釋」，寫了這篇〈擬浙江大學校歌〉。據説竺可楨對馬一浮作詞的這首校歌非常重視，每逢重大集會，他都要全校師生員工唱這首校歌，並且自己以身作則，帶頭放聲歌唱。

2《復性書院講錄》

該書共六卷，是根據馬一浮在復性書院講課的講稿陸續編刻而成。第一卷包括〈開講日示諸生〉、〈學規〉、〈讀書法〉和〈通治羣經必讀書舉要〉四篇講稿以及一篇文章：〈復性書院緣起敘〉。這是全書的總綱。〈開講日示諸生〉，是馬一浮在復性書院開學典禮上的講話，在講了一番如何於國家危難之際，處變知常，窮理盡性的道理後他指出：「當此蹇難之時，而有書院之設置，非今學制所攝，此亦是變。書院所講求者在經術義理，此乃是常。書院經始，資用未充，齋舍不具，僅乃假屋山寺，並釋奠之禮而亦闕之，遠不逮昔時書院之規模，此亦處變之道則然」。他並期望書院學生能明瞭窮理盡性、明倫察物是人人分上所有事，不患不能御變，患不能知常；不患不能及物，患不能盡己。毋守聞見之知，得少爲足；毋執一隅之說，以蔽爲通。馬一浮在〈學規〉中爲書院學生規定的爲學目的是「主敬」、「窮理」、「博文」、「篤行」，並闡明了相對方面的關係。他指出：主敬爲涵養之要，窮理爲致知之要，博文爲立事之要，篤行爲進德之要。四者內外交徹，體用全該。優入聖途，必從此始。最後兩篇講稿講的是讀書方法及治經入門。就讀書方法而言，馬一浮認爲，第一要通而不局，第二要精而不雜，第三要密而不煩，第四要專而不因。因爲，執一而廢他者局，多歧而無統者雜，語小而近瑣者煩，滯迹而遺本者固。通則曲暢旁通無門戶之見，精則幽微洞徹而無膚廓之言，密則條理謹嚴而無疏略之病，專則宗趣明確而無泛濫之失。所以，「不局不雜知類也，不煩不固知要也，類者辨其流別，博之事也；要者綜其指歸，約之類也。讀書之道盡於此矣」。他尤其強調讀書要虛心涵泳，切己體察，切不可以成見讀書，妄下雌黃，輕言取捨，像時人那樣動言創作，動言疑古，不信六經，不信孔子。他問道，如果六經、孔子都不可信，那麼還有什麼可信的呢？

〈復性書院緣起敘〉是一九三九年五月，亦即復性書院籌辦期間，馬一浮寫的一篇介紹創辦復性書院的原因、經過和目的的文章。他在是文中寫道：國之根本，繫於人心；人心之存亡，繫於義理之明晦；義理之明晦，繫於學術之盛衰。中國的聖賢道要，盡在六經，唯六經可以統攝一切學術，一切學術莫能處之。故必確立六經爲道本，而後中國學術之統類可得而明，文化之原流可得而數，即近世西方新知也可範圍之內。今日學者之大患，是捨己而徇物，逐末而遺本，而不知六經爲聖人之權度，要想彰往知來，別是非，辨義利，正人心，厚風俗，其必由斯。他認爲，人心之所以會走向歧途，學術之所以會出現弊端，原因就在「皆由溺於所習而失之」，因此「復其性則同然矣」。堯舜之元亨，是誠之通；湯武反之利貞，是誠之復。自誠明謂之性，自明誠治之復，教之道在復其性而已。所以，要明因革之道，就必須先知性習之分，其可得與民革者，習也；其不可得與民變者，性也。率以仁，民從而仁，性之符也；率以暴，民從而累，習之蔽也。循理則安，驅策無所用；從繩則正，禁遏無所施，這些都是自然效用，非可以智要而力取。先儒修德講學，本以求己，不期於化民而民自化；本以自身，不期於成俗而俗易成。不必居司徒之任，爲太學之師，然其教未有不能及人者。故古之爲教，不盡出於學官。他正是有見於此，而有創辦復性書院之議，希望像先儒那樣，通過「解說舊聞，鏞啓初學」，來「繼絕學，廣教化」，從而「養成知類通達之才，以爲振民育德之助」。

《講錄》第二卷是〈羣經大義〉。從這一講開始，馬一浮系統講說儒家經義，〈羣經大義〉包括〈羣經大義總說〉和〈論語大義〉兩大部分。總說先闡明了「判教與分科之別」，指出：「分科者一器一官之事，故爲局。判教則知本之事，故爲通。」並認爲儒學有判教而無分科，六藝之教，通天地亙古今，而莫能外也。六藝之人，無聖凡無賢否，而莫能出也。散爲萬事，合爲一理，此判教之大略也。次言「玄言與實理之別」，指出「六藝判教乃是實理，不是玄言」，須落實於篤行上，所以不能承言失旨，而務在直下明宗。上述觀點不過是他在《泰和會語》中所講的「六藝論」的進一步發揮。〈論語大義〉部分則細分爲〈詩教〉、〈書教〉、〈禮樂教上〉、〈禮樂教中〉、〈禮樂教下〉、〈易教上〉、〈易教下〉、〈春秋教上〉、〈春秋教中〉和〈春秋教下〉等十講，認爲「今欲通治羣經，須先明微言大義」，而六經的微言大義就蘊藏在孔子的《論語》之中，「今當略舉《論語大義》，無往而非六藝之要，若夫舉一反三，是在善學」。如聞《詩》而知《禮》，聞《禮》而知《樂》，是謂告往知來，聞一知二。故此，欲通儒經，必先從《論語》開始，只有明白了《論語》大義，才能讀懂六經。

《講錄》第三卷爲〈孝經大義〉，首有〈孝經大義序說〉一篇，後面共有六講。《孝經》自漢代被列爲儒家的「七經」之一以來，關於其書爲何人何時所作，歷來就存有爭論。馬一浮對此也無明確說法，但他認爲《孝經》是儒家的一部重要經典，其地位可以與《論語》相提並論。在其〈序說〉中他指出：「六藝皆以明性道，陳德行，而《孝經》實爲之總會。」因爲德性是內徵屬知，行道是踐履屬行；知爲行之質，行是知之驗；德性至博而行之則至約。當其行時全知是行，亦無行相可得。故可以行攝知，以德攝德，以約攝博。「明此則知《詩》、《書》之用，《禮》、《樂》之原，《易》、《春秋》之旨，並爲《孝經》所攝，義無可疑，故曰孝德之本也。」他甚至認爲，「三代之英，大道之行，六藝之宗」，無有過於《孝經》之義者。所以，他在講了《論語大義》之後，接下來便先於儒家六經而講《孝經大義》，「以爲向上提持之要，使學者知六藝之要，約歸於行」。可見其對《孝經》的重視程度非同一般。

《講錄》第四卷爲〈詩教緒論〉和〈禮教緒論〉兩部分，每部分前各有〈序說〉一篇。他在〈詩教緒論序說〉中指出：「六藝之教，莫先於詩，於此感發興起，乃可識仁，故曰興於詩，又曰詩可以興。詩者志之所之也，在心爲志，發言爲詩，故一切言教皆攝於詩。」又說：「前謂志於學，志於道，志於仁，一也。學是知仁，道是行仁，今治六藝之學，爲求仁也，欲爲仁須從行孝起，欲識仁須從學詩入。」這也是他繼《孝經大義》之後，所以接著講《詩教緒論》的主要原因。在〈禮教緒論序說〉中，馬一浮首先辯明了學詩與行禮之間的關係，他指出：「六藝之教，莫先於《詩》，莫急於《禮》。詩者志也，禮者履也。在心爲志，發言爲詩，在心爲德，行之爲禮。故敦詩說禮，即是蹈德履仁。」也正因爲詩以道志，禮以道行，詩之所至，禮亦至焉，所行必與所志相應，所以，他才將〈詩教緒論〉與〈禮教緒論〉放在同一卷內。

《講錄》第五卷爲〈洪範約義〉，專講《尚書》中的〈洪範〉篇，共分十講。和卷三、卷四一樣，此卷亦有一篇〈序說〉。馬一浮首先解釋了爲什麼在《尚書》諸多的篇目中，他唯獨只講了〈洪範〉的原因，指出：「《尚書》內容，包括甚廣，前人論說已多。惟〈洪範〉一篇精義，先儒隱而未發，故首講此篇，以補先儒未盡之意。」在他看來，〈洪範〉的主要內容是所謂「九疇」，而「洪範九疇者，猶曰九種大法耳」。何謂「九疇」？一曰五行；二曰敬用五事；三曰農用八政，四曰協用五紀；五曰建用皇極；六曰乂用三德；七曰明用稽疑；八曰念用庶徵；九曰向用五福，威用六極。他認爲：「洪範九疇，亦可總攝六藝。」因爲「洪範者，大法也。大者，能莫外也。法者，可執持也。理者，性所具也。當時國無六藝之名，亦無書教之別也。及孔子刪書洪範，始列於《書》教。然先聖後聖，其揆一也」。

《講錄》第六卷爲〈觀象卮言〉，主要講的是馬一浮的易學思想。此卷卷首也有一篇〈序說〉，馬一浮在〈序說〉中開宗明義就指出：「天下之道，統於六藝而已。六藝之教，終於《易》而已。學《易》之要，觀象而已。觀象之要，求之十翼而已。」他認爲，大抵觀變者不必尚古，觀象者先求盡辭，故說義不能祧王程，玩占不能廢京房。設卦觀象的目的並非僅在於明吉凶，聖人所以如此，「皆憂患後世，不得已而垂言」。聖人的真正目的是要通過設卦觀象，使人明天地之理，行窮理盡性之事。所以他批評說：「清儒力攻圖書，將天一地二之言亦可廢乎？近人惡言義理，將窮理盡性之說爲虛誕乎？何若是之紛紛也！」總而言之，象數義理均不可廢，但又不能拘執於此。〈序說〉之後，馬一浮又就「原吉凶、釋德業」、「審言行」等問題進行了分講。後來，他又專門寫了一篇題爲〈三易略義〉的文章，對他在〈觀象卮言〉中所講的易學思想，作了進一步的系統闡發。

《復性書院講錄》講的主要是羣經大義，但除第二卷以《論語》總說羣經提到《樂》與《春秋》外，《講錄》沒有儒家六經中這兩部重要經典的專門之講，其原因如我們在其生平部分所指出的那樣，是由於馬一浮不滿於國民政府教育部的所作所爲，只在復性書院主講了四個學期就停止了講學，所以，沒來及將六經講完。

從全書的形式和內容來看，《講錄》與傳統書院經師的講經十分類似，儘管具體入微，但因受體例的限制，而不能像《泰和會語》和《宜山會語》那樣系統地闡述自己的中心思想。當然這並不能說馬一浮的《講錄》就沒有自己的特點。首先，他儘可能地避免以往經學支離破碎的缺點。他不僅始終將自己對儒學的基本看法貫徹於全部的講解之中，而且還努力將自己對於六經的理解在理氣、知行等關係上貫通起來。他雖然在講解中對先儒的經訓廣徵博引，但又不爲其所束縛，對整個儒學的基本內容，他有自己的一套看法。其次，在方法上，他以佛證儒，融佛入儒，以老莊證儒，融老莊入儒，力圖使儒、佛、道三家融爲一體，這正如他在《觀象卮言序說》中所指出的那樣：「今爲初學聊示迷津，逮未遑博引，但欲粗明觀象之法，直抉根原，刊落枝葉，必以十翼爲本，間有取於二氏之説，假彼明此，爲求其易喻。」文中所說的「二氏」，亦即佛道兩家。所以，在整個講解中，除了對先儒的經訓廣徵博引外，他對佛道兩家的典籍也是博引廣徵，尤其對於佛典，更是信手拈來，如數家珍。以佛、道論證儒學，又以儒學融合佛、道，這是馬一浮學術方法上的一個重要特點。

3《爾雅臺答問》

該書共七卷，其中正編一卷，劉錫瑕、王培德輯錄，續編六卷，張立民、王培德輯錄，收錄的主要是馬一浮在復性書院期間答問書院內外學人的信札和示語。爲什麼稱之爲「爾雅臺答問」呢？因爲復性書院設在四川省樂山縣烏龍山的烏龍寺。烏龍山上除烏龍寺外，尚有古迹一處，名「爾雅臺」，相傳晉人郭璞曾在此地注解過《爾雅》。書院選定烏龍寺爲復性書院院址後，即由院方與寺僧交涉，租用爾雅臺、曠怡亭、羅漢堂外兩側小院、荔枝樓、東客堂等房舍。一九三九年八月書院宣告成立，爾雅臺遂成爲馬一浮居住之所。隔年，院方復與寺僧簽約租地，在山下叫「麻濠」的小溪旁邊，建築精舍數椽，供馬一浮居住。馬命名爲「濠上草堂」。故此，馬一浮將自己在復性書院期間答覆院內外學人的書札和示語，取名爲

《爾雅臺答問》，同時期創作的書法作品則用的是「濠上草堂」、「濠叟」的落款。

該書正編一卷，收錄馬一浮答覆院內外學人的書札五十三通。續編卷首有馬一浮一九四三年一月寫的「弁言」一則。他說：他本來是不想將這些答問書札和示語公開出版的，因爲這些書札和示語「不獨存者未免瑕讁，其遺者亦多非肯綮；既病無益於當人，尤恐見譏於達者。」但無奈弟子們「請之甚力」，加上考慮到這些書札和示語如能「過而存之，亦不掩其陋」，於是他只好改變初衷，同意弟子的「復就其掌錄，續有答問之輯」。他表示：「若會心不遠，何假枝葉之多。細語塵言皆歸聖諦，知我罪我俟之當事，庸何傷焉？」。續編的卷一至卷四是「示語」，收錄馬一浮寫給弟子的示語九百九十九則；卷五是「答書」，收錄馬一浮答覆院內外學人的書札十九通；卷六是「附錄」，收錄馬一浮告書院學人書八件。其內容大體上包括：他對中國文化、中國哲學的基本看法及其與西方文化、西方哲學的比較；他對其「六藝論」的文化學術觀和「義理名相論」的哲學思想的進一步闡發；他對儒學經典的義理闡釋；他對儒釋道三家思想的融會貫通；他對治學及作詩之道的精彩論述；他對人生的體悟和對社會的觀察；他對求學者以及門人弟子的忠告和教誨；如此等等，所涉及的內容非常廣泛。所以，該書既和《泰和會語》、《宜山會語》不同，也與《復性書院講錄》有異，沒有一個貫穿始終的中心思想或講解主題。實際上，就其形式來看，它是先秦宋明語錄體的繼承。

《爾雅臺答問》中有不少精彩之論。譬如，他論作詩之道：詩第一要胸襟大，第二要魄力厚，第三要格律細，第四要神韻高，四者備乃足名詩。古來詩人具此者亦不多。因爲詩之外大有事在，無一字無來歷，亦非蓄養厚，自然流出，不能到此境界，這不是勉強就能做到的。世俗人能湊一二淺薄語，便自命詩人，此實惡道。詩只是道性、情性，情得其正，自然是好詩，至格律藻采，則非學不可。又說：詩貴神悟，要取精用宏，自然隨手拈來，都成妙諦。搜索枯腸，苦吟無益，語拙不妨，卻不可但先求妥帖，煞費功夫。切忌杜撰不屬善悟者，不須多改，近體法門亦已略示，捨多讀書外，別無他道，只要讀破萬卷書，就不患詩之不工。

再如他對歷史上一些詩人的評價：作詩以說理為最難，禪門偈頌傳說理非不深妙，然不可以為詩。詩中理境最高者，古則淵明、靈運，唐則摩詰、少陵，俱以氣韻勝。陶似樸而實華，謝似雕而彌素，後莫能及。王如羚羊掛角，杜則獅子嚬呻。然王是佛氏家風，杜有儒者氣象。山谷荊才非不大，終是五伯之節制，而不敵王者之師。堯夫深於元白，元白只是俗漢，堯夫則是道人，然在詩中亦只能為別派，而不能稱之為正宗。

又如他論知與學的關係：知之者不如好之者，好之者不如樂之者，到得樂之者地位，則如四時行百物生，通身是道與之為一，出之無盡不為多，一字不形不為少，莫非性分內所有也，此理境驟難領會，要先做到個知之者，非學不可，今人不肯學，又焉得知。須知知者亦待自證，如人飲水，知其冷暖不可從人得也。

還如他論如何讀中土聖賢經籍及濂洛關閩諸儒遺書：首先不可著一毫成見，虛心涵詠，先將文義理會明白，著實真下一番涵養工夫，認得自己心性義理端的，同時要不被其他雜學惑亂，這樣方可得其條理。另有一法，就是要研究佛乘，將心、意、識諸法名相，認識清楚，然後知一切知解只是妄心計度，須令鏟除淨盡，習氣一旦廓落，大用自然現前，回頭再讀濂洛關閩諸儒遺書，自能具眼，知所抉擇，更無餘疑，直下受用。但這兩種方法卻非痛下一番工夫不可。

《爾雅臺答問》中也反映出馬一浮對弟子的嚴格要求和無微不至的關心。如有一次王星賢的作業做得不太認真，馬一浮即在示語中對王提出了嚴格批評：「作書草草如此，深負老夫之望。須知尋常寫一短札，亦可見人之用心，即此便是學，不可放過。若以爲吹毛求疵，老夫此後亦不敢更著一字矣。」馬一浮雖然對弟子們的學業要求很嚴，但在生活上對他們則是體貼入微。也就是這個王星賢，有一段時間，身體不太好，一天馬一浮看見他「行步猶弱」，於是便在示語中希望他注意身體健康，「宜加意調護，勿勉強過勞爲上」。並以自己的切身經驗告訴他如何調養身體。「洞山不病者，公案最好看。僕嘗於此得力，每遇病時飲食可廢，而言語不廢，有不病者在也。」還是這個王星賢，有一天收到家信，得知祖父病逝，而自己則因天長路遠，戰火阻隔，不能奔喪盡孝，十分悲戚。馬一浮從弟子張立民那裏得知此消息後，即示語給王，勸他節哀，不要因祖父去世，自己不能奔喪盡孝而忘戚過情，因爲「忘戚則害性，過情則傷毀。二俱失中，此非俗士所知」。他希望王星賢能接受他的勸告，明白「所以全其孝事者，爲道方遒」的道理，而「勿區區自束於俗也」。他還建議王星賢變通喪禮，凡聞喪而不能奔喪，以聞喪之日爲位而哭，變服如其所當，服朝夕奠，卒哭而後輟奠，以殯葬之事未能親也。「今在流離中，衰麻之制亦不能具，但可執心喪耳。」同時，縮短喪禮日期，「從聞喪之日起，以日易月，二十七日而徹朝夕之奠，亦可以出矣。」

再如他關心王伯尹。王伯尹是復性書院的高材生，人很聰穎，懂詩道，馬一浮對他很器重，有意培養他成爲一位學人，並經常爲他改詩。但王由於家境貧困，意多愁苦，心情鬱抑，再加上平日用功過度，所以身體一直不好，經常鬧病，馬一浮因懂醫道，便經常爲他處方醫治。有一次，馬一浮偶然從王伯尹那裏知道他家的情況，「乃悅然於賢者（指王——引者）致疾之由」，於是他即在示語中勸王說：「世亂年荒，盡人顰蹙，何獨一鄉、一邑、一身、一家而已邪！」因此，王應當謀所以紓親之力，而不當因愁益病，反過來以貽親之憂。他並爲王設想，「能還家將母，上也；擇事而就翼，次也；坐困荒山日事藥餌，但有嗟嘆無益身心，下也」。儘管他對王很器重，認爲是一個可離之材，但爲了王的身體和家庭著想，他還是勸王能接受他的建議，回家奉養母親，他寫道：「鄙意且宜自寬，結憂無益，憂已之疾，猶爲身見，憂親之勞，乃是秉彝，均是憂也。一則可忘，一則當解。今欲忘則近空言，然求解固是實理，解之之道，當見於行，宜更思之，庶於事理有當。所言依止者，不必以地爲重。若以吾言爲可信，何地而非依止，豈必相從山寺哉。」後來王伯尹經過慎重考慮，還是決定留在復性書院，繼續師從馬一浮問學。乃至抗戰勝利，書院遷杭，仍未離去，後痼病遽發而去世，年僅三十九歲。在王病重期間，馬一浮數次親至病榻看望。王去世後，馬一浮很爲惋惜，曾作〈哀王伯尹〉詩一首以誌懷念。

總之，《爾雅臺答問》雖因體例的關係，而不像《泰和宜山會語》和《復性書院講錄》那樣有一個中心思想或講解主題，但也正因爲此，它的內容十分的廣泛而豐富，常常給人以做人、爲學、玄思等多方面的啓迪，同時它也有助於我們進一步了解馬一浮本人的思想、經歷和人格。故此，熊十力的弟子、現代新儒家的著名代表人物徐復觀對馬一浮的《爾雅臺答問》評價甚高，他在爲臺灣廣文書局影印本所寫的代序中認爲：「以書札論學者殆無過於朱元晦、陸象山。今日尚持此傳統，而文字之美，內容之純，可上比朱元晦、陸象山諸大師而毫無愧色者，謹有熊（十力）先生的《十力語要》及馬先生的《爾雅臺答問》，雖非系統的著作，但熊、馬兩先生皆本其圓融地思想系統，針對問者作具體而深切地指點提示；其中無一句門面話、夾雜話，及敷衍應酬話；可以說真是『月印萬川』的人格與思想的表現，對讀書最爲親切而富有啓發的意味。」就《爾雅臺答問》的內容來看，應該說徐復觀的上述評價是有一定道理的。

四、「六藝論」

我們在前面介紹馬一浮的生平和著作時已經指出，他泰和講學的一個重要內容，是講他的「六藝論」。據馬一浮自己說，早在他應浙江大學校長竺可楨的邀請，以大師名義到浙大講學之前，他就準備仿照東漢鄭玄撰《六藝論》的故事，另撰一部自己的《六藝論》，以系統地闡述自己的文化學術思想，但不料「未成而遭亂，所綴先儒舊說，羣經大義俱已散失無存」。這裏所講的「遭亂」，即指一九三七年「七七事變」後日本帝國主義對我國發動的侵略戰爭。所以，他在泰和講學時開宗明義就指出：「今欲爲諸生廣說『六藝論』，恐嫌浩汗，只能舉其要略，啓示一種途徑，使諸生他日可自己求之，且爲時間短促，亦不能不約說也」（《泰和會語．楷定國學名義：國學者六藝之學也》）。因此，儘管因「遭亂」他的《六藝論》沒有寫成，但其基本思想已見於他泰和講學的講稿《泰和會語》之中。後來在《宜山會語》、《復性書院講錄》和《爾雅臺答問》中，馬一浮又就他的「六藝論」作了進一步的闡述。概而言之，他的「六藝論」包括以下幾方面的內容。

1 「國學者六藝之學也」

馬一浮對這一問題的闡述首先是從解釋什麼是「學」而開始的。他指出：大凡一切學術皆由思考而起，故曰學原於思。思考所得，必用名言，始能詮表，名言即是文字，名是能詮，思是所詮，凡要立一種名言，必須使本身所含攝的義理明白昭晰，使人能喻，借用佛教的語言來表示，這稱之爲教體。而要使人能喻，就先要喻諸自己，因人所已喻，而告之以其所未喻，這樣才能明彼即曉此。因喻甲事而及乙事，輾轉關通，可以助發增長人的思考力，方名爲學，故學必讀書窮理。書是名言，即是能詮，理是所詮，亦曰格物致知。物是一切事物之理，知即是思考之功。所以，《易．繫辭傳》上說：「唯深也，故能通天下之志。」如果把這句話翻譯成白話文，即是於一切事物表裏洞然，更無睽隔，說與他人，亦使各各互相知曉。如是乃可通天下之志，也才能名之爲學（《泰和會語．楷定國學名義：國學者六藝之學也》）。

就馬一浮對什麼是「學」的上述解釋來看，他認爲學即是通過名言的詮表，使人們能輾轉關通，明瞭一切事物所包含的義理。因此，它不僅要格物致知，讀書窮理，而且還要借助於思考，換言之，求知（致知）、窮理和思考是爲學的三大要素。在這三大要素中，求知是不可缺少的，但窮理才是目的，思考則是方法和手段。不過，馬一浮雖然認爲窮理才是爲學的目的，但他對所窮之「理」，仍然是從理事雙融、性理合一的觀點上加以說明的。所謂「理事雙融」，包含兩層涵義：第一，「事雖萬變，其理則一」，亦即事事物物雖各有其理，但總歸又只是一理；第二，「理在事中，事不在理外」，二者不能打成兩橛。故此馬一浮指出：「若舍理而言事，則是滯於偏曲；離事而言理，則是索之杳冥。須知一理賅貫萬事，變易元是不易，始是聖人一貫之學」（《泰和會語．舉六藝明統類是始條理之事》）。所謂「性理合一」，是指此理不僅是宇宙的本體，天地間萬事萬物存在的根據，亦是道德的本原，人內在本存之性德或良知的顯現。因此，爲學的目的不僅在於認識天地間萬事萬物之理，更重要的是要認識自己內在的性德，並使之得到擴充和提昇，最終完成自我道德品格的塑造，而對自己內在之性德的認識，只有自證自悟才能獲得。所以馬一浮一再指出：「學是要自己證悟，如飲食之於饑飽，衣服之於寒暖，全憑自覺，他人代替不得」（《宜山會語．釋學問》）。

基於對「學」的上述解釋，馬一浮認爲，今日國人已使用慣了的「國學」這一名詞，其實是很不適當的。因爲照舊時的用法，所謂國學，指的是國立大學，今人以我國固有學術名爲國學，爲的是把它與外國學術區別開來。故且不論這種稱法「爲依他起」本不可用，即使暫不改立名目，但依固有學術爲解，所含的義理亦太廣泛籠統，使人聞之不知所指爲何種學術。今人一般依照四部立名，將我國固有學術分爲小學（文字學）、經學、諸子學、史學等類。然而四部之名本是一種目錄，和今日圖書館的圖書分類法相類似，它並不能說明學術流別。在馬一浮看來「能明學術流別者，惟《莊子．天下》、《漢書．藝文志》最有義類」（《泰和會語．楷定國學名義：國學者六藝之學也》）。

在批評了一般人對國學的所謂不正確的理解後，馬一浮進一步指出，要正確理解或研究國學，首先就必須指定國學的名義。他認爲：「舉此一名，該攝諸學，唯六藝足以當之」

（《泰和會語》）。所謂「六藝」，亦即儒家的《詩》、《書》、《禮》、《樂》、《易》、《春秋》這六部經典。他所以喜歡依據《漢書．藝文志》的叫法稱儒家的這六部經典爲「六藝」而不是「六經」，是因爲「經者常也，以道言謂之經。藝猶樹藝，以教言謂之藝」。「六藝」要比「六經」所包含的意蘊更廣泛一些，它不僅僅概指儒家的這六部經典，而且還包括儒家的其他典籍。因此在《泰和會語》中，他強調「六藝之者，散在《論語》而總在《孝經》」，並將先秦儒家典籍具列入宗經論和釋經論，認爲皆爲「六藝」之遺存。稍後他在復性書院講《論語大義》時又指出《論語》爲「六藝」之彙歸，並散見於諸子各書。在馬一浮看來，「六藝」是孔子之教，我國二千年來普遍承認一切學術之原皆出於此，其他諸學均是它的支流和發展。因此，以「六藝」爲中國一切固有學術的代表，才能「廣大精微，無所不備」（同上）。

「六藝」所以能成爲中國一切固有學術的代表，或者說能楷定爲「國學」，這是由「六藝」的宗旨所決定的。馬一浮認爲，關於「六藝」的宗旨，自古以來有種種說法，但以《禮記．經解》及《莊子．天下》概括得最爲簡明。《禮記．經解》引孔子的話說：「入其國，其教可知也。其爲人也，溫柔敦厚，《詩》教也；疏通知遠，《書》教也；廣博易良，《樂》教也；潔靜精微，《易》教也；恭儉莊敬，《禮》教也；屬辭比事，《春秋》教也。」《莊子．天下》寫道：「《詩》以道志，《書》以道事，《禮》以道行，《樂》以道和，《易》以道陰陽，《春秋》以道名分。」馬一浮指出：以上《禮記．經解》所引孔子的話，和《莊子．天下》莊子的這一段話說明了一個道理，即「有六藝之教，斯有六藝之人」。故孔子之言，是以人說，莊子之言，是以道說。從孔子的話來看，六藝的宗旨在於努力提昇與完善人的本身，它不僅教人能疏通知遠，潔靜精微，屬辭比事，而且更教人要溫柔敦厚，廣博易良，恭儉莊敬，使人的智識與道德都得到完滿的發展。就莊子的話來看，「六藝」的宗旨所在也是人的理想與志向，即人對自然與社會的認識，人的道德行爲，人與人的關係和秩序。總而言之，「六藝」的宗旨，就在於使人獲得知識與道德等各方面的全面提昇，從而成爲一個品格完美的人。

正因爲六藝的宗旨在於使人獲得知識與道德等各方面的提昇，從而成爲一個品格完美的人，所以，馬一浮強調，「六藝不是空言，須求實踐」，它與人類心靈和日常生活有著密切的關係。比如，他指出，禮者天地之序，樂者天地之和，故曰禮樂不可斯須去身。仁者見之謂之仁，知者見之謂之知，百姓日用而不知，自性本身是仁智，由不見故日用不知，溺於所習，流爲不仁不和。禮樂本自粲然，不可須臾離。由於不肯率由，遂至無序不和。「今人亦知人類須求合理的生活，亦曰正常生活，須知六藝之教即是人類合理的正常生活，不是偏重考古徒資言說而於實際生活相遠的事」（《泰和會語．論六藝賅攝一切學術》）。也正是在這個意義上，馬一浮認爲六藝代表了中國的一切固有學術，其它諸子都不過是它的支流而已。這也是他後來提出「六藝賅攝一切學術」的立論依據。

顯而易見，馬一浮是站在儒學本位的立場上來楷定國學之名義的。它反映了馬一浮的現代新儒家的文化取向和思想特徵。實際上，作爲我國固有學術的代名詞，國學所包含的內容十分廣泛和豐富，決不是儒學的「六藝」所能替代的，故此，馬一浮的此論一出，立即遭到了人們的非議，他的一位朋友就曾當面指出：「若依此說法，殊欠謹嚴，將有流失」，並希望他能「亟須自己檢點」（轉引見《泰和會語．舉六藝明統類是始條理之事》）。

2 「六藝賅攝一切學術」

既然「六藝」是孔子之教，我國二千年來普遍承認一切學術之原皆出於此，其他諸學均不過是它的支流而已。因此，馬一浮認爲，六藝不僅可以楷定爲「國學」，而且可以「賅攝一切學術」，他並從事物種類之歸屬角度闡述了「六藝賅攝一切學術」的理由。他指出，「何以言六藝賅攝一切學術？約爲二門：一、六藝統諸子；二，六藝統四部」（《泰和會語·論六藝賅攝一切學術》）。

所謂「六藝統諸子」，即是說「諸子出於六藝」。馬一浮既反對《漢志》關於先秦諸子出於王官的說法，同時也不贊成章學誠在《文史通義》所提出的「六經皆史」的意見。他辯駁章學誠的「六經皆史」說道：章氏的「六經皆史」之說，以六經皆先王政典，守在王官，古無私家著述之例，遂以孔子之業併屬周公，而不知孔子祖述堯舜，憲章文武，乃以其道言之，著政典則三王不同禮，五帝不同樂，且孔子稱韶武則明有抑揚，論十世則知其損益，並不專主於從周。如果像章氏所說的那樣，則孔子未嘗爲太卜，不得繫《易》；未嘗爲魯史，不得修《春秋》矣。由此可見，「實齋（章學誠字——引者）之論甚卑而專固，亦與公羊家孔子改制之說同一謬誤」（同上）。

實際上，馬一浮指出，諸子不出於王官，而出於六藝，六藝與諸子的關係，猶如《莊子·天下》中所說的「道術」與「方術」的關係，「道術爲該遍之稱，而方術則爲一家之言，方術（諸子）出於道術（六藝），是道術（六藝）之流失，《禮記經解》就說過：「《詩》之失愚，《書》之失誣，《樂》之失奢，《易》之失賊，《禮》之失煩，《春秋》之失亂」。其實六藝本來是沒有流失的，「學焉而得其性之所近，俱可適道」。所以會有流失，這都是「習」所造成的結果。因爲心習才有所偏重，便一向往習熟一邊去，而於所不習者，便有所遺。「高者爲賢知之過，下者爲愚不肖之不及，遂成流失」（《泰和會語．論六藝賅攝一切學術》）。

他進一步指出《漢志》所記諸子九流十家，舉其要者僅爲五家，即儒、墨、名、法、道是已。墨、名、法、道這四家而言，墨家統於《禮》，名法亦統於《禮》，道家統於《易》，它們與六藝的關係可概括爲四句話，即(1)得多失多，(2)得多失少，(3)得少失多，(4)得少失少。具體來說，墨家雖非《樂》，而「兼愛」、「尚同」實出於《樂》；「節用」、「尊天」、「明鬼」出於《禮》，而「短喪」不與《禮》悖，《墨經》難讀，又兼名家，亦出於《禮》。是墨家之於《禮》、《樂》，得少而失多。名家如惠施、公孫龍之流，雖極其辯，無益於道，可謂於六藝是得少失少。法家統於禮，但同時又往往兼道家言，如管子《漢志》本在道家，韓非也有《解老》、《喻老》，自托於道。「其於《禮》與《易》，亦是得少失多。」道家統於《易》，體大觀變最深，故老子得於《易》爲多，而流爲陰謀，其失亦多。《莊子．齊物》好爲無端厓之辭，以天下不可與，故莊子雖然得於《樂》之意爲多，但「不免流蕩，亦是得多失多，《樂》之失奢也」。據此，馬一浮得出結論：觀於四家之得失，「可知其學皆統於六藝，而諸子學之名可不立也」（《泰和會語．論六藝賅攝一切學術》）。

所謂「六藝統四部」，即是說傳統的學術分類方法：經、史、子、集都源自六藝。首先就經部而言，馬一浮指出，今經部立十三經、四書，而以小學附之，本爲未允。六經唯《易》、《詩》、《春秋》是完書，《尚書》今文不完，古文是依托。《儀禮》僅存〈士禮〉，《周禮》亦缺〈冬官〉。《樂經》本無其書。《禮記》是傳不當，遺大戴而獨取小戴。左氏、公羊、穀梁三傳亦不得名經，《爾雅》是釋羣經名物，唯《孝經》獨專經名，其文與《禮記》諸篇相類似。《論語》出孔門弟子所記，《孟子》本與《荀子》同列儒家，與二戴所採曾子、子思子、公孫尼子七十子後學之書同科，應在諸子之列。但以其言最醇，故以之配《論語》。然曾子、子思子、公孫尼子之言亦醇，何以不得與孟子相並列。故此，他主張應該仿照佛書書目，「定經部之書爲宗經論、釋經論二部」，而原有的經學、小學的名目則可廢而不立。具體來說，六藝之旨散在《論語》而總在《孝經》，是爲宗經論；《孟子》同二戴所採曾子、子思子、公孫尼子諸篇，也同爲宗經論；子夏所作的《儀禮喪服傳》，左氏、公羊、穀梁所作的「三傳」以及《爾雅》、《禮記》等爲釋經論。

其次，從史部來看，馬一浮指出，司馬遷作《史記》，自附於《春秋》，班志因之紀傳，雖由司馬遷所創，但實兼用了《春秋》的編年之法。多錄詔令、奏議，則亦《尚書》之遺意。諸志特詳典制，則出於《禮》，如〈地理志〉祖〈禹貢〉，〈職官志〉祖〈周官〉。而記事本末體類的史書，則是左氏《春秋傳》之遺則。由此可見，編年記事出於《春秋》，多存論議出於《尚書》，記典制者出於《禮》。既然「諸史悉統於《書》、《禮》、《春秋》，而史學之名可不立也」。子部已見於「六藝統諸子」。

再其次來看集部，馬一浮指出，集部的文章體制，流別雖繁，但「皆統於《詩》、

《書》」。詩以道志，書以道事，所以文章儘管極其變化，然而終究「不出此二門」。志有淺深，故言有粗妙；事有得失，故言有純駁。思知言不可不知人，知人又當論其世，故觀文章之正變，而治亂之情可以洞見。〈詩大序〉曰：「治世之音安以樂，其政和；亂世之音怨以怒，其政乖；亡國之音哀以思，其民困。」《論語》也說：「誦詩三百，授之以政不達，雖多亦奚以爲。」可見詩教通於政事，書以道事，書教亦即政事也。故知詩教通於書教，詩教本仁，書教本知。古時候教詩於南學，教書於北學，即表仁知。教樂於東學表聖，教禮於西學表義，故仁、知、聖、義，即是詩、書、樂、禮四教。詩之失愚，而失愚者不害爲仁，所以在六藝之中，詩教失之最少。既然「一切文學皆詩教、書教之遺」，那麼集部之名也就沒有任何存在的理由。

馬一浮進一步認爲，「六藝」不僅「賅攝」中國固有的一切學術，而且也可「賅攝」西來的一切學術，是整個人類思想文化的代表。他在〈論西來學術亦統於六藝〉的講解中指出：六藝不唯統攝中土一切學術，亦可統攝現在西來一切學術。具體來說，西方的自然科學可統於《易》，社會科學（或人文科學）可統於《春秋》。因《易》明天道，凡研究自然界一切現象皆屬之；《春秋》明人事，凡研究人類社會一切組織形態者皆屬之。物生而後有象，象而後有滋，滋而後又數，今人以數學、物理爲基本科學，是皆《易》之支派與流裔。以其言皆源於象數，而其用在於制器，所以，「凡言象數者，不能外於《易》也」。人類歷史進程皆由野蠻而進於文明，由亂世而進入治世，其間的盛衰、興廢、分合、存亡之迹，蕃變錯綜。欲識其因應之宜，正變之理者，必比類以求之，是即《春秋》之比事；說明其教，此即《春秋》之屬辭。

屬辭以正名，比事以定分。社會科學之義，亦是以說明名分爲依歸。所以「凡言名分者，不能外於《春秋》也」。其他如文學、藝術，統於《禮》、《樂》，政治、法律、經濟，統於《書》、《禮》。宗教雖信仰不同，亦統於《禮》，所謂之於禮者之禮也。哲學思想派別雖殊，淺深大小亦皆各有所見，然而大抵本體論近於《易》，認識論近於《樂》，經驗論近於《禮》，唯心者《樂》之遺，唯物者《禮》之失。凡言宇宙者，皆有《易》之意，言人生觀者，皆有《春秋》之意。

「西來學術亦統於六藝」，還不僅僅在於從「類」的角度看，儒家六藝之學已大致涵括了西方學術所研究的對象和範圍，而且從其爲學的目的和本質看，儒家的六藝之學也能夠「賅攝」西方學術。馬一浮指出，西方爲學的目的和本質是追求所謂「真」、「善」、「美」，而「真」、「善」、「美」則包含於六藝之中，「《詩》、《書》是至善，《禮》、《樂》是至美，《易》、《春秋》是至真」。因爲《詩》教主仁，《書》教主智，合仁與智，則是至善。《禮》是大序，《樂》是大和，合序與樂，則是至美。《易》窮神化，顯天道之常，《春秋》正名撥亂，示人道之正，合正與常，則是至真。就此，馬一浮得出結論：「全部人類之心靈其所表現者，不能離乎六藝也；全部人類之生活其所演變者，不能外乎六藝也」（《泰和會語．論西來學術亦統於六藝》）。

就馬一浮的「西來學術亦統於六藝」來看，實際上它與近代以來的「西學中源」說相類似，或者說是「西學中源」說的翻版或變種。「西學中源」說的中心思想是認爲西方近代文化源自於古代中國，所謂「西學之淵源皆三代之教所有事」。近代倡說「西學中源」說的主要是早期洋務派和後來維新派，他們倡說「西學中源」說的目的，是爲了排除頑固守舊派對學習西學的強大阻擾，說明西學並非是與華夏文明異類的夷狄之學，而是我們自己祖宗所創後來又喪失了的文化遺產，向西方學習不是什麼「以夷變夏」，而是「禮失求諸野」。但與早期洋務派和後來維新派不同，馬一浮提出「西來學術亦統於六藝」說的目的不是爲了向西方學習，而是爲了說明儒家的「六藝之道」是放之四海而皆準的真理，能夠成爲未來世界文化發展的方向和依歸。他在〈論西來學術亦統於六藝〉中寫道：「學者當知六藝之教因是中國至高特殊之文化，唯其可以推於全人類，放之四海而皆準，所以至高；唯其爲現在人類中尚有多數未能了解，百姓日用而不知，所以特殊，故今日欲弘六藝之道，並不是狹義的保存國粹，單獨的發揮自己民族精神，而止是要使此種文化普遍的及於全人類，革新全人類習氣上之流失，而復其本然之善，全其性德之真。方是成己成物，盡己之性盡人之性，方是聖人之盛德大業。」他並且斷言，只要天地一日不毀，人心一日不滅，則六藝之道就會炳然常存，「世界人類一切文化最後之歸宿，必歸於六藝，而有資格爲此文化之領導者，則中國也」（同上）。

馬一浮提出「西來學術亦統於六藝」說是在抗日戰爭初期，其時不僅東方日本發動了對中國大規模的侵略戰爭，西方的德國也在蠢蠢欲動，即將挑起第二次世界大戰，人類文明面臨著被毀滅的危險，用馬一浮的話說，是「劫火洞然，已遍大千，定業難回，真是佛來亦救不得」（《爾雅臺答問續編》卷一）。面對如此處境，馬一浮主張弘揚儒學六藝之道，使之成爲世界未來文化發展的方向和依歸，從而「革除人類習氣上之流失，而復其本然之善，全其德性之真」，這一方面固然反映了他對人類前途的憂慮與關懷，他並將這種憂慮與關懷昇華爲神聖的使命感，力圖以儒家的六藝之道來拯救人類於水火之中；但另一方面也體現了他那保守主義的文化立場和心態。因爲就其主張的實質而言，這是一種「東方文化救世論」。

「東方文化救世論」是第一次世界大戰後出現的一種具有國際性質的文化思潮，這種思潮認爲，西方文化已陷入嚴重的危機，只有古老的東方文化，尤其是中國的儒家文化才能拯救其弊，因爲以精神文明爲特徵的中國儒家文化從根本上來說，遠比以物質文明爲特徵的西方文化優越。五四前後的梁啓超、梁漱溟、張君勱等人就是「東方文化救世論」的鼓吹者。如梁啓超在其《歐遊心影錄》中號召中國青年以「孔老墨三位大聖」和「東方文明」來拯救第一次世界大戰後陷入嚴重危機的西方文明，他大聲疾呼：「我們可愛的青年啊，立正，開步走！大海對岸那也有幾萬萬人愁著物質文明破產，哀哀欲絕的喊救命，等著你來超撥他哩。」梁漱溟在《東西文化及其哲學》的〈序言〉中，談到他爲什麼提倡「新孔學」的原因時指出：「我又看著西洋人可憐，他們當此物質的疲弊，要想得到精神的恢復，而他們所謂精神又不過是希伯來那點東西，左衝右突不出此圈，真是所謂未聞大道，我不應導他們於孔子這一條路上來嗎？」和梁啓超、梁漱溟相類似，馬一浮也在其《泰和會語》中，希望人們慎勿安於卑陋，以中國經濟落後爲恥，以能增高中國國際地位遂以爲可矜，而捨棄自己無上之家珍，拾人之土苴緒餘以爲寶。須知今日西洋的發達國家，雖然民富國強，但在文化上實是疑問，它們只有進於儒家的「六藝之教」，而後才有可能成爲「有道之邦」。他「不獨希望吾國人興起，亦望全人類興起，相與坐進此道，勉之，勉之」（《泰和會語・論西來學術亦統於六藝》）。

這裏需要指出的是，馬一浮雖然認爲儒家的「六藝之道」是放之四海而皆準的真理，能夠成爲世界未來文化發展的方向和依歸，但他並不主張固守傳統，而是對「六藝之道」作了現代的詮釋和理解，他要求聽他講「六藝論」的諸生應認識到六藝之道是前進的，決不是倒退的，切勿誤爲開倒車；是日新的，決不是腐舊的，切勿認爲重保守；是普遍的，是平民的，決不是獨裁的，不是貴族的，切勿誤爲封建思想。他並強調，要說解放，這才是真正的解放，要說自由，這才是真正的自由，要說平等，這才是真正的平等（同上）。馬一浮的這種既認同和維護傳統，又不固守傳統的思想特質，在現代中國思想文化史上具有其典型的代表意義。

總之，在馬一浮看來，無論是中國的固有學術，還是西方諸學，不管何種學派，何種學科，均可統攝於儒家的六藝之學，所以說：「六藝賅攝一切學術。」

3 「六藝統攝於一心」

馬一浮指出，明瞭六藝賅攝一切學術，其中包括西方學術，這只是始條理，還不是終條理。始條理講的是「統類是一」，爲「智之事」，終條理講的是「本末一貫」，爲「聖之事」，而聖之事高於智之事，或者說聖之事是智之事的目的或依歸。所以，僅僅明瞭六藝賅攝一切學術還不夠，還必須明瞭六藝統攝於一心，這樣才能「言必歸宗，期於聖人之言，無所乖畔」（《泰和會語．舉六藝統類是始條理之事》）。

爲什麼說「六藝統攝於一心」呢？他指出，六藝本是吾人性分内所具有的事，不是聖人突發奇想而安排出來的。吾人性量本來廣大，性德本來具足，六藝之道就是從此性德中自然流出來的，所以說「性外無道」。從來講性德者，舉一全該則曰仁；開而爲二爲仁知，爲仁義；開而爲三則爲知、仁、勇；開而爲四則爲仁、義、禮、知；開而爲五則加信而爲五常；開而爲六則並知、仁、聖、義、中、和而爲六德。就其真實無妄言之則曰至誠；就其理之至極言之則曰至善。故一德可備萬行，萬行不離一德。知是仁中之有分別者，勇是仁中之有勇決者，義是仁中之有斷制者，禮是仁中之有節文者，信即實在之謂，聖則通達之稱，中則不偏之體，和則順應之用，這些都是吾人自心本具的。而「心統性情」，性是理之存，情是氣之發，存謂無乎不在，發則見之流行。理行乎氣中，有是氣則有是理，因爲氣稟不能無所偏，故有剛柔善惡，先儒稱之爲氣質之性。聖人之教所以能使人自易其惡，自至其中，原因就在於它能變化人的氣質，能復其「本然之善」。此本然之善又名爲「天命之性」，亦即「純乎理者」。此理自然流出諸德，故亦名爲天德；見諸行事，則爲王道。「六藝者，即此天德王道之所表現。故一切學術皆統攝於六藝，而六藝實統攝於一心。即是一心之全體大用也」（《泰和會語．論六藝統攝於一心》）。

就馬一浮的這一段論述來看，他所以認爲「六藝統攝於一心」，是以宋明新儒家的心性之學爲立論基礎的。所謂「心性之學」是研究人的本質、本性和自我價值及其如何實現的哲學理論。它探討人與自然社會的相互關係，說明人的生命、情欲、知覺和道德理性、精神自由的相互關係及心性修養方法。其基本特徵表現爲：通過人的自我意識對生命、情欲，及至倫理道德和自然、社會的一切物質、精神現象進行自我超越。這些理論又涉及到人的生理

（生命、食色）、心理（感情、意志）、倫理（仁、義、禮、智、信）和認識論（知、行、學、思）等各方面的綜合關係。所以「心性之學不僅是一種形上的本體哲學，而且具有生理、心理、倫理和認識論相結合的特徵」（韓強《現代新儒學心性理論評述》第二頁，遼寧大學出版社一九九二年版）。

心性之學是儒家傳統的主流。早在春秋時代，儒家學派的創始人孔子就提出了「性相近也，習相遠也」的觀點，儘管他沒有具體論述人性善惡問題，但在其仁學思想中已包含有心性修養的內容。戰國時期，孟子提出性善論，荀子提出性惡論。孟子的性善論從強調道德感情的先天性走向了內心直覺的良知、良能。荀子的性惡論從強調自然情欲走向了認識後天道德的理智方法。孟、荀在承認人類先天性善或性惡的同一性基礎上，認爲具體個人的道德修養決定君子與小人的社會差別。孟子的性善論和荀子的性惡論的提出，標誌著儒家心性之學的基本形態的確立。後來又經過兩漢儒家宇宙本質的氣化人性論和魏晉玄學的人性本體論的發展，到宋明時期形成了宋明新儒家的心性本體論。宋明新儒家的心性本體論是儒家心性之學最爲豐富和完備的學説。

宋明新儒學的心性本體論在吸收、揚棄和融合先秦儒家的先天人性論、兩漢儒家的氣化人性論、魏晉玄學的人性本體論，以及佛教的「自性清淨心」的心體用論的基礎上，探討了人性的來源和心、性、情的關係等問題。其特點是把人的存在、本質及其自我價值提昇到宇宙本體的高度，從而充分體現了道德理性的自我超越意義。但由於對理、氣、心、性等範疇的解釋不同，宋明新儒學的心性本體論又分爲程朱理學的心性論和陸王心學的心性論兩大流派。程朱理學的心性論認爲性即理，而心則不即是理（性），心是理與氣合而後有，「心統性情」。陸王心學的心性論認爲，心即性即是理，反對外於心而求理。

馬一浮是站在調和程朱理學的心性論與陸王心學的心性論之立場上來說明「六藝統攝於一心」的。一方面他吸取了陸王心學的心外無理、性外無道的觀點，認爲六藝之道根於人心，是人心中所包含的性德的自然流露，或者說是自己性分內中的「本然之理」；另一方面他又接受了程朱理學的「心統性情」的命題。「心統性情」的命題最早是由張載提出來的，張載認爲，心是總括性情與知覺而言，「合性與知覺，有心之名」，是根本的；「天授於人則爲命，亦可謂性，人受於天則爲性，亦可謂命」；「性即天也」，所以「性又大於心」，有性再加知覺，便成爲心；性之發則爲情，情亦是心的內容。後來朱熹發揮了張載「心統性情」的思想，使之成爲理學心性論的重要組成部分。朱熹說：「橫渠雲『心統性情』，此說極好。」因爲「統，猶兼也，心統性情，性情皆因心而後見，心是體，發於外謂之用」。「性者，理也。性是體，情是用，性情皆出於心，故心能統之。」他還用水的靜動來說明「心統性情」，心如水，性如水之靜，情如水之流。和朱熹一樣，馬一浮也認爲「心統性情」，性與情是心的體與用。在給學生張德鈞的示語中他寫道：「性即心之體，情乃心之用，離體無用，故離性無情，情之有不善者，乃是用上差忒也，若用處不差，當體即是性，何處更覓一性」（《爾雅臺答問》續編卷一），故此他認爲，一切學術皆統攝於六藝，而六藝又統攝於一心。亦即一心之全體（性）大用（情）。具體而言，他提出，《易》本隱以之顯，即是從體起用；《春秋》難見至隱，即是攝用歸體，故《易》是全體，《春秋》是大用。《易》言神化，即體樂之所從出；《春秋》明人事，即性道之所流行，《詩》、《書》並是文章，文章不離性道，故《易》統《禮》、《樂》，《春秋》該《詩》、《書》。

正是從「心統性情」這一命題出發，馬一浮又接受了程朱理學的心性論的另一重要思想，即認爲性有「天命之性」和「氣質之性」，「天命之性」是「理」，「氣質之性」是「氣」。「氣」有「清」、「濁」之分，因而人也有善與惡之分，人禀其清氣者爲善，禀其濁氣者爲惡。朱熹就說過：「人之性皆善，然而有生來善底，有生下來便惡的，此是氣禀不同。且如天地之運，萬端而無窮，其可見者，日月清明，氣候和正之時，人生而禀此氣，則爲清明渾厚之氣，須做個好人，若是日月昏暗，寒暑反常，皆是天地之戾氣，人若禀此氣，則爲不好的人何疑！」（《朱子語類》卷四）所以，儒家的任務，就是通過道德修養的提倡，使人們變化氣質，棄惡從善，「存天理而滅人欲」。和程朱理學的心性論不同，陸王心學的心性論是不講「天命之性」與「氣質之性」的，而專講「性本善」，「善」是人性之本，「惡」是物欲之遷。只要反身内求，修身養性，「人人皆可爲堯舜」，「成聖人」。馬一浮關於「理行乎氣中，有是氣則有是理，因爲氣禀不能無所偏，故有剛柔善惡，先儒稱之爲氣質之性」的說法，顯然源自於程朱理學的心性論；而他對人性「本然之善」的強調，又與陸王心學的「性本善」如出一轍。馬一浮的這種調和程朱理學與陸王心學的取向，在他的「義理名相論」，亦即他的哲學思想中體現得更爲鮮明。

馬一浮還借用佛教的總相與別相的概念對「六藝統攝於一心」作了進一步的說明，他指出，《中庸》所說的「惟天下至聖，爲能聰明睿智，足以有臨也」，這爲「德之總和」；「寬裕溫柔足以有容也」，這爲「仁德之相」；「發強剛毅足以有執也」，這爲「義德之相」；「齊莊中正足以有敬也」，這爲「禮德之相」；「文理密察足以有別也」，這爲「智德之相」；而所有這一切又「爲聖人果上之德相」。《禮記經解》所講的溫柔敦厚，疏通知遠，廣博易良，恭儉莊敬，絜靜精微，屬辭比事，「則爲學者因地之德相」。其中絜靜精微之因德與聰明睿智之果德，併屬總相，其餘則爲別相，曰聖，曰仁，亦是因果相望，並爲總相。但「總不離別，別不離總，六相攝歸一德，故六藝攝歸一心」（《泰和會語．論六藝統攝於一心》）。

「六藝統攝於一心」，也就是「萬行不離一德」。什麼是「一德」呢？馬一浮認爲，這「一德」便是「仁」，而「仁」是天理，亦是人性，「人之性即天之理」（《爾雅臺答問》續編卷二），因此，「六藝統攝於一心」，即是六藝統攝於「人性」，或「天理」。故此，他一再強調「仁是性德，道是行仁，學是知仁；仁是盡性，道是率性，學是知性，學者第一事便要識仁」（《復性書院講錄》卷二〈論語大義〉）。

以上是馬一浮的「六藝論」，亦即他的學術文化觀的主要內容。就其主要內容來看，它反映了馬一浮的現代新儒家的文化取向和思想特徵，這主要表現在以下幾個方面：

第一，以儒家文化爲中國文化的正統和代表。馬一浮的「六藝論」的一個重要觀點，就是認爲儒家六藝才是中國文化的本源和正統，其他諸學都不過是儒家六藝的「支與流裔」，二者之間的關係，是「道術」與「方術」的關係。所以，他主張重新楷定國學名義，以六藝之學來取代國學作爲中國固有學術的代名詞。

第二，以儒家文化爲未來世界文化發展的方向和依歸，中國文化向何處去？世界文化向何處去？這是自第一次世界大戰結束以後中國學術界比較關切的問題之一。早在一九二一年，現代新儒學的開山人物梁漱溟就在他那本毀譽參半的《東西文化及其哲學》中公開打出了復興儒學的旗號，主張以「孔家的路」爲未來世界文化發展的方向和依歸。猶如梁漱溟，馬一浮也在他的「六藝論」中主張以儒家六藝爲「世界人類一切文化最後之歸宿」。正如我們在文中已經指出的那樣，他提出「西來學術亦統於六藝」的目的，就是爲了說明儒學的「六藝之道」是放之四海而皆準的真理。因此未來世界文化發展的方向和依歸非儒家六藝而莫屬。

第三，以儒家文化會通中西一切學術。馬一浮在「六藝論」中提出「六藝賅攝一切學術」，其中包括西來學術，而「賅攝」如我們在介紹他的思想來源時所指出，不是取代、排斥的意思，而是包含、攝取融合的意思。馬一浮的一個基本觀點就是認爲，儒學是全部人類思想文化的精華和代表，其所闡揚的六藝之道，並非爲儒學所專有，同時也包含在其他學術之中，只是儒家六藝得其全，而其他諸學僅得其部分而已。如他論六藝統諸子時，就認爲包括墨、法、名、道在內的諸子都是六藝的「流失」。論西來學術亦統於六藝時也指出：西來學術皆各有對執，而不能觀其會通。莊子所謂各得一察焉以自好，各爲其所欲以自爲方者，由其習使然。若能進之以聖人之道，它們就都能成爲六藝之材。道一而已，因有得失，故有同異。同者得之，異者失之，這也就是《易》所說的「天下同歸而殊途，一致而百慮」。但遺憾的是，「彼雖或得或失皆在六藝之中，而不自知其爲六藝之道」（《泰和會語．論西來學術亦統於六藝》）。故此，他主張以儒學會通一切學術。當然在其會通中，要以儒學爲主，其他諸學包括西學只能處於從屬或被統攝的地位。

五、「義理名相論」

如果說「六藝論」是馬一浮的學術文化觀，那麼，「義理名相論」則是他的哲學思想。在《宜山會語》首篇〈說忠信篤敬〉中，馬一浮指出，他向來所講，謂一切學術皆統於六藝，而六藝之本，即是吾人自心所具之義理，義理雖爲人心所同具，但不致思則不能得，故曰：學原於思。而要引入思維，先須辨析名相，故先述六藝大旨，其後略說義理名相，以便指出一條路徑，爲聽他講學的諸生致思窮理之助。因此，他泰和講學講完「六藝論」後，接下來便講「義理名相論」。但只講了兩講，浙江大學就因日寇進逼而南遷廣西宜山，他的「義理名相論」最後是在宜山講完的，後來在《復性書院講錄》、《爾雅臺答問》和《太極圖說贅言》中，他又作了進一步的補充和發揮。概而言之，馬一浮的哲學主要由本體論和認識論組成，在本體論上，他主張「理氣一元」，在認識論上，他主張知行合一，性修不二。

1 理與氣

馬一浮對理氣關係的探討，首先是從辨明理之本體與名相的關係開始的。他在〈義理名相一：理氣——形而上之意義〉中開章明義就指出：今欲治六藝，以義理爲主。義理雖然是人心都具有的，但非有證悟，不能顯現。儘管由於根器有利有鈍，用力有深有淺，證悟不是一時就能得到的，然而只要向內體究，落實在人的身心上，而不專持聞見，停留在知識一邊，久久必可得之。而體究下手之方，是先入思維。因爲體是反之自身之謂，窮是窮盡所以然之稱，亦稱之爲體認，認即審諦、察識或體會之意。所以引入思維要賴名言，名言是能詮，義理是所詮，詮表之用，在明其相狀，故曰名相。

名相亦就是言象。他打比方說，這就像一個人，名是他的名字，相是他的狀貌，如他的照相。在未識此人之前，舉其名字，看其照相，可以對此人有一個大概的印象。然而親見此人之後，照相便用不著了，因爲人的狀態是活的，決非一張或多張相片所能表現，人也畢竟不是名字，不可將名字當作人，識得此人，便不必一定要記他的名字。故《莊子》上說：「得言忘像，得意忘言。」《易傳》上說：「書不盡言，言不盡意。」《老子》上說：「道可道，非常道；名可名，非常名。」

由此出發，馬一浮不贊成那種認爲魏晉間人善名理的觀點，他指出：「魏晉間人好談老莊，時稱爲善名理，其實即是談名相。」因爲所言之理，只是理之相，若理之本體，亦即「性」，只有通過自證才能顯現，而非言說可以得到。宋儒程顥、程頤就說過：「才說性時，便已不是性了。」所以可以說出來的，不過是名相亦即義理的狀貌或現象而已。實際上，在馬一浮看來，要認識義理的本體，即「性」，就應像佛家那樣，每以性相對舉，先是依性說性，最終「會相歸性」，亦即通過自反、自證這些向內體究的功夫，以自己的性同所了解的義理加以印證，而不能像魏晉間人那樣，空談名相，僅僅滿足於對義理作出某種文字上的解釋。

在辯明了義理之本體與名相的關係之後，馬一浮就理與氣的關係展開了充分論證。在他看來，《易》爲六藝之原，十翼是孔子所作，它既是一切義理之所從出，也是一切義理之所宗歸，所以要說義理名相，就應先求之於《易》。他認爲《易》有三義，一爲變易；二爲不易；三爲簡易。氣是變易，理是不易，全氣是理，全理是氣，即是簡易。如果只明變易，易墮斷見；只明不易，易墮常見。只有明了變易原是不易，不易即在變易的道理，雙離斷常二見，才能名爲正見，正見亦就是簡易。「易簡而天下之理得矣，天下之理得而成位乎其中矣。」

馬一浮在這裏所說的「斷見」，是指對宇宙運動中現象的認識，所說的「常見」，是指對宇宙運動中本體的認識，前者只看到宇宙運動中氣化流行，萬物滋生的現象，後者只看到宇宙運動中虛靜常在之本體，因而都是片面的，都不是對宇宙運動的正確認識與理解。就馬一浮上述論證來看，他認爲理與氣的關係，猶如不易與變易的關係一樣，第一，氣從乎理或理爲氣之主宰（所謂「變易原是不易」），第二，理在氣中（所謂「不易即在變易」）；第三，理氣合一或理氣一元（所謂「全氣是理，全理是氣，即是簡易」）。

馬一浮還從形而上與形而下、道與器、體與用的分別上對理與氣的這種關係進行了說明。他指出，形而上者謂之道，形而下者謂之器，道即言乎理之常在者，器即言乎氣之凝成者。又說：理氣同時而具，並無先後之分。就其流行之用而言謂之氣，就其所以流行之體而言謂之理，用顯而體微，言說可分，實際不可分也。

我們知道，理與氣是宋明新儒學的一對主要範疇，幾乎所有的宋明新儒家都對理氣關係作過探討，並根據對理氣關係的不同認識，他們鮮明地分爲理本論與氣本論兩大流派。理本論的代表人物有程顥、程頤和朱熹。氣本論的代表人物有張載、王廷相、羅欽順和王夫之。作爲宋明新儒學中主要派別程朱理學的奠基者，程顥和程頤繼承和改造了中國哲學史上「理」的概念，把它說成是宇宙的最高本體，天地萬物存在的根據，並在此基礎上認爲萬物皆由氣變化而成，而氣有其所以然，氣之所以然就是理，也稱爲道，理（或道）與氣的關係是形而上與形而下的關係，「氣是形而下者，道（或理）是形而上者，形而上者則是密也」。他們雖然沒有提出和討論過理氣先後的問題，但他們認爲「有理而後有象，有象而後有數」，實際上仍是一種「理在氣先」論。後來朱熹又進一步繼承和發展了二程的理本論觀點，對理與氣的關係作了論證。他說：「天地之間有理有氣。理也者，形而上之道也，生物之本也；氣也者，形而下之器也，生物之具也。」在講到具體生物的生成時，朱熹雖然強調理氣不分，「天下未有無理之氣，亦未有無氣之理」，但他認爲理與氣的地位和作用是不一樣的，前者是「生物之本」，是事物生成的根據或本原，後者只是「生物之具」，是構成事物的材料。他進而明確指出：「有是理使有是氣，但理是本」，從事實上講，理氣不離，「本無先後之可言」，但從邏輯上「抑其所從來」，「以本體言之」，則「先有是理，後有是氣」。

和理本論者相反，氣本論者則肯定實體「氣」是一切存在的基礎，「理」是氣變流行的秩序、條理，不是「理在氣先」，而是「理在氣中」，理和氣是不可分離的。理氣關係是物質運動的規律和物質自身的關係。如氣本論的奠基者宋代的張載就認爲一切存在都是氣，「凡可狀皆有也，凡有皆象也，凡象皆氣也」，如果離開氣的運動變化，就根本無從談理了。明代哲學家王廷相繼承和發展了張載的氣本論的思想，認爲氣是世界上唯一的實體，而理是「虛無象」，不能離開氣而獨立存在。與王廷相同時代的羅欽順則強調「理在氣中」，認爲理氣爲一，而決非兩種物，「理只是氣中之理」。明清之際的王夫之更將氣本論發展到一個新的水平，明確提出「氣」是世界的本體，「理」不過是氣固有的秩序條理，即氣運動變化的規律，理氣是不可分離的，認爲程朱「將理氣分作二事，則是氣外有理矣」，而事實上「氣外更無虛托孤立之理」，並針對程朱的「理先氣後」說，他強調指出「理在氣中」，理氣沒有先後之分。

就馬一浮對理氣關係的論證來分析，他顯然與二程、朱熹一樣，是一個理本論者。首先，他也認爲理是宇宙的最高本體，是萬物存在的根據。比如他在談到天地萬物形成的原因時就指出：天地萬物是形而上之「理」，逐節往下推，而產生的結果，有天地然後有萬物，有萬物然後有男女，物生而後有象，象後有滋，滋而後有數見，乃謂之象形，乃謂之器。天尊地卑，乾坤定矣；卑高以陳，貴賤位矣；動靜有常，剛柔斷矣；方以類聚，物以羣分，吉凶生矣；在天成象，在地成形，變化見矣。「這一串都是從上說下來，世界由此安立，萬事由此形成，而皆一理之所寓也」（《泰和會語．義理名相一：理氣——形而上之意義》）。又說：「萬物一理，即萬物一體，實理爲一切人與物之鼻祖」（《太極圖說贅言》）。其次，他也認爲氣從乎理，理是氣的主宰，「即有此理，便有此氣」，「變易（氣）原是不易（理）」，氣雖與理同時存在，但因理動才顯現出來。他說：理本是寂然的，及動而後始見氣，故曰氣之始。氣何以始？始於理動，理動而後能見也。動由細而漸粗，從微而至著，故由氣而質，由質而形，形而上者即從粗以推至細，從可見者以推至不可見者，逐節推上去，即知氣未見時純是理，氣見而理即行乎其中，「故曰體用一原，顯微無間，不是元初有此兩個事物相對出來也」（《泰和會語．義理名相一：理氣——形而上之意義》）。第三，正因爲在馬一浮看來氣從乎理，理是氣的主宰，所以猶如朱熹，儘管他一再強調體用一原，理氣不相分離，但他認爲理與氣的作用和地位是不一樣的，理是形而上之道，氣是形而下之器，「道」是「常在者」，而「器」是「凝成者」；理是宇宙流行之「體」，氣是宇宙流行之「用」，「體」是天地萬物生成的根據或本原，而「用」不過天地萬物的各種表現而已。

馬一浮雖然和二程、朱熹一樣是一個理本論者，但他並不贊成二程、朱熹的「理在氣先」的觀點，而是認爲理氣同時俱在，沒有先後之分。他在解釋《乾鑿度》上的「太易者未見氣也，太初者氣之始也，太素者質之始也，太始者形之始也」這一句話說：此言有形必有質，有質必有氣，有氣必有理。未見氣即是理，這猶如程子所謂「沖漠無朕」，理氣未分可說是純乎理，然非是無氣，只是未見。邵康節講：「流行是氣，主宰是理。」不善會者每以理氣爲二元，不知動靜無端，陰陽無始，「理氣同時而具，本無先後，因言說乃有先後（兩字不能同時並說）」。我們在介紹朱熹對於理氣關係說明時已經提到，朱熹認爲從事實上講理氣不離，本無先後之可言，但從邏輯上「推其所從來，是先有是理，後有是氣，理先氣後」。然而馬一浮則認爲無論從事實還是從邏輯上講，理氣都同時俱在，本無先後，只因用言辭表達時兩字不能同時並說，乃有先後之分。

從理氣同時俱在，本無先後這一前提出發，馬一浮特別強調理氣在宇宙運動變化過程中的不可分離性；氣不能離理而存在，理也不能離氣而存在。他說：法象莫大乎天地，此言天地設位，乾坤成列，皆氣見以後之事，而易行乎其中，位乎其中，則理也。乾坤毀則無以見易，離氣則無以見理，易不可見，則乾坤或幾乎息矣，若無此理，則氣亦不成。他還借用儒家的「生生之謂易」思想對理氣在宇宙運動變化過程中的不可分離性進行了說明：「易有太極，是生兩儀，兩儀生四象，四象生八卦，故曰生生之謂易。生之理是無窮的，太極未形以前沖漠無朕，可說氣在理中，太極既形以後萬象森然，可說理在氣中」（《泰和會語．義理名相一：理氣——形而上之意義》）。

既然理氣在宇宙運動變化的過程中並非是分離的，在形上階段只有理，在形下階段只有氣，而是無論在形上或形下階段，理氣都互相依憑，圓融統一，所以馬一浮不同意曹月川引朱熹關於「理之乘氣，猶人之乘馬」的說法，認爲這樣的說法，則人爲死人，而不足以爲萬物之靈；理爲死理，而不足以爲萬化之原，並引黃宗羲的話說：「以理馭氣，仍爲二之。氣必待馭於理，則氣爲死物。抑知理氣之名，由人而造，向其浮沿升降而言，則謂之氣；自其浮沉升降不失其則而言，則謂之理。蓋一物而兩名，非兩物而一體也」（《太極圖說贅言》）。

從以上馬一浮對理氣關係的論證可以看出，就本質而言，和二程、朱熹一樣，他是一個理本論者，但在理本論的框架內，他又強調理氣同時俱在，和它們在宇宙運動變化過程中的不可分離性，亦即比二程、朱熹更強調理氣一元。因此，他的理論又具有某些氣本論的因素或色彩。馬一浮理論的這一特點說明：在本體論上，他的哲學是對宋明新儒學中程朱理學的繼承，但同時又在繼承的基礎上對程朱理學作了某些修正。

2 知與能

「理與氣」探討的是本體論，「知與能」探討的則是認識論。在認識論上，馬一浮主張知能合一（知行合一），性修不二。他在〈義理名相二：知能〉中開章明義就寫道：「人受天地之中以生，凡屬有心自然皆具知能二事。孟子說：『人之所不學而能者，其良能也；所不慮而知者，其良知也。』其言知能實本孔子《易傳》。在《易傳》謂之易簡，在孟子謂之良，就其理之本然則謂之良，就其理氣合一則謂之易簡，『故孟子之言是直指，而孔子之言是全提』。所謂『全提』，是指體用、本末、隱顯、內外，舉一全該，圓滿周遍，更無滲漏。所以全提『乃明性修不二，全性起修，全修在性』，是『簡易之教』。而單提直指不由思學，不善會者便成『執性廢修』」。

「良知」、「良能」是孟子哲學中的一個重要思想，意思是說人一生下來就具有天賦的道德知識和天賦的道德能力。孟子的這一思想曾對中國哲學尤其是儒家哲學產生過巨大影響，明代的哲學家王陽明就在孟子這一思想的基礎上提出了「致良知」的學說。但在馬一浮看來，雖然「理之本然謂之良」，故良知良能即性，爲人心所固具，然而不能只講良知良能，即不能「單提直指」，因爲單提直指不由思學，弄得不好會使人走上「執性廢修」的歧途。

爲什麼不由思學的「單提直指」會使人走上「執性廢修」的歧途呢？馬一浮認爲，其原因主要在於它與「全理是氣」、「全氣是理」的「理氣一元」的思想不合。因爲孟子講的「良知良能」是「理之本然」，不是「理氣合一」。而「理氣合一」體現在認識方面就是「性修不二」，其中性以理言，修以氣言，知本乎性，能主乎修，如果只講良知良能，亦即只講「理之本然」，那結果必然是以理廢氣，執性廢修。

馬一浮進一步指出，所謂「修」，也就是「行事」，又稱「踐形」，「性唯是理，修即執事」，所以「性修不二」，亦即「知行合一」，或「理事雙融」。「知行合一」在概念涵義上又等於「知能合一」。因爲知是本於理性所現，起之觀照自覺自證境界，亦名爲見地。能是隨其才質發見於事爲之著者，屬於履邊事，亦名爲行。「故知能即是知行之異名，行是就其施於事者而言，能是據其根於才質而言」（《泰和會語．義理名相二：知能》）。

「知行合一」本來是王陽明提出的認識論和道德修養學說。作爲宋明新儒學中陸王心學的集大成者，王陽明提出這一學說，是爲了反對宋明新儒學中程朱理學「將知行分作兩件去做，以爲必先知了然後能行」的「知先行後」說，以及由此而造成的重知輕行，「徒懸空口耳講學」的學風。他強調知與行的統一，特別強調「真知即所以行，不行不足以謂之知」。他論證知與行不能分離的關係說：「知是行的主意，行是知的工夫；知是行之始，行是知之成。」從知與行的這種不可分離性的前提出發，他進而否認知與行的差別和界限的存在，認爲知行本體只是一個，知行工夫不能分做兩截去做。「只說一個知，已自有行在；只說一個行，已自有知在。」他還提出「一念發動處，便即是行了」，認爲良知向外發動時所產生的主觀意念、感情、動機都可以稱之爲「行」，甚至知可以代行。他說：「行之明覺情察處便是知，知之真切篤實處便是行。」王夫之曾對王陽明的這種以知代行，合行於知的觀點提出過批評，指出王陽明所說的知是非知，而行也是非行。「知者非知，然而猶有其知也，亦倘然若有所見也，行者非行，則確乎其非行，而以其所知爲行也」（〈說命中〉，《尚書引義》卷三）。

馬一浮主張「知能合一」（或「知行合一」），「性修不二」，這顯然是對王陽明的「知行合一」之認識論的繼承。但他又和王陽明不同。他雖主張「知能合一」（「知行合一」）、「性修不二」，然而反對以知代能（或行），執性廢修，明確指出「知是本於理性所現，起之觀照自覺自證境界，亦名爲見地。能是隨其才質發見於事爲之著者，屬於履邊事，亦名爲行。」二者有明確的界限，不能混淆，更不能彼此取代。也正是從知行不能混淆，更不能相互取代這一前提出發，他批評王陽明的「即知即行」以知代行的觀點，是「以見性爲亟」，而不知道「融通」，「且但求融通，亦只是要說不重在行，言不止一端，貴有真實見地，自能真實行履」（《爾雅臺答問》續編卷一）。

當然，這只是問題的一方面，問題的另一方面，或更主要的方面，馬一浮所說的「知能合一」或「知行合一」指的又是什麼呢？就馬一浮的整個理論來看，他說的「知」，雖然與「思」有關，但它並非是指一般對事物或知識對象的思考，更不是「聞見之知」，而是「本於理性所現」的自我反省、觀照和自覺自證，因此他一再強調「知」是「親知」，是「自我證悟的」。他解釋《易・繫辭》中的「易知則有親」這句話說：「此知若是從聞見得來，總不親切，不親切便不是真知；是自己證悟的方是親切，方是真知」（《泰和會語・義理名相二・知能》）。他說的「能」或「行」，雖然也含有「行爲」或「踐履」的涵義，但它指的主要不是人的改造客觀物質世界的社會實踐活動，而是個人的道德實踐或道德修養行爲，用他的話說：「德爲內外之名，在心爲德，踐之於身爲行，德是其所存，行是其所發；自其得於理者言之則謂之德，自其見於事者言之則謂之行」（《復性書院講錄》卷二《復性書院學規》）。所以，他一再強調「盡能」是「踐形盡性」，「窮理即是盡性之事，盡性即是踐形之事」（《宜山會語・說視聽言動・續義理名相二》）。而要「窮理」就不能像魏晉人那樣僅僅停留在對義理作出某種文字上的解釋，而應像佛家那樣「每以性相對舉，先是依性說性，後要會相歸性」，亦即通過自反、自證這些向內體究的功夫，以自己的性（或「理之本然」）同義理加以印證，實現道德的自我踐履。他在解釋《易・繫辭》中的「易從則有功」這句話時指出：「此能若是矯揉造作，隨人模仿的，無功用可言，必是自己卓然有立，與理相應，不隨人轉，方有功用」（《泰和會語・義理名相二・知能》）。正因爲他說的「知」是「本於理性所現」的自我反省觀照和自覺自證，他說的「能」或「行」是個人的道德實踐或道德修養行爲，故此，「知」也可以稱爲「性」，「能」也可以稱爲「修」，而「性以理言，修以氣言」，所以「知能合一」或「知行合一」，也就是「理氣合一」或「理事雙融」。由此可見，馬一浮的「知能合一」或「知行合一」、「性修不二」的認識論，和王陽明的「知行合一」的認識論一樣，也是一種道德修養學說。王陽明的所謂不曾被私意隔斷的知行本體，是「見父自然知孝，見兄自然知弟，見孺子入井自然知惻隱」的良知（也即馬一浮所說的「理之本然」），認爲「至吾心之良知於事事物物」就是行。他的「知行合一」就是「去惡從善」，「去人欲，存天理」的工夫。

馬一浮的「知能合一」或「知行合一」、「性修不二」之道德修養學說的性質，還體現在他對知能的目的與關係的說明上，他說：「理得心而不失謂之德，發於事爲而有成謂之業。知至是德，成能是業也。」又說：「始條理者智之事，明倫察物盡知也；終條理者聖之事，踐形盡性盡能也，聖人之學亦盡其知能而已矣」（同上）。聖人之學在「盡知盡能」，盡知是明倫察物，亦即認識人與自然的道理，成就自己的德性；盡能是「踐形盡性」，亦即以自己的性（或「理之本然」）與義理加以印證，實現道德的自我踐履。他在解釋人所知所能是何等事時指出：說知莫大於《易傳》：「仰以觀於天文，俯以察於地理，是敢知幽明之故，原始反終，故知生死之說，情氣爲物，遊魂爲變，是故知鬼神之情狀。」通乎晝夜之道而知，知變化之道者，其知神之所爲乎？窮神知化，盛之德也，知幾神乎？君子知微、知彰、知柔、知剛，萬夫之望，由此可見，聖人所知是何等事。說能莫大於《中庸》：「唯天下至誠，爲能盡其性，能盡其性，則能盡人之性，能盡人之性，則能盡物之性，能盡物之性，則可以贊天地之化育。」唯天下至誠爲能化，唯天下至誠爲能經綸天下大經，立天下之大本。知天下之化育，夫焉有所倚？由此可見，聖人所能是何等事（同上）。正因爲盡知是智之事，盡能才是聖之事，所以，盡知的目的在於盡能，亦即「明倫察物」的目的在於「踐形盡性」，而「性德之所寓者，氣也，即此視、聽、言、動四者是也」（《宜山會語．說視聽言動：續義理名相二》）。氣關於修與行，性德寓於氣即是寓於行，故也只有通過道德的自我踐履才能顯發自己的德性。因此，馬一浮一再強調「從性起修，舉理成事，全修在性，即事即理」。理不離氣，性不廢修，知不棄行，並稱這為「全提」，而認為只講良知良能的「單提直指」，容易使人走上「以理廢氣」、「執性廢修」的歧途。這也是他主張「知能合一」或「知行合一」、「性廢不修」的根本原因。

這裏需要指出的是，馬一浮雖然認為只講良知良能的「單提直指」容易使人走上「以理廢氣」、「執性廢修」的歧途，但他並不否定孟子良知良能學說的本身。在他看來，「人受天地之中以生，凡屬心自然皆有知能二事」。因此孟子提出良知良能學說，認為人一生下來就具有天賦的道德知識或天賦的道德能力，這是對的。所以他多次引用過孟子說的「人之所不學而能者，其良能也；所不慮而知者，其良知也。孩提之童，無不知愛其親者，及其長也，無不知敬其兄也，親親，仁也；敬長，義也」這段話，以說明人的道德意識的先天存在。問題的關鍵在於：如果只講良知良能，而否定後天的功業修行，否定自我的道德踐履，那麼這種先天具有的道德知識和道德能力，在「不善會者」那裏，就很難轉化為具體的道德實踐和道德修養行為，甚至會流於空談心性，「執性廢修」。故此，他在〈復性書院學規〉中強調「篤行是進德之要」，並指出：「學者當知有性德，有修德，性德雖是本具，不因修證則不能顯。」性德是本體，修德是功夫，「全性起修」，即本體即功夫；「全修在性」，即功夫即本體。修此本體之功夫，證此功夫之本體，「乃是篤行進德也」。又說：「性修不二，不是性德之外另有修德。修德須進，性德亦有進。」

性德本無虧欠，爲什麼還須有進呢？這是因爲天地之道只是至誠無息，不息則進。與天合其德只是貴其不已，所謂不息則久，久則徵，徵則悠遠，悠遠則博厚，博厚則高明，博厚配地，高明配天，悠久無疆，這是進德之極。行之不篤，即是不誠，不誠則無物。一有欠闕，一有間斷，便是不篤。行有欠闕，即德有欠闕；行有間斷，即德有間斷，「故雖曰性德無虧，亦須篤行（即修德）到極至處始能體取。所以言篤行爲進德之要」（《復性書院講錄》）。這正如有的研究者所指出：馬一浮從理氣一元論出發，提出「知能合一」或「知行合一」、「性修不二」的主張，以避免人們對孟子良知良能學說的誤解。這一思想雖然體現出強調後天之知行的色彩，但本質上卻是要求以後天之知行的努力，來擴充先天之性德。我們也可以這樣說：馬一浮提出「知能合一」或「知行合一」、「性修不二」之主張的目的，是要人們將先天所具有的良知良能（亦即馬一浮所講的「理之本然」或「性德」）轉化成後天的道德實踐或道德修養行爲，從而實現理與氣、性與修的合一。這也是他所說的「有是氣必有是理，有是理必有是氣，萬物皆備於我，反身而誠樂莫大焉」的「易簡之學」（《泰和會語．義理名相二．知能》）。

正是從這一目的出發，他要求人們當思聖人所知如此其至，今我何爲不知？必如聖人之知，而後可謂盡其知；聖人所能如此其大，今我何爲不能？必如聖人之能，而後可謂盡其能。並認爲只有像聖人那樣「盡其知能」，才「可期於盛德大業」（同上）。

3 涵養與致知

涵養與致知是認識的兩種方法，對這兩種方法及其相互關係，馬一浮站在會通傳統儒學的立場上，採取以儒融佛，以佛證儒的方式，從以下幾個方面展開了探討。

第一、涵養與用敬。什麼是涵養？馬一浮指出，凡物不得涵濡潤澤，即不能生長，如草木無雨露就會逐漸枯槁。此是養其生機，故又稱爲涵養。涵有含容深廣之意，這就像修鱗之游巨澤，活潑自如。否則如尺鮒之困泥沙，動轉皆礙。又有虛明照澈之意，如鏡涵萬象，月印千江。人和草木一樣，也需要涵養，以養其本體元氣，復其本然之生機。因爲「人心虛明不昧之本體，元是如此，只爲氣稟所拘，故不免遍小而失其廣大之量；爲物欲所蔽，故不免昏暗而失其覺照之用。氣奪其志，則理有時而不行矣。然此是客氣，如人受外感，非其本然。治病者先祛外感客邪，乃可培養元氣。先以收攝，繼以充養，則其沖和廣沛之象可徐復也」（《復性書院講錄．復性書院學規》）。

人需要涵養。但怎樣才能涵養呢？馬一浮認爲，「涵養須用敬」。敬則自然虛靜，故能思，深思者其容寂；敬則自然和樂，故能安，氣定者其辭緩。聖人所以能動容周旋，莫不中禮，酬酢萬變，而實無爲，「皆居敬之功」。常人所以會憧憧往來，朋從爾思，起滅不停，妄想爲病，「皆不敬之過」。正因爲「唯敬可以勝私，唯敬可以息妄」，「敬之一字實爲入德之門」。故此他一再強調「主敬爲涵養之要」。主敬即是以志率氣。以志率氣，則氣順於理，心主於義理而不走作，氣自收斂，精神攝聚，則照用自出，自然寬舒流暢，絕非拘迫之意。「故曰主一無適之謂敬，此言其功夫也；敬則自然虛靜，敬則自然和樂，此言其效驗也；敬是常惺惺法，此言其力用也。」從以上馬一浮的論述來看，作爲道德涵養之功夫，主敬具有反省本心，收斂向內的特點。因爲「人人自己本具德性之知，原無欠少」，只是由於不敬，才「本心汩沒，萬事墮壞」，以至「此心放失，私欲萌生」，「昏濁之氣展轉增上，通體染汚，蔽於習俗，流於非僻而不自知，終爲小人之歸而已矣」。所以主敬的目的就在收攝自心，精神內斂，從而使「此心常存，義理昭著」，這樣「氣之昏者可明，濁者可清，氣即清明，義禮自顯，自心能爲主宰」（同上）。

第二、致知與窮理。什麼是致知？馬一浮認爲，世界上有兩種知，一是「德性之知」，一是「聞見之知」。德性之知是不假他求的「本分之知」，亦即是對自我心中的先天之理的認識。聞見之知是通過後天學習而獲得的「外在之知」，亦即對外界各種事物的具體認識。聞見之知雖然是人的認識所不可缺少的，但由於它不能認識自我心中的先天之理，所以還不是「真知」，只有「性之知方是真知」（《爾雅臺答問》一卷）。所謂「性之知」亦就是認識自我心中的先天之理的「德性之知」。故此，他強調：「知是知此理，唯是自覺自證界，拈似人不得，如人飲水，冷暖自知，而一切名言詮表只是勉強描模一個階段，只有到此理顯現之時，始名爲知」（《復性書院講錄》卷一〈復性書院學規〉）。而致則是竭盡之稱，如事父母能竭其力，事君王能致其身，這也就是《孝經》上所說的「養則致其觀，喪則致其哀」的意思。由此可見，馬一浮講的「致知」，並非是盡力擴充後天的知識，而是努力認識自我心中的先天之

「理」，亦即孟子所講的「良知良能」，讓它得到充分顯現。因此就實質而言，它也就是王陽明所講的「致良知」。

怎樣才能「致知」？馬一浮認爲要致知就須窮理，「窮理是致知之要」。所謂「窮理」，亦就是宋明新儒家講的「格物」，二者名異而實同。馬一浮本人就曾指出：「今言窮理爲致知之要在，亦即是致知在格物也。」爲什麼不言「格物」而言「窮理」呢？他解釋其原因說：「從來學者都被一個『物』字所礙，錯認物爲外因，而再談復認理爲外。今明心外無物，事外無理，事雖萬殊，不離一心。」（同上）不言「格物」而言「窮理」，是爲了避免人們的誤解，即認爲物在外，理在外，格物就是格（認識）外在之物，外在之理，實際上「心外無物，事外無理」，「理事雙融，一心所攝」，人們所要認識的不是別的，而是自我心中的先天之理。故此，他強調指出：所言窮者究極之謂，究極自我心中先天之理，周匝圓滿，更無欠闕，更無滲漏，一滯一偏一曲，「如是方名窮理」。又說：「今明心外無物，事外無理，即物而窮其理者，即此心之物而窮其本具之理也。」（同上）

既然窮理是「究極」自我心中的先天之理，那麼，在馬一浮看來，窮理工夫的入手處，就不是其他，而只能依照古聖先賢所說的「一一反之自心，仔細體究，隨事察識，不等閒放過，如人學射，久久方中」。比如，他打比方道，以讀書爲例，讀書既須簡擇，字字要反之身心，當思聖賢經籍所言即是我心中本具之理，何以我心不能與之相應？苟一念相應時復是如何？平常動靜云爲之際我心又置在何處？如此方有「體認之意」，當思聖賢經籍所言皆事物當然之則，今事物當前何以應之未得其當？苟處得其當時復是如何？平常應事接物之時我心如何照管？如此方有「察識之意」。「無事時體認自心是否在腔子裏，有事時察識自心是否在事上」，這才是思，也才能窮理。思就像打井一樣，必當及泉；亦如抽絲，須端緒不紊，然後引而申之，觸類而長之，曲暢旁通，豁然可待。體認親切時，如觀掌紋，如識痛癢；察識精到處，如權衡在手，銖兩無差。馬一浮指出，只有對自己心中先天之理的體認與察識達到這種「豁然貫通，表裏洞然，不留餘惑」的程度時，「方可以言窮理，方可以言致知」。

第三、涵養與致知之關係。概括馬一浮的觀點，他認爲涵養與致知有以下三層關係。其一：涵養與致知是兩種不同的認識方法，涵養是「頓教」的方法，致知是「漸教」的方法。「極教」（又稱「頓悟」），「漸教」（又稱「漸悟」）這本是佛教的兩個重要概念，前者是說衆生無須長期修習，一旦把握佛教真理，顯露真如本性，頓然覺悟，當即成佛。在中國佛教思想史上，首倡大乘佛教「頓悟」學說的是晉、宋間的竺道生。慧達《肇論疏》說：「竺道生法師大頓悟云，夫稱頓者，明理不可分，悟語照極。以不二之語，符不分之理，理智恚釋，謂之頓悟。」意謂佛理爲不可分割的整體，故悟理亦不能分階段實現。唐時禪宗創始人慧能進一步對「頓悟」說作了繼承和發揮，認爲「頓悟」就是自識本體，自見本性，並將自己的這一主張稱之爲「頓教」。後者是說衆生必須經過長期的修習，才能達到佛位。唐時禪宗內部北派創始人神秀持「漸悟」說，與慧能的「頓悟」說相對立。馬一浮認爲不僅佛教示教之言有「頓漸」之分，「儒者示教之言亦有頓漸」之分（《宜山會語·涵養致知與止觀·續義理名相三》）。如陽明主尊德性，強調涵養的作用，其特點是「就自家得力處說」，故是一種

「頓教」的方法；朱子主道問學，強調致知的作用，其特點是明先後次第，故是一種「漸教」的方法。「頓漸」的不同，亦就是「涵養與致知」的不同。

其二：涵養與致知作爲兩種不同的認識方法，彼此相互依存，不可偏廢。他以《易·文言》：「君子敬以直內，義以方外」來說明涵養與致知的這種相互依存關係。他說：「主敬集義，涵養致知，直內方外，亦如車兩輪，如鳥兩翼，用則有二，體唯是一。敬義立而德不孤者，言其相隨而至，互爲因籍，決無雙翼單輪各自爲用者」（《宜山會語·涵養致知與止觀·續義理名相三》），主敬與集義（窮理），涵養與致知是一體二用之關係，就涵養主敬而言，它教人悟取自性，反身而誠，直下承當，簡明易快，然而這只有「上根之人」才能做到。「上根之人，一聞千悟，撥著便轉，觸著便行，直下承當，何等駿快，豈待多言。」但上根難遇，中根最多。而中根之人往往易爲「習氣纏縛」，以至自性汩沒，不得透露，故不經過一番致知窮理的功夫，就無法「識取自性」，從習氣中解放出來。「習氣廓落，自性無須少，除得一分習氣，便顯得一分自性」（同上）。

其三：涵養與致知雖然是一體兩用的關係，二者相互依存，不可偏廢，但並不是說它們在認識過程中的作用是完全相等的，實際上涵養比致知更重要一些。這表現在以下三個方面：(1)致知窮理「必先以涵養爲始基，及其成德，亦只有一敬，別無他道」（《復性書院講錄·復性書院學規》）。因爲唯敬可以勝私，唯敬可以息妄，而私欲盡則天理純全，妄心息則真心顯見，只有天理純全，真心顯見之後，「天下之至賾者始可得而理也，天下之至動者始可得而正也」。同時也只有以涵養爲始基的「致知窮理」，則「知爲心德」爲「正知」。否則，只是尋聲逐響，徇物之知，或反爲心害。「此知乃是習氣也」（《宜山會語·涵養致知與止觀·續義理名相三》）。⑵致知窮理的入手處，是依照古來聖賢所說：一一反之自心，仔細體究，隨事察識，而「涵養愈深醇」，體究與察識才能「愈精密」，思得的道理也才能愈「明明白白」，胸中才也能「更無餘疑」，也只有這樣，「一切計較利害之私」才會「自然消失」，逢緣遇境處皆能自主，皆有受用，「然後方可以濟艱危，處患難，當大任，應大變，方可名爲能立」（《宜山會語·說忠信篤敬》）。⑶致知窮理是爲了使人「識取自性」，從而「從習氣中解放出來」，但一旦人們識取了自性之後，則需要涵養用敬「保任長養」，以避免再爲「習氣纏縛」，使自性汨沒。所以涵養用敬是「成始而成終」之事，須臾不可或缺。馬一浮對涵養於認識過程中之重要作用的強調，符合其理氣合一，或理氣一元論中氣從乎理，理爲氣的主宰的思想。

馬一浮還以天台宗止觀法門進一步對涵養與致知的上述關係作了說明。止觀本是印度佛教修習的重要方法。「止」梵文音爲奢摩地，意爲「止寂」、「禪定」等，謂止息妄念，專心一境。「觀」，梵文音爲毗婆舍那，意爲在「止」的基礎上所發生的智慧。「止觀」即「禪定」和「智慧」的合稱。《佛說大安般守意經》有所謂「六妙法」，即數、隨、止、觀、還、淨，已有止觀之說。中國佛教天台宗繼承和發展了印度佛教的「止觀」學說，提倡「止觀雙修」或「定慧雙修」，並以此概括一切修習方法。天台宗的創始人智顗在其《摩訶止觀》中說：「法性寂然名止，寂而常照名觀，雖言初後，無二無別，是名圓頓止觀。」意謂「止」「觀」雖有先後之分，但並非兩回事，兩者是不能分離的，這是最圓滿的修習方法。

後來禪宗也接受了天台宗的由定（止）生慧（觀）為修習的根本方法的思想，並從「體用」關係的角度對此作了說明，謂「定是慧之體，慧是定之用」。這一思想是禪宗理論和實踐的基礎。

馬一浮認為：涵養主敬與致知窮理和天台宗的「止觀雙修」或「定慧雙修」的學說「實有可以互相助發之處」。主敬是止，致知是觀，彼之止觀雙運，即是定慧兼修。非止不能得定，非觀不能發慧。然觀必先止，慧必由定，亦如此言。涵養始能致知，直內乃可方外，言雖先後，道則俱行。所以「雖彼法所明事相與儒不同，而其功夫途轍理無有二」（《宜山會語・涵養致知與止觀・續義理名相三》）。

「非止不能得定，非觀不能發慧。」這是對涵養主敬與致知窮理是「一體兩用」之關係的另一種表述。當然，馬一浮進一步指出，止與觀或定與慧雖然作為修習的根本方法，彼此不能分離，但它們在修習過程中的作用是不一樣的，止和定更重要於觀和慧。這是因為心不能止，即墮無記，以散心觀理，其理不明，如水混濁，如鏡蒙垢，影象不現。所以，「智照之體，必於定心中求之」。換言之，「既無無定之觀，亦無無定之慧」。如果有之，就決不是「正觀」，而只能為「狂慧」。正是在這一意義上，馬一浮認為：「未有致知而不在敬者，敬實雙賅止觀二法。」他並由此得出結論：「蓋心體本寂而常照，以動亂故昧，惟敬則動亂止息，而復其本然之明。」（同上）

以上是馬一浮的「義理名相論」，亦即他的哲學思想的主要內容。就其主要內容來看，他的哲學思想體現出以下三個特點：

第一、是對宋明新儒學的繼承和發展。宋明新儒學是我國傳統儒學成熟和完備的思想形態和階段。它興起於北宋，南宋和明時達到鼎盛，至明末開始走向衰微，其代表人物主要有北宋的周敦頤、邵雍、張載、程顥、程頤，南宋的陸九淵、朱熹，明代的王陽明和明末清初的王夫之。

馬一浮哲學思想對宋明新儒學的繼承主要表現在兩個方面：一是對宋明新儒學所討論的主要問題的繼承。宋明新儒學所討論的主要有三個問題：(1)本體論問題，即世界萬物的本原問題；(2)心性論問題，即人性的來源和心、性、情的關係問題；(3)認識論問題，即認識的來源和認識方法問題。就馬一浮的「義理名相論」的主要內容來看，所討論的亦不外這三個問題。二是對宋明新儒學主要觀點的繼承。在本體論上，二程、朱熹主張理本論，以理爲世界的本原，認爲氣從屬於理；陸九淵、王陽明主張心本論，以心爲世界本原，認爲心即理；張載、王夫之主張氣本論，以氣爲世界的本原，認爲理氣不可分。在心性論上，張載提出天地之性與氣質之性和心統性情的學說，認爲天地之性源於太虛之氣；二程提出性即理的命題，把性說成形而上之理；朱熹認爲心之本體即是性，是未發之中，心之作用便是情，是已發之和，性和情是體用關係而心是「主宰」；陸九淵認爲心即是性，即是理；王陽明提出心之本體即是性，即是至善。在認識論上，張載提出「見聞之知」與「德性之知」兩種知識，並提倡窮理盡性；二程通過對《大學》「致知在格物」的發揮，提出格物致知的認識學說；朱熹提出「即物窮理」的系統方法，主張格物致知不可分離，窮理多後，便能「豁然貫通」，內外合一；陸九淵提倡「反觀」，認爲心便是理，只須向內反觀，不必向外求索；王陽明提出

「致良知」說，認爲格物致知就是致吾心之良知於事事物物。除此，他們還討論了知行關係問題。二程、朱熹主「知先行後」，王陽明持「知行合一」。就馬一浮「義理名相論」的主要內容來看，不少觀點都可以從宋明新儒學這裏找到其來源。

當然，對宋明新儒學的繼承這只是馬一浮哲學思想的一個方面，或主要的方面，另一方面，馬一浮哲學思想在繼承的基礎上又發展了宋明新儒學。這也表現在兩個方面：一是試圖在融會貫通的基礎上，超越宋明新儒學各派的分歧。如在本體論上，他和二程、朱熹一樣，是一個理本論者，但同時又接受了氣本論者提出的某些觀點，主張理氣一元或理氣合一論。在認識論上，他繼承了王陽明的「知行合一」的思想，但他又和王陽明不同，反對以知代行，認爲知行本爲二事，彼此不能取代。在認識方法上，他力圖調和陸王的尊德性與程朱的道問學，提出尊德性與道問學或涵養用敬與致知窮理是「一體兩用」的關係，二者彼此依存，不可偏廢。二是試圖從先秦易學出發，以易學思想來指導理論的建構。譬如他以易學的三義即變易、不易和簡易來說明理與氣之間的那種氣從乎理，理在氣中和理氣一元的關係；認爲言知能實本於孔子的《易傳》，孔子所提倡的「全體」是「簡易之教」，有是氣必有是理，有是理必有是氣，萬物皆備於我，反身而誠樂莫大焉是「易簡之至」；如此等等。這表明馬一浮的哲學思想在繼承宋明新儒學的同時，又力圖以先秦易學爲自己的理論來源，從而使宋明新儒學得到新的發展。

第二、是一種道德修養學說或道德哲學。和宋明新儒學一樣，馬一浮哲學所討論的，不是純粹的認識問題，主要是道德意識的自我認識和實踐問題。在馬一浮看來，理不僅是萬事萬物存在的依據，亦是道德的本原，所謂理，不過是人們心中的先天之理，「理之本體即是性」。理作爲道德本原，又稱之爲「仁」，「仁者心之本體，德之全稱」。人之所以異於禽獸者，就在於人一生下來就具有「性」或「仁」，亦即具有自我心中的先天之理。

當然，馬一浮指出，人一生下來雖然就具有「性」或「仁」，亦即具有自我心中的先天之理，但由於後天有的人爲「習氣纏縛」，以至「自性汨沒，不得透露」，於是人便有了君子與小人之分，君子是那些自性沒有汨沒者，小人是那些自性已經汨沒者。由於自性沒有汨沒，所以君子沒有終食之閒違仁的，「一或有閒，則唯唯恐失之」，而「小人唯知徇物，不知有性，通體是欲」，根本就不講仁。故君子是仁，小人是不仁。君子喻於義，小人喻於利，「喻義故無適無莫義之與比；喻利故見害必避，見利必趨」。故君子是義，小人是不義。「君子上達循理，故日進乎高明；小人下達從欲，故日究乎汚下。」故君子是智，小人是不智。「君子泰而不驕，由禮故安舒；小人驕而不泰，逞欲故矜辭。」故君子無非禮，小人則無禮。而「不仁不智，無禮非義則天下之惡皆歸之矣。」他進一步指出，君子小人之間雖有仁與不仁，智與不智，義與不義，禮與無禮的不同，然根本之分途，則「在心術隱微之地，只是仁與不仁而已矣。必己私已盡，渾然天地，然後可以爲仁，但有一毫人我之私，便是不仁，便不免爲小人」（《泰和會語．君子小人辨》）。

君子與小人之間的仁與不仁，又表現爲公與私的區別，「仁者廓然大公，物本而順應，反之自私而用智，必流不仁」。公則物我兼照，故仁所以能恕，所以能愛，恕則仁之施，愛則仁之用。恕之反面是忮，愛之反面是忍。君子之用心公以體人，故常恕人愛人；小人之用心私以便己，流於忮流於忍。與人相處，君子周而不比，小人比而不周，周公而比私，故一則普遍，一則偏黨。君子和而不同，小人同而不和，和故無乖戾，同則是偏黨。君子成人之美，不成人之惡，小人反是，一則與人爲善，一則同惡相濟。君子易事難說，說之不以其道就不說，及其使人也器之；小人難事而易說，說之雖不以其道也說，及其使人也求備焉。君子之心公而恕，小人之心私而刻。君子求諸己，小人求諸人。君子唯務自反，小人唯知責人。君子坦蕩蕩，小人常戚戚。廓爾無私，故寬舒，動以不正故憂吝。總而言之，君子與小人的不同，「只是仁與不仁，公與私之辨而已」（同上）。

馬一浮指出，作爲得天地之靈秀者，「人苟非甚不肖，必不肯甘于爲小人」。有的人所以會成爲小人，這都是「念慮之間，毫忽之際，一有不存則徇物而忘己，見利而忘義」。從而使「自性汩沒」所造成的，因此人們要想不使自己成爲小人而成君子，就「亟須在日用間自家嚴密勘驗，反覆省察」，「其或發現自己舉心動念有屬於私者，便當用力克去」。但如果此心義理未明，就會「昏而無覺」，「故必讀書窮理，涵養用教，進學致知」。因爲「學進則理明，理明則私自克，久之私意自然不起，然後可以爲君子而免於小人」（同上）。正是從如何使人們能成爲君子而免於小人這一目的出發，馬一浮在「義理名相論」中著重探討了道德修養問題，並提出了「知能合一」、「性修不二」，涵養用教與致知窮理相互依存，不可偏廢的主張。

第三、是以儒融佛，以佛證儒。我們在第二章介紹馬一浮的思想來源時已經提到，他的一個重要思想就是認爲儒佛心源同一，可以互攝。既然儒佛心源同一，可以互攝，所以，馬一浮在建構他的「義理名相論」時，所採用的一個重要方法，就是既以儒融佛，同時又以佛證儒。除了我們在文中所提到的他以佛教的「頓教」與「漸教」，「止」與「觀」來證明涵養主敬與致知窮理是兩種不同的認識方法和它們的相互關係外，他還借用佛教的其他概念，對儒家的一些用語進行了解釋和說明。如他說儒家所講的「氣質之性」，即佛家的「識」；「天地之性」即佛家的「智」；「善反之，則天地之性存焉」，即佛家的「轉八識，成四智，但轉名言無實性」也。「形而後有氣質之性」，是「全真起妄」；「善反之」，是「舉妄全真」。「君子有弗性焉」，即「不認識踐也」；「天地之性存焉」，即「三身四智體中圓也」（《爾雅臺答問》續編卷二）。諸如此類的說明，在馬一浮的論著中可以信手拈來，舉不勝舉。

六、結論

馬一浮在中國現代史上的影響不僅不如陳獨秀、胡適、魯迅等五四新文化派那樣顯赫，甚至還不能與同是現代新儒家的梁漱溟、張君勱、馮友蘭等人相比，他的影響僅限於十分狹小的學術圈內，對於同時代的中國人來說，很少有人知道或聽説過他的名字。這有兩個方面的原因：第一、馬一浮一生主要是讀書和治學，一九四九年之前，他除了當過三個星期的教育部秘書長外，沒有擔任過任何公職，不像胡適、梁漱溟、張君勱那樣是「徘徊於政治與學術之間」的人物，在中國社會政治舞臺上十分活躍。而在中國，政治上的影響力要比學術上的影響力來得快，大得多。他除了以大師名義在浙江大學講過一段時間的「六藝論」和「義理名相論」外，也沒有在大學正式任過教，不像胡適，馮友蘭等人那樣是大學的名教授，有一大羣學生追隨自己。第二、馬一浮的思想雖然有其自己內在的邏輯結構，但由於他所使用的基本概念和命題都是傳統的，缺乏新的創造，因此未能建構起一個如同梁漱溟的「新孔學」、熊十力的「新唯識學」、馮友蘭的「新理學」和賀麟的「新心學」那樣精深的現代新儒學思想體系。就其內容來看，他的思想主要偏重了對儒學精義的闡發。

我們説馬一浮在中國現代史上的影響力不大，並不意味他的思想就無意義，其歷史地位就不重要。實際上，一個思想家對當時社會影響力的大小與他思想的價值和歷史地位並不完全成正比。古今中外，有不少思想家生前默默無聞，備受冷落，只是到了他們死後，甚至死後很久很久，他們思想的價值才隨著時間的推移而逐漸被人們發現和承認。馬一浮大概就屬於這類的思想家。他一生以闡發儒學精義爲己任。他泰和宜山講學，講的是「六藝論」和「義理名相論」；復性書院主講，講的是儒家的羣經大義。他爲數不多的幾部思想學術類著作，基本上都是圍繞如何認識、理解和弘揚儒學精義而展開的。在他看來，儒學的精義就是儒家的「義理之學」，所以他闡發的儒學精義也就是儒家的「義理之學」。而儒家的「義理之學」在本質上是一種道德學說。在整個人類思想文化的遺產中，儒家的道德學說有其獨到的價值和意義，不僅內容十分的豐富，而且在許多方面也非常的深刻，值得認真地發掘、認識、批判、總結和繼承。如果說在馬一浮時代儒家還處於受批判的地位，其道德學說的合理價值還未被人們所認識的話，那麼到他死後，尤其是進入八十年代後，隨著西方後現代化問題的降臨和大陸文化熱的興起，儒學特別是它的道德學說的合理價值則爲人們越來越重視和承認。雖然闡發儒家的「義理之學」是現代新儒家的共同思想特徵，但與其他新儒家相比，馬一浮對儒家「義理之學」的闡發用力最多，也最爲系統和精到。馬一浮對儒家「義理之學」的闡發無疑有助於人們對儒學，特別是它的道德學說的認識和理解，同時也有助於消解西方文化因重知識、輕道德而產生的種種弊端和危機。這是馬一浮思想的重要意義。當然，馬一浮在闡發儒家的「義理之學」時，對它的積極意義肯定有餘，而對它的消極作用認識不足，具有傳統儒家所具有的輕知識、重道德的道德理想主義思想傾向，這又反映了他思想的侷限性。

馬一浮思想的另一意義是以儒學會通釋道，尤其是在會通佛學方面，下了很大的工夫，他「義理名相論」的一大特色，就是以儒融佛，以佛證儒。我們知道，自漢代佛教自西域傳入中土之後，儒佛就作爲兩種不同的思想傳統，處於對立的地位，有時甚至視同水火。宋明新儒家儘管面對佛老的衝擊，從維護先秦原始儒家的正統地位出發，援佛入儒，批判地吸取和運用佛教精深的思維理論，對「性」與「天道」問題作了深入細緻的探討，但在主觀態度上他們仍不能真正接納佛學，佛學在他們心中是儒學異端或化外文化。現代新儒家的梁漱溟雖然具有濃厚的佛學思想，有的學者甚至稱他爲「佛光燭照下的一代儒宗」，尤其是佛學的唯識學是他研究文化的一種重要方法，但他認爲「孔與佛恰好相反，一個是專談現世生活，不談現世生活以外的事；一個是專談現世生活以外的事，不談現世生活」。所以他在《東西文化及其哲學》中對中國未來文化做出選擇時，主張「要排斥印度的態度絲毫不能容留」。真正能從主、客兩個方面超越儒佛對立的只有馬一浮。他認爲從本源上看，儒佛等是閒名，孔佛所證，只是一性，並據此提出「堯舜孔佛是一人」之說。正是從儒佛心源同一這一認識出發，他主張儒佛互攝。爲此，他做了大量的努力。儘管他的這些努力如同我們已經指出的那樣，基本上還停留在借用佛教的一些概念對儒家的用語進行解釋和說明的階段，但他從主、客兩方面超越儒佛對立，努力實現儒佛會通的方向無疑是正確的，值得我們認真地總結和借鑑。

總之，馬一浮是中國現代史上一位傑出的思想家。他一生不圖名，不圖利，默默無聞地爲闡發儒學精義，弘揚中國優秀傳統文化貢獻出了畢生精力。尤其是他能言行一致，表裏如一，無論其道德文章，都堪稱楷模，他將自己對儒學的追求落實到一生的道德實踐之中。就此而言，他是一位真正的儒者或儒學大師。

參考書目

㈠馬一浮著作

《泰和會語》　復性書院木刻本，一九四〇年版；臺灣廣文書局影印本，一九六四年版。

《宜山會語》　復性書院木刻本，一九四〇年版；臺灣廣文書局影印本，一九六四年版。

《復性書院講錄卷一》　復性書院木刻本，一九四〇年版；臺灣廣文書局影印本，一九六四年版。

《復性書院講錄卷二》　復性書院木刻本，一九四〇年版；臺灣廣文書局影印本，一九六四年版。

《復性書院講錄卷三》　復性書院木刻本，一九四〇年版；臺灣廣文書局影印本，一九六四年版。

《復性書院講錄卷四》　復性書院木刻本，一九四〇年版；臺灣廣文書局影印本，一九六四年版。

《復性書院講錄卷五》　復性書院木刻本，一九四一年版；臺灣廣文書局影印本，一九六四年版。
《復性書院講錄卷六》 復性書院木刻本，一九四二年版；臺灣廣文書局影印本，一九六四年版。
《爾雅臺答問》 復性書院木刻本，一九四〇年版；臺灣廣文書局影印本，一九六四年版。
《爾雅臺答問續編》 復性書院木刻本，一九四〇年版；臺灣廣文書局影印本，一九六四年版。
《濠上雜著》 復性書院木刻本，一九四〇年版。
《蠲戲齋詩詞全集》 復性書院木刻本，一九四三年版；臺灣自由出版社影印本，一九六五年版。
《馬一浮遺稿初編》 臺灣廣文書局，一九九二年版。

(二)其他人著作（含論文、資料）

馬鏡泉 〈馬一浮理學思想淺析〉，《馬一浮學術研究》，杭州師院馬一浮研究所編。
馬鏡泉 〈馬一浮傳略〉，《中國當代理學大師馬一浮》，上海人民出版社。
馬鏡泉 〈懷念伯父〉，《中國當代理學大師馬一浮》，上海人民出版社。
馬鏡泉、趙士華 〈馬一浮評傳〉，百花洲出版社，一九九三年版。
馬鏡泉、章建明 〈近代著名學者馬一浮先生的生平及書法藝術介紹〉，香港《書譜》，一九八七年第三期。

滕　復〈馬一浮新儒學論著輯要〉，中國廣播電視出版社，一九九五年版。

滕　復〈馬一浮的六藝論〉，《馬一浮學術研究》，杭州師院馬一浮研究所編。

滕　復〈馬一浮儒學思想初探〉，《學習與探索》，一九九〇年第五期。

滕　復〈馬一浮的新儒學評述〉，《社會科學輯刊》，一九九一年第四期。

王鳳賢、滕復〈現代新儒學的典範〉，《中國當代理學大師馬一浮》，上海人民出版社，一九九二年十二月第一版（下同）。

樓宇烈〈理學大師馬一浮〉，《中國當代理學大師馬一浮》，上海人民出版社。

陳　來〈馬一浮的理氣體用論〉，《馬一浮學術研究》，杭州師院馬一浮研究所編。

楊儒賓〈馬一浮六藝統於一心的思想析論〉，《馬一浮學術研究》，杭州師院馬一浮研究所編。

林安梧〈馬一浮心性論的義理結構〉，《馬一浮學術研究》，杭州師院馬一浮研究所編。

蔣年豐〈馬一浮經濟思想的解釋學基礎〉，《馬一浮學術研究》，杭州師院馬一浮研究所編。

李明友〈馬一浮的「三教」圓融觀〉，《馬一浮學術研究》，杭州師院馬一浮研究所編。

成大榮〈獨尊六藝綰經學與心性之學爲一途〉，《馬一浮學術研究》，杭州師院馬一浮研究所編。

成大榮〈馬一浮倫理思想述要〉，《馬一浮學術研究》，杭州師院馬一浮研究所編。

羅義俊〈學問方向之扭轉與生命進程之展示〉，《馬一浮學術研究》，杭州師院馬一浮研究所編。

夏瑰琦〈略論陸王心學在馬一浮哲學中的地位〉，《馬一浮學術研究》，杭州師院馬一浮研究所編。

張家成〈千年國粹，一代儒宗——杭州首居馬一浮國際學術研討會綜述〉，《馬一浮學術研究》，杭州師院馬一浮研究所編。

吳林伯〈馬先生學行述聞並贊〉，《中國當代理學大師馬一浮》，上海人民出版社。

黃萍蓀〈陳毅與馬一浮〉，《文匯讀書周報》，一九九一年十月二十六日。

任繼愈〈馬一浮論蔣介石〉，《中國當代理學大師馬一浮》，上海人民出版社。

盛經鴻〈引進《資本論》原版的第一個中國人〉，《歷史大觀園》，一九九一年第三期。

趙士華〈馬一浮最早把《資本論》帶進中國〉，《共產黨員》，一九八七年第五期。

趙士華〈馬一浮著述繫年〉，《中國當代理學大師馬一浮》，上海人民出版社。

趙士華〈馬一浮先生詩詞簡介〉，《刊授輔導》，一九八七年第五期。

趙士華、徐文鶯〈我國現代著名學者馬一浮〉，《浙江社會科學信息》，一九八五年第五期。

劉操南〈馬一浮所作浙江大學校歌之釋疏〉，《中國當代理學大師馬一浮》，上海人民出版社。

馬以風〈馬一浮先生學贊〉，《馬一浮遺墨》，華夏出版社。

徐復觀〈如何讀馬一浮先生的書〉，臺灣廣文書局影印馬一浮先生《爾雅臺答問》之代序。

陳　銳〈二十世紀中國的隱士——馬一浮〉，《杭州師院學報》，一九九一年第四期。

葉聖陶〈與馬一浮先生交往瑣記〉，《馬一浮遺墨》，華夏出版社。

胡喬木〈介紹馬一浮先生〉，《人民日報》海外版，一九九二年二月一日。
陳雪湄〈馬湛翁與謝無量〉，《馬一浮遺墨》，華夏出版社。
林子青〈馬一浮居士與弘一法師的法緣〉，《馬一浮遺墨》。
吳無聞〈馬一浮與夏承燾〉，《馬一浮遺墨》，華夏出版社。
袁卓爾〈一代儒宗，高山仰止〉，《馬一浮遺墨》，華夏出版社。
虞逸夫〈近代名書家馬一浮先生軼事〉，香港《書譜》，一九八七年第二期。
虞逸夫〈馬湛翁先生書法贊〉，《馬一浮遺墨》，華夏出版社。
熊復夫〈馬一浮先生與復性書院〉，臺北《傳記文學》，二十四卷三期。
關國煊〈馬一浮小傳〉，臺北《民國人物》第五冊。
劉又銘〈馬一浮研究〉，臺灣政治大學中國文學研究所碩士論文。
豐華瞻〈豐子愷與馬一浮〉，《西湖》，一九八三年第一期。
釋ㄅ治〈懷念當代維摩居士〉，《馬一浮遺墨》，華夏出版社。
朱淵明〈憶馬一浮先生〉，香港《中國學人》，第三期。
朱守正〈馬一浮先生之學術及其事略〉，香港《珠海學報》，一九七一年第四期。
余　青〈一代大儒馬一浮先生軼事〉，《掌故漫談》上冊，香港大華書店出版。
余　青〈近代中國的讀書種子〉，香港《春秋》，一九八二年七月。
釋遍能〈馬一浮先生與復性書院〉，四川省《文史資料》。
龔慈受〈一代大儒吾師馬一浮先生〉，《古今談》，創刊號。

朱國才〈馬一浮國學大師〉，《學海泛舟》浙江名家成才佳話。
湯彥森、丁敬涵〈學融百家，一代宗師〉，《古今談》，一九八九年第三期。
蔡吉堂〈緬懷馬湛翁大師〉，《中國當代理學大師馬一浮》，上海人民出版社。
豐一吟〈馬一浮與豐子愷〉，《中國當代理學大師馬一浮》，上海人民出版社。
唐至中〈紀念前輩馬一浮先生〉，《中國當代理學大師馬一浮》，上海人民出版社。
梁培寬〈先父梁漱溟與馬一浮先生〉，《中國當代理學大師馬一浮》，上海人民出版社。
樓達人〈「文革」中的馬一浮先生〉，《中國當代理學大師馬一浮》，上海人民出版社。。
樓達人〈現代新儒學的先驅〉，臺中東海大學《中國文化月刊》，一九九〇年四月。
樓達人〈從馬一浮的詩看民族文化傳統〉，臺中東海大學《中國文化月刊》，一九九〇年十月。
程千帆〈讀蠲戲齋詩雜記〉，《中國當代理學大師馬一浮》，上海人民出版社。
繆　鉞〈我所收藏的馬一浮先生詩詞〉，《馬一浮遺墨》，華夏出版社。
郭齊勇〈側身天地更懷古，獨立蒼茫自咏詩——論馬一浮的人格、文格和哲理詩〉，《馬一浮學術研究》，杭州師院馬一浮研究所編。。
潘慧惠〈儒學大師的心迹——記《蠲戲齋詩前集》和《避寇集》印象〉，《馬一浮學術研究》，杭州師院馬一浮研究所編。
龔道運〈馬一浮論詩教〉，《馬一浮學術研究》，杭州師院馬一浮研究所編。
李立心〈讀馬一浮抗戰時期的詩歌〉，《馬一浮學術研究》，杭州師院馬一浮研究所編。

沙孟海〈論馬一浮的書法藝術〉，《中國當代理學大師馬一浮》，上海人民出版社。

沙孟海〈蠲戲齋印存題辭〉，《馬一浮遺墨》，華夏出版社。

蘇淵雷〈文苑儒林，孤神獨逸——記馬一浮先生〉，《書法》，一九八八年第一期。

杜　巽〈馬一浮先生書法藝術〉，《馬一浮學術研究》，杭州師院馬一浮研究所編。

方愛龍〈馬一浮書法論〉，《馬一浮學術研究》，杭州師院馬一浮研究所編。

黃慎明〈馬一浮書法篆刻藝術「管窺」〉，臺中東海大學《中國文化月刊》，一九九五年十月。

（此文的寫作得到杭州師範學院馬鏡泉教授的幫助，在此表示衷心感謝）

章炳麟・歐陽竟無・梁啓超・馬一浮 / 張玉法
等著. --更新版. --臺北市：臺灣商務,
1999[民88]
面 ； 公分.--(中國歷代思想家：21)
含參考書目
ISBN 957-05-1622-4(平裝)

1. 哲學 - 中國 - 傳記

120.99 88012450

中國歷代思想家(二十一)

章炳麟 歐陽竟無 梁啓超 馬一浮

定價新臺幣三〇〇元

主編者 中華文化復興運動總會
王壽南
著作者 張玉法 麻天祥 胡平生 鄭大華
責任編輯 雷成敏
封面設計 張士勇
內頁繪圖 黃碧珍
校對者 羅名珍 江勝月 陳寶鳳
出版者
印刷所 臺灣商務印書館股份有限公司
臺北市重慶南路一段三十七號
電話：(〇二)二三一一六一一八
傳真：(〇二)二三七一〇二七四
郵政劃撥：〇〇〇〇一六五—一號
出版事業登記證：局版北市業字第九九三號

• 一九七八年六月初版第一次印刷
• 一九九九年十月更新版第一次印刷

ISBN 957-05-1622-4(平裝) 09077000

讀者回函卡

[感謝您]對本館的支持，為加強對您的服務，請填妥此卡，免付郵資[寄回]，可隨時收到本館最新出版訊息，及享受各種優惠。

姓名：＿＿＿＿＿＿＿＿ 性別：□男 □女

出生日期：＿＿年＿＿月＿＿日

職業：□學生 □公務（含軍警） □家管 □服務 □金融 □製造 □資訊 □大眾傳播 □自由業 □農漁牧 □退休 □其他

學歷：□高中以下（含高中） □大專 □研究所（含以上）

地址：□□□＿＿＿＿＿＿＿＿

＿＿＿＿＿＿＿＿

電話：（H）＿＿＿＿＿＿（O）＿＿＿＿＿＿

購買書名：＿＿＿＿＿＿＿＿

您從何處得知本書？

□書店 □報紙廣告 □報紙專欄 □雜誌廣告 □DM廣告 □傳單 □親友介紹 □電視廣播 □其他

您對本書的意見？（A/滿意 B/尚可 C/需改進）

內容＿＿＿ 編輯＿＿＿ 校對＿＿＿ 翻譯＿＿＿

封面設計＿＿＿ 價格＿＿＿ 其他＿＿＿＿＿

您的建議：＿＿＿＿＿＿＿＿

＿＿＿＿＿＿＿＿

＿＿＿＿＿＿＿＿

臺灣商務印書館

台北市重慶南路一段三十七號 電話：（02）23116118・23115538

讀者服務專線：080056196 傳真：（02）23710274

郵撥：0000165-1號 E-mail：cptw@ms12.hinet.net